JN295876

構造構成主義研究 1

現代思想のレボリューション

西條剛央・京極 真・池田清彦 編著

北大路書房

『構造構成主義研究』刊行にあたって

本シリーズを編纂するに至った問題意識

　洋の東西を問わず，学問は日々進歩している。本来，学問は知的好奇心の産物であったため，おもしろそうな話題があれば興味を共有する人の間で適宜交流していけばよかった。しかし，学問の進歩によって専門分化が進み，学問が細分化されるにしたがって，専門分野を少し異にするだけで，他分野の人が何をやっているのか，よくわからないという状況になった。つまり，学問の蛸壺化である。学問の蛸壺化はさらなる細分化を促し，さまざまな分野の知見を関連させて新たなアイディアを生み出していく総合的なアプローチを困難にしてしまった。

　我々の問題意識はまさにそこにある。細分化した専門分野を今一度シャッフルし，おもしろくなくなった学問をおもしろくするにはどうしたらよいか。結論からいえば，学問間を縦横無尽に行きかう必要がある。本シリーズはそれを実現するために企画された。しかし，蛸が蛸壺から脱出するのが並たいていではないように，学者が専門分化した分野間の壁を乗り越えるのもまた至難の業である。それゆえ，我々はさしあたり，さまざまな領域をつなぐために体系化された構造構成主義を武器にしようと思う。

　構造構成主義とは，特定の前提に依拠することなく構築された原理論であり，さまざまな分野に適用可能なメタ理論である。現在，この考えはさまざまな学問領域に導入されつつあり，諸分野をつなぐ横断理論として機能しはじめている。

　我々は，構造構成主義を使った個別理論・メタ理論を体系化する論考や，定性的・定量的研究などを歓迎したいと考えているが，必ずしも構造構成主義に固執するつもりはない。そもそも構造構成主義とは，現象をより上手に説明可能とし，難問を解明する構造（理論など）を構成していこうという考えに他ならず，そうしたモチーフに照らしてみれば，優れた領域横断力をもつ理論は何であれ歓迎されるのは当然だからである。

　新たな理論に基づき新しい領域を開拓するという営みは，既存の常識を多少なりとも逸脱することを意味する。つまり，ナイーブな常識的見地からすれば，どこか非常識な主張が含まれるように見えるものだ。我が国の学界ではそうしたラディカルな議論を展開する論文は掲載されにくいという事情がある。特に，それが理論論文であれば，内容を適切に評価し，掲載してくれる学術誌はほとんどない。学問界

（特に人文・社会科学系）は常識的な暗黙の規範を保守しようとの傾向を不可避に孕むため，仕方がないといえばそれまでだが，そうした態度からは新たな学問領域が育つことはないだろう．

本シリーズの編集方針

　こうした現状を踏まえると，構造構成主義を，ひいては学問を総合的に発展させるためには，独自のステーションとなる媒体を作る必要がある．それゆえ本シリーズでは，次のような研究を歓迎する．たとえば，質的アプローチと量的アプローチのトライアンギュレーションに基づく実証的研究，学際的なメタ理論を用いた領域横断的な論文，異なる理論をつなぎ新たなメタ理論を構築する論文，当該領域の難問を解決する先駆性を有している論文など，他誌に掲載されにくい斬新な試みを積極的に評価する．逆にいえば，従来の学会誌に掲載されている単一アプローチによる実証的研究などは本誌では受けつけていないと考えていただきたい．もちろん，後述するように本シリーズは査読システムを導入するため，論文の質に関してはそれなりのレベルが維持されるはずだ．学問的冒険を志すさまざまな分野の人々が，我々の考えに賛同し本企画に参加して下さるようにお願いしたい．

　本シリーズは，学術「書」であり，学術「誌」であるという極めてユニークなスタンスで編集される．従来，書籍は学術書であっても，「査読」という論文の質をあらかじめチェックする学界システムを採用しないのが常であった．

　それに対し，本企画は，書籍という媒体を使っているものの，投稿された論文を査読するという学会誌のシステムを取り入れる．その点では，学術誌と同等の学問的身分を有する．それと同時に学術書でもあるため，学会員以外の人がアクセスするのが難しい学会誌と比べ，一般読者も簡単に購読することができる．さらに，学会誌では論文の掲載料を支払わなければならないケースも珍しくないが，本シリーズでは掲載された論文の著者に印税（謝礼）を支払う．

　つまり，本シリーズは，学術書と学術誌双方のメリットを兼ね備えた新たな「学術媒体」なのである．そもそも学術書と学術誌をあらかじめ分離することは，学問の細分化を促すことはあれ，分野間の交流促進の益にはならない．新しい思想には新しい媒体が必要だ．

　査読は，すべての論文を対象に，論文の意義を最大限評価しつつ，その理路の一貫性や妥当性を建設的に吟味するという方針で行う．しかし，論文の体裁や表現は，必ずしも従来の学術論文のように専門用語で護られた硬いものにすることを求めない．従来の学術論文は，一般人には読みにくい．学問の普及や学知の社会的還元といったことを念頭におけば，従来の形式のみが適切な方法とは必ずしもいえないからだ．たとえば，学問の普及や啓蒙といった目的の元で書かれたならば，学的な厳

密さ以上に，わかりやすさ，理解しやすさといったことが重要となるため，そのような観点も加味して評価するのが妥当であろう。

　こうした考えから，本シリーズでは，従来の論文の形式からはずれる書き方も保証するつもりである。査読の際には，著者の意図（目的）を尊重したうえで，論文の質を高めるとともに，著者の多様な表現法を活かすようにしたい。もちろん，新たな理論を提示する研究や実証系の研究の場合は，従来の学術論文の形式の方が相応しいことも多いだろうから，そうした形式を排除するということではない。

　構造構成主義は，ア・プリオリに正しい方法はあり得ず，その妥当性は関心や目的と相関的に（応じて）規定されるという考え方をとる。方法が手段である以上，原理的にはそのように考えざるを得ないからだ。本シリーズの査読方針は，この考えを体現したものである。

　また，日本の人文系学術誌では，投稿してから最初の審査結果が返信されるまで半年以上かかることは珍しくなく，時には1年以上かかることもある。それはほとんどの時間放置されているということに他ならない。迅速に査読結果が返却されれば，たとえ掲載拒否（リジェクト）されたとしても他のジャーナルに掲載することも可能だが，返却されない限りはどうしようもない。これは投稿者からすれば迷惑以外の何ものでもないだろう。特に近年は，国立大学の法人化などの影響によって研究者間の競争は激しさを増しており，査読の遅延によって論文を宙釣りにされることは就職や転職，昇進といったポスト争いや，研究費の獲得競争にも関わる深刻な問題である。

　したがって本シリーズでは，論文を受理してから遅くとも1か月以内に投稿論文の審査結果（コメント）をお返しすることをお約束する。ただし，いずれも一定の学的基準を満たしているかを審査させていただくため，必要に応じて大幅な修正を求めることもあれば，掲載に至らない可能性もある点はあらかじめご了承いただきたい。

　通常の学会誌では，投稿者と査読者はお互いに名前がわからないようになっている。少なくとも査読者の名は完全にブラインドされ守られている。つまり自分の名において責任をもたずにすむ査読システムになっているのである。しかし，それでは責任ある建設的な査読は保証されない。したがって本シリーズでは，投稿者に査読者の名前を明かして，お互い名をもつ学者同士真摯にやり取りしていきたいと思う。

　また本シリーズは，従来の学会組織を母体とした学術誌ではないため，投稿論文に対して学会賞などを授与することはない。代わりに，学際性に富んでおり，学知の発展に大きく貢献すると判断した論文の著者に対しては，一冊の本を執筆して頂く機会を提供していきたいと考えている。

本シリーズの構成

　本シリーズはさしあたり3部構成とした。第Ⅰ部は特集であり，これは毎巻独自の特集を組む予定である。

　第Ⅱ部では，特定の問題を解決するなど学知の発展を目指した「研究論文」はもとより，特定の論文に対する意見を提示する「コメント論文」や，理論や方法論の普及を目的として専門外の人にも理解しやすいように書かれた「啓蒙論文」，さらには，過去に他の媒体に掲載されたことのある論考を再録する「再録論文」なども歓迎する。

　なお，本シリーズは副題で「構造構成主義研究」を謳っているが，構造構成主義に批判的な論文も掲載する。学知の発展のためには，批判に開かれていることは必須の条件であると考えるためである。

　第Ⅲ部では，構造構成主義に関連する書評を掲載する。これは構造構成主義を題名に含むものや，その著書の一部に引用されている本ばかりではなく，広い意味で構造構成主義と関連すると考えられるものを掲載対象とする。自薦他薦は問わないので，ぜひご投稿いただければ幸いである。

論文投稿について

　なお，本シリーズは，読者からの投稿論文を随時受けつけている。投稿規定は，巻末に記載したため，投稿する方は参照していただけたらと思う。なお，投稿規程は，随時改定するため，投稿される際にはその最新版を構造構成主義公式ホームページ（http://structuralconstructivism.googlepages.com/）にて参照していただきたい。

　このように本シリーズでは，次世代の学術媒体のモデルとなるべくそのあり方を模索していく。これが新たな試みであるゆえご批判も少なくないと思われる。気がついた点や意見，新たなアイディアなどがあれば，ぜひご一報いただきたい。今後よりよい学術媒体にするための参考にさせていただく所存である。また，本シリーズの試み中で，部分的にでも意義があると思われる箇所があったならば，遠慮なく"いいとこどり"していただければたいへん嬉しい。本書の目的はさしあたって構造構成主義や関連思想の精緻化，発展，普及といったことにあるが，我々の志は学問の発展それ自体にある。したがって本シリーズの試みがそうした資源として活用されたならば本望である。

　　　　　　　　　　　　　　　　　『構造構成主義研究』編集委員会
　　　　　　　　　　　　　　　　　　西條剛央・京極　真・池田清彦

『現代思想のレボリューション』もくじ

「構造構成主義研究」刊行にあたって

第Ⅰ部　特集　シンポジウム形式「メタ理論の継承」

Ⅰ-1　構造主義科学論とは何か ……………………………池田　清彦
- 構造主義生物学の体系化 …………………………3
- 理論はどこにあるのか？ …………………………4
- ソシュール言語学の導入 …………………………5
- ラングは個人的なもの ……………………………6
- 正しい個別理論は科学の敵である ………………8
- 科学とは何か？ ……………………………………9
- 非厳密科学を基礎づける理路 ……………………9

Ⅰ-2　メタ理論を継承するとはどういうことか？──メタ理論の作り方………西條　剛央
- 人間科学部と心理学会で感じた違和感から ……12
- 学的基盤の不在 ……………………………………13
- 関心（目的）の設定：新たな科学性の構築 ……14
- メタ理論の射程は原理性の深度に比例する ……15
- 現象を出発点とすることの意味 …………………16
- コトバの使い方の同型性というキーコンセプト …17
- 理論的補完1：構造化に至る軌跡 ………………18
- 理論的補完2：関心相関性の導入 ………………19
- 信念対立低減のキーツール ………………………20
- メタ理論作成セットとしての構造構成主義 ……21
- 関心相関的メタ理論構成法とメタ理論工学 ……23
- 再びメタ理論とは何か？ …………………………24
- メタ理論をつくろう！ ……………………………26

Ⅰ-3 構造構成的エビデンスに基づいたリハビリテーション……………京極　真
　　構造構成主義の継承を決断する ……………………28
　　EBRの問題提示 …………………………………29
　　「エビデンス＝科学的根拠」のウソ ……………………31
　　科学論の検討 ……………………………………34
　　理論研究に対する誤解 …………………………………35
　　私が継承した構造構成主義のエッセンス ……………………36
　　EBRに対する構造構成主義アプローチ ……………………37
　　構造構成的エビデンスの継承例 ………………………38
　　継承の心得 ………………………………………39

第Ⅱ部　論文

Ⅱ-1 「不毛な議論」を「建設的な議論」にするための方法論 …………家島　明彦
　　1節　はじめに ……………………………………42
　　2節　なぜ不毛な議論になるのか ……………………44
　　3節　なぜ不毛な議論がなくならないのか ……………51
　　4節　建設的な議論に必要なもの ……………………58
　　5節　建設的な議論の進め方 ……………………66

Ⅱ-2 構造構成主義に関する一考察………………………山本　貴光・吉川　浩満
　　1節　本論のねらい ………………………………69
　　2節　構造構成主義の問題設定 ……………………70
　　3節　「人間科学」とは何か？ ………………………71
　　4節　構造構成主義は「メタ理論」か？ ………………74
　　5節　おわりに ……………………………………76

Ⅱ-3 学習意欲を質的に捉える――学習意欲を高める研究での継承例 ………田中　博晃
　　1節　なぜ構造構成主義を使うのか ……………………81
　　2節　学習意欲を質的に捉える ……………………83
　　3節　質的研究の可能性 …………………………97
　　4節　全体のまとめ ………………………………99

Ⅱ-4　構造構成的医療論の構想──次世代医療の原理…………………京極　真
　　1節　問題提起 …………………………………104
　　2節　目的 ……………………………………106
　　3節　医療論のパラドックスとは何か ………106
　　4節　問題解決の方向性 ………………………110
　　5節　構造構成的医療論の定式化 ……………112
　　6節　構造構成的医療論の応用 ………………119
　　7節　構造構成的医療論の意義と限界 ………124

Ⅱ-5　人間科学と工学の融合点──ユーザ工学の定立とその周辺 ………黒須　正明
　　1節　独白 ………………………………………128
　　2節　はじめに …………………………………130
　　3節　工学について ……………………………132
　　4節　ユーザ工学とは何か ……………………139
　　5節　ユーザ工学の方法 ………………………144
　　6節　ユーザ工学の実践 ………………………149
　　7節　おわりに …………………………………153

Ⅱ-6　「心理学の統一理論」の構築に向けた哲学的論考
　　　──構造構成主義の構想契機 ………………………………西條　剛央
　　1節　心理学の危機 ……………………………156
　　2節　心理学を哲学するという方法 …………162
　　3節　現代心理学における主客問題 …………163
　　4節　認識論的基盤の整備 ……………………166
　　5節　心理学の公理の必要性 …………………170
　　6節　心理学の公理の構築 ……………………172
　　7節　心理学の統一理論とその意義 …………178

Ⅱ-7　認識の構成と科学システム
　　　──構造構成主義と人間科学の基礎づけに関する一考察 ………圓岡　偉男
　　1節　はじめに …………………………………188
　　2節　始源 ………………………………………188
　　3節　複合システムとしての人間理解 ………190
　　4節　システムと要素／関係の差異 …………194
　　5節　認識システムとしての科学 ……………197

6節　認識の認識 …………………………………199
7節　構造構成主義の可能性 ……………………201

II-8　科学的方法について──構造主義科学論の考え方 ………………池田　清彦

第III部　書評

III-1　『科学の剣　哲学の魔法』　自著紹介　池田　清彦 ……226
　　　　　　　　　　　　　　　　書評　　　門松　宏明 ……228

III-2　『なぜ心理学をするのか』　自著紹介　北村　英哉 ……231
　　　　　　　　　　　　　　　　書評　　　松嶋　秀明 ……233

III-3　『古武術介護入門』　　　　著書推薦　甲野　善紀 ……236
　　　　　　　　　　　　　　　　書評　　　西條　剛央 ……238

　　投稿規定 ………………………………………………242

　　編集後記 ………………………………………………246

第Ⅰ部

特集　シンポジウム形式
メタ理論の継承

I-1　構造主義科学論とは何か

池田　清彦

　どうも，池田です。僕が『構造主義科学論の冒険』を書いたのは15年ぐらい前だったので，アウトラインはともかく，詳しい中身まではよく覚えていないんだよね。自分で書いてたんだけど。最初の2，3年ぐらいは，誰かおもしろいと言ってくれる人がいるかなと思ったんだけど，誰も何も言ってくれないので，まあしょうがないかと思っていたわけ。

　そうしたら，最近，西條君がおもしろいとか言ってきてね。なんか変なやつがいるなと。えらく誉めてくれたんで，穴があったら入りたいなあ，と思ったんだけれど（笑）。汚いじじいが入る穴なんて，墓の穴ぐらいしかないから，どうしようもないわけで，あんまり余計なことを言うと墓穴を掘るというか（笑）。

　それで，15年ぐらい前に何をしてたかというと，もちろん僕は生物学をやってたわけです。進化論にネオダーウィニズムという理論があって，みなさんご存知でしょうが，遺伝子の塩基配列が偶然変わって自然選択で進化するというやつね。その理論がずっと主流だったのです。今でもたとえば，みなさんに関係があるのだったら，進化心理学とか行動遺伝学とかいうような理論があるけれど，こういった理論は，ネオダーウィニズムに依拠しているわけね。

　僕は，1980年代の頭ぐらいから，ネオダーウィニズムに見切りをつけて，それに代わるべき理論を考えてたんだよね。今に至るまでネオダーウィニズムはインチキだと言い続けていますけど，なかなか改まらないですね。だいたい，僕が加担しているのは，いつも少数派ばっかりなんですよ。だから，あまり人に誉められなくて

も気にもしなくてやってるわけで，たまに誉められるとなんだかびっくりしてね。それで，西條君の『構造構成主義とは何か』（2005年　北大路書房）を見たらびっくりして，俺のことが誉めてある。

　メンデルは，自分の理論を誰にも誉めてもらえなくて，死んじゃうわけですよ。1865年に理論を発表して，1884年にメンデルは死んだんだよね。1900年になって，メンデルの理論が再発見される。その時にメンデルはすでに死んでいたんだよね。僕は西條君の本を読んで，自分の理論の再発見の報せを生きて聞いているメンデルみたいな気分になったわけ。メンデルは35年経って再発見されて，そういう意味じゃ，僕は15年経って西條君に再発見されたのかな。35年と15年では，15年の方がたいしたことないから，僕の理論は，メンデルの理論に比べたら，たいしたことないのかなというふうに思ったわけ（笑）。それで，僕のもう1つの「構造主義生物学」あるいは「構造主義進化論」というのは，1980年代の半ばぐらいからやってるんだけど，未だに，20年ぐらい経っても誰も誉めてくれないから，そっちの理論ほうが優れているぞと思ってるんだけどね，『構造主義科学論（の冒険）』よりはね。

構造主義生物学の体系化

　それで，その「構造主義科学論」というのはどんなのかっていうとですね，それは「構造主義生物学」に関係があるのでその辺りから話します。僕がネオダーウィニズムが気に入らなかったのは，とても還元主義的だったからです。遺伝子と物質があって，それが形を作るというわけね。遺伝子というのは，DNAの塩基配列の一部で，ただの物質でしょ。それが，なんで形と関係あるのかっていうことがね，全然僕の頭では理解できなかった。だってさ，DNAはアデニン，チミン，シトシン，グアニンという塩基が並んでいるだけですからね。それがどうやって人間の形を作るっていうの？関係ないじゃない，そんなもの。そこにあるのは，対応だけじゃないか。形を作る論理は遺伝子に還元できないとまず思ったわけ。

　僕は生態学をやってたんだけど，そうはいってもネオダーウィニズムの理屈は結構おもしろくて，山梨大学に勤め始めた1979年の1年間，極端なネオダーウィニズムの分派である社会生物学の話ばかりしていた。しかし，すぐにこれはインチキではないかと思い始めたのね。その途端に日本の生態学界の主流は社会生物学に流されていった。それで生態学会にはあまり顔を出さなくなってしまって虫ばかり採っていたのです。

　それでもネオダーウィニズムは気になるので，これを論駁する論文を1985年に書いてみた。すると柴谷先生からすぐ連絡があり，僕の論文は柴谷先生が構想されている構造主義生物学的だから一緒にやらないかということになった。柴谷先生の理論の基礎はソシュールの構造主義。シニファインとシニフィエの対応恣意性と分節

恣意性が遺伝子コードにそっくりそのまま適応できるというのが柴谷先生のアイデアだった。1981年に岩波（書店）から丸山圭三郎が（出した）箱に入った『ソシュールの思想』を僕は読んでいて，とってもおもしろいと思っていたので，「ああ，そういうことだったら」と，すぐに腑に落ちて，柴谷さんが忙しかったので，「それじゃあ，僕が構造主義生物学の理論書を書きましょう」と，それで書いたのが，1988年に出た『構造主義生物学とは何か』（海鳴社）という本なんだよね。それは柴谷さんのアイデアを遺伝子コードだけでなく生物現象全体に適応しようというもので，かなり壮大な試みだった。この本の後半で構造主義生物学のアイデアをさらに科学論に応用したのが構造主義科学論の始まりだったわけです。

その本はすごく難しい本で，今読み返してみるとね，自分でもすぐには理解できないんですよね。3回ぐらい読み返すと，やっとわかって，4回ぐらい読み返すとね，「そうだよ，そのとおりだよ。誰が書いたんだ」って思います（笑）。

理論はどこにあるのか？

そのさらに2年後に書いたのが，『構造主義科学論の冒険』。1990年に毎日新聞社から単行本で出して，1998年に講談社学術文庫に入れてもらったものです。構造主義科学論の話のエッセンスはですね，最初の100ページぐらいに書いてあります。とっても簡単なんで，読めば誰でもわかります。シンプルな話です。

構造主義生物学というのはね，何を基本にするかというと，生物の現象を見て，その現象に一番フィットする理論をつくって，それで解釈しようということなんですよね。まあ当たり前ですが。それで，その理論というのがどこにあるかという時に，外部世界にあると仮定しないわけ。どんな理屈でも，考えているのはお前の頭だろうというのが，僕らの考えなわけ。

だから，たとえば，物理法則というのでも，外部世界に実在してるとは，僕は思ってないわけね。物理法則がどこにあるかというと，物理学者の頭の中にあるに決まっているわけ。理論とか法則は実在していないんですね。それに対して，現象というのは，実在するんです，間違いなく。ところで現象は時間を含んでるから，どんどん変わるものですよね。

だけど，理論というのは，必ず時間を抜きます。時間を抜かないと理論じゃないんだから。たとえば，ニュートン力学でも，なんでもそうだけど，時間というのは，ただ単にtという形で出てくるだけ。これは物理時間という特殊な時間で，これ自体は均一，一様なもので，我々が考える時間とは違う。法則はいつでもどこでも普遍的。普遍というのはユニバーサル（universal）。もう1つの不変というのはインバリアント（invariant）で，変わらないということだよね。普遍で不変の物理法則が成り立っているというのだけれど，本当かどうか，実はわからないわけ。とり

あえずそういうものを想定すると，そのへんの普通の物理現象というのは，とってもうまく読み解けるんです。だから，それでいいんだけれども，その時に，物理法則が世界に本当に実在するのかどうかということは，別にどうでもいいわけね。とりあえず，それでやってみて，破綻をきたしていないんだから，それでいいわけ。ニュートン力学は予測可能だし，役に立つ。

しかし，光に近い速度のところではニュートン力学は成り立たない。マイケルソン，モーリーの実験によってニュートン力学は反証されたという話ですね。アインシュタインの特殊相対性理論は通常の運動も光に近い速度の運動もともによく説明できる。特殊相対性理論というのは，ニュートン力学を中に組み込んだもので，もっと大きな理論なんだよね。それでうまくいったので，今度はそれがいい理論になったんだよ。だけど，アインシュタインの特殊相対性理論が真実かというと，そんなの誰もわからないんだよ。真理かどうかは，どのみちわからない。

昔，「万有の真理は一言で尽く。曰く不可解」と言って華厳の滝に飛び込んで自殺した人がいたけれど，真理は不可解じゃなくて，万有真理はひとつしかない。すべては必ず動くってことだよね。すべては変化すると。これが真理なんだよ。その変化することを変化しない法則と物理時間 t でもって記述すれば，これはすべて動くものを，不変の何かでコードできるという話になる。実はね，これが科学なんですよ。

ところがそれは，物理現象では簡単だけど，生物現象では，難しい。たとえば私が明日どうするかなんてことはまったくわからない。だって今だって，次に何をするかなんて，わからないんだからね。それを，たとえばラプラスの魔という話で，初期条件さえ全部決まれば，何をするかってことを，おまえが知らないだけで，実は決まってるって。そんなこと言われたってね。俺，今手を上げたけど，実はそんなこと，あらかじめわかるわけない。生物の場合は，未来は原理的に予測不能だと思う。

ソシュール言語学の導入

なぜ予測不能かという話を考えようとして，それでソシュールをひっぱりだした。現象はとにかく不変でない。どんどん変わっていくんだけれども，その時のルールは言語の文法みたいなもので，勝手に変わる。だから厳密に予測可能にはなりっこない。しかし，言葉というのは，差し当たって，不変なんだよね。ソシュールの言語学には2つの重要な対概念がある。1つは，シニフィアン・シニフィエという対概念で，シニフィアンって表記ですね。

言葉っていうのは，たとえば熊とか馬とかいう言葉それ自体は何ものでもない。ただの音声だったり記号だったり，字だったりするから，それ自体は不変なものな

んです。これはシニフィアンといいます。

　それに対し，シニフィアンがさしているものというのは，不変ではない。この熊とこの熊とこの熊は，みんな違うんだから，熊という同一性が世界にあるかどうかは，実はわからない。個別の熊はいっぱいいる。シニフィアンはとりあえずはそれらの1頭，1頭をさしている。だけど，それをまとめた熊という記号で言い当てられる同一性，これはシニフィエといいますが，それが外部世界にあるかというと，ないに決まっているだろう，というのがソシュールの考えだったわけです。

　それはどこにあるかといったら，自分の頭の中にあるんだというわけです。だから，シニフィエは自分の頭の中にある同一性，それも，時間を含んだ同一性なんですね。そういうふうな同一性でいろいろなものを言い当ててるけど，それが，たとえば僕の頭にある熊というシニフィエと，あなたの頭の中の熊というシニフィエが同じ同一性を言い当てている保証はどこにもない。

　「あれ，何?」と聞くでしょ?「熊」と答える。「あ，俺もそう思う」。だから同じだと2人とも思う。本当は同じかどうかわからないけれども少なくとも矛盾はしていない。別の動物をさした時，「あれは熊だ」，「あれは熊じゃない。犬だ」と言い合った時に初めて，2人の頭の中の熊が同じじゃなかったとわかるわけだ。それまでは，わからなかった。で，わからないにもかかわらず，それでも話が通じたのはなぜかというと，熊という言葉の使い方が，とりあえず同じだったから。

　たとえば，西條君は俺のことを知っていたから，それで池田清彦がどうのこうのと，みなさんに話したとしますね。多分初めて僕のことを見た人は，池田清彦なんて知らなかったわけだけど，たとえば僕の本を読んでたりなんかしたら，話は通じるでしょ。池田清彦がこう言ったとか，言わなかったとか。だけど，その時に西條君の頭の中にある池田清彦という同一性と，彼と話をしている人の池田清彦の同一性は違うんだよ。違ったって，でも話は通じる。コミュニケーションを保証するのはシニフィエの同一性ではなく，実は，言葉の使い方の同型性なんだよね。

　言葉の使い方はどうやって決まるかというと，文法があって，文法というのはABCDというようないろいろな言葉の順序だとか，はまるやり方だとか，助詞がくっつく方法だとか，動詞をどこにつけるとか，そういう話でしょう。そういう文法というのは，形式だから，それは，実は客観的なんだよね。だから，我々は何が客観的かというと，実は言葉自体が客観的じゃなくて，言葉と言葉の関係形式みたいなものはとりあえず客観的に違いないという話を，ソシュールのシニフィアンとシニフィエをもとに僕は考えたわけです。

ラングは個人的なもの

　それからもう1つですね，ソシュールが言ったことで重要なのは，ラング

(langue）とパロール（parole）という話なんだね。パロール，これは言語学に詳しい人はよくわかっていると思うけれども，発話のことです。たとえば，僕は特別な話し方をするので，僕の話し方の真似は多分できないと思うのだけど，それがパロールです。それで，パロールは個人的なものだとソシュールは言いました。ラングというのは言葉の文法だよね，ソシュールはラングは社会的なものだと言ったのです。

　僕はそれがすごく気に入らなかったんです。気に入らなかったんで，調べてみると，ソシュールは3回言語学の講義をしていて，第1回目の講義で，反対の主張をしている。ラングは個人的なものだけれど，パロールは社会的なものだと。僕は，その通りだと思った。なぜかと言うとね，ラングすなわち，文法は，どこにあるかというと，自分の頭の中にある。文法というのは，自分の頭を離れて社会的に転がっているということは無い。言葉を発するのは自分であり，言葉を発することができるのは自分の中にラングがあるからだ。しかし発せられた言葉，すなわちパロールは，それでもってコミュニケーションしているわけだから社会的なものに決まっている。だけどラングは社会的なものじゃない。

　それでね，先日，お茶の水女子大学の内田伸子先生のお話を聞いて，とってもおもしろかったのは，子どもは発達過程でいろんな概念を構成していく時に自分なりのやり方を決めるっていう話ね。言葉を構成する能力，すなわちランガージュ能力というのは生得的な能力としてあるんだけれど，文法というのは，あらかじめ生得的に持っているものでもなければ社会的な文法をきちんと覚えて正しい文法を読み取ってそれを真似するわけでも実はない。おかあちゃんやおとうちゃんや友だちと，適当な言葉のコミュニケーションをしながら子供は自分なりの文法を頭の中に作る。だから，文法っていうのは実は発明されるものなんだ。この話をそっくり理論に応用しようと考えたわけ。理論というのも実は発見されるものではなくて自分の頭で発明するものなんだよね。

　発明した理論が現象と整合的かどうかということは現象によって検証されるから，ひどいを理論作れば，明日にでも「おまえの理論でたらめだ」って，すぐわかっちゃう。でもそれを検証するのも人間だ。

　ラングっていうのが頭の中で構築されるものだっていうことはすごく大事で，同じように理論というのもみんな頭の中で構築されるもんなんだよ，実はね。だから本当はこの人の理論とこの人の理論とこの人の理論は同じ理論だと本人たちは思っていても，違うかもしれないんだけどそれを検証するのは，現象を観察すると同時にコミュニケーションする必要がある。理論は外部世界に実在していて人間がいなくても正しいという考えはとらないわけ。そういうふうに考えると逆に，全然違っているように思われた理論も結構似ている場合もある。こいつ全然俺の言ってるこ

とわかってねえよとか,チンプンカンプンだよってことがあるでしょ？ 僕なんか,そういう人と話していると,途端に眠くなっちゃって,カミさんに言わせると「ナントカさんと話した途端にあなた目がうつろになってどっか向いてた」てなもんで,聞く気なくなっちゃったわけだね。逆に,話しているうちにどうもこの人の言ってることと私の言ってることは似てるんじゃないかってだんだんフィットしてくることってあるよね。

そういうことを,たとえば科学の領域でもやろうと考えたのが西條君だろうと僕は思ってるわけね。コミュニケーションしながら,お互いの考えをすり合わせることによって,よりよい理論を作ることができるんだというわけね。

正しい個別理論は科学の敵である

それからもうひとつ構造主義科学論の話で,ちょっと言うとですね。さっき言ったように,同一性というのは自分の頭の中にあるものだからシニフィエです。それとは別に多くの言葉は指示対象を持ちます。言葉の意味って指示対象のことなんですよ。シニフィエのことじゃない。犬という言葉の意味は指示対象としてのそこいら辺を歩いている犬だよ。人っていう言葉の意味も指示対象としての個人です。だけど,人一般というのは何かって言ったら,そりゃ大変だよ,そんなことがわかったら,人間科学それで終わりだよ（笑）。

正しい理論は科学の敵であるって僕はどこかに書いたことあるけど,1回全部正しい理論ができたら,それ以上進歩しないからすぐその学問は終わるんですよ。だから正しい心理学ができたら,心理学会はもう破産なんだよ。だから,正しくない方がいいんだよ（笑）。

ニュートン力学ってだいたい正しいんだよ。だからニュートン力学の講座ってないでしょ,大学に。なぜかって言うと,たとえば,来年の月と太陽とナントカの位置がこうなってますよとか言ったって,そんなの当たり前だって言われたらおしまいじゃないか。だから,予測が半分くらいできて半分くらいできないとこが学問として一番流行るわけ。だから心理学なんか,未来永劫大丈夫だよ（笑）。真実の心理学なんかないんだよ。要するに,こういう分野では全員を納得させるような理論なんかできっこないから,ずーっと学問は続く。そういう意味じゃ生物学もいいよね。

だから,化学・物理学とかいうのは,自然科学の王様みたいな感じだったが,だんだんやることがなくなってくる。生物学も心理学もまだ開拓する余地がある。半分ぐらい正しくて半分は正しくなさそうな理論しか作れない分野っていうのが今一番発展する分野なんだよね。全部わかるようになることはないけれども試行錯誤しながらわかる部分を拡げていく。それが学問の進歩ってことだよね。

科学とは何か？

　で，さっきの話に戻すと，シニフィエは頭の中の同一性なんだけど，それを別のシニフィエと結びつけていく言葉の関係性，たとえば，熊が人間よりもでかくて，人間がモグラよりもでっかいとか，そういう関係性，AはBよりでかくて，BはCよりでかいみたいな関係性。その関係性自体はとっても客観的なものだと思います。

　なぜなら，AとかBとかCとかいうのは記号だから内容はない。内容がないから，逆に客観的なわけだ。しかしAとかBを言葉に置換したとたんに，それは言明になって場合によっては検証可能となる。たとえばある人が「人間より小さい熊がいるぞ」と言った時に，そんなはずはないと思った人はどうするかというと「おまえの熊ってどれか見に行こう」って話になる。そこで，「これだ」「ばか。それは，おまえ熊じゃなくって犬だろう」って話になれば，それじゃ熊と犬はどこが違うのかということになる。

　「熊とは何か」っていろんな言い方ができるよね。熊のDNA調べてこれが熊だって。だけどそれは熊じゃないんだから。それは熊のDNAだろ？　人間とは何かって言うのも同じで，DNA調べてもそれは人間じゃなくて人間のDNAなんだよ。人間とは何かっていうのは今もってわかんない。それはいろんな言葉でもってがんじがらめにしていくほかはない。

　要するに，言葉の構造の中にはめていくと，関係形式が付加された分，その限りにおいて人間という言葉は，少し非客観的な部分が少なくなって客観的なところが増える。そうやって，どんどん他の言葉たちとの関係でがんじがらめにしていっても，中のシニフィエはいつまでたっても時間を含む言葉だから，完全に時間を抜くことはできない。それでもなおかつ，形式という形で時間を徐々に抜いていくことができると。科学の営みとはそういうものだというのが構造主義科学論の立場です。

非厳密科学を基礎づける理路

　こうやって科学理論というのを作っていけば自然言語を使ったって科学理論として全然問題ないわけね。だけど，厳密に言葉を定義しなけりゃいけないと言われると困るわけね。

　たとえば「クォリティオブライフというのがどんなものか定義しろ」と言われても厳密に定義することはできない。定義はできなくとも適切な言葉の使い方というのはあるわけ。他の言葉との関係によってQOLを徐々に客観的にしていくことはできる。しかし「QOLを厳密に定義しろ」なんてところから始めるとうまくいかない。定義というのは時間を抜けるものに限ってのみうまくいく。

　だから変な話だけど，物質とかそういうものっていうのは，時間を抜いて完全同一性を一応保証できるでしょ。H_2Oって分子がありますよね。地球のH_2Oも火星

のH_2Oも同じだってみんな思っているわけ。それって，すごく変なことでしょ。なぜかって言うとね，Hとか見えないからなんです。ちょっとわかんないかな。水は見えるけど，分子や原子は見えないでしょ？　Hという原子は見えないから，実は人間がHより小さくなっちゃえば，このHには髭が生えてるとかこのHはメガネかけてるとかこいつちょっと違うよとかわかるかもしれないけど，見えないからわからない。Hというのは観察可能なので，もちろん現象であるけれども，同時に理論によって要請されてる言葉でもある。理論の中のHは完全同一性を担うものと想定されている。だからHという言葉は普遍で不変なんだ。

　要するに，分子や原子はユニバーサルで，インバリアントなものとして，それを前提にして物理や化学の理論って作ってあるわけね。だからHというのはどこでもH，同じだっていうわけ。そこまで不変なものは物質以外にない。みんなそのことはあまり不思議と思ってないと思うんだけど，普通の事物はそれぞれみんな違うんだから。ライプニッツという昔のえらい哲学者はそのことをよく知っていて，すべての個物は全部違うって言ったんだよ。

　だけど科学は同じ名前の物質は全部同じと言ってるんだからすごく変でしょ。だけど，物質も実は同じじゃないと私は思っている。同じじゃないんだけど同じと見なす理論を作って，ということは，時間を抜いてその中でうまく現象を説明できるようにしたわけ。そういう風にして，全部時間を抜いてうまく現象整合的な理論を作れる科学を僕は厳密科学とよんでいるんだけど，生物学よりも上の科学は全部言葉の中から時間を抜けないから，厳密科学になることができない。

　だからこれを僕は非厳密科学とよんだわけ。客観性は形式としての言葉と言葉の関係の中にしかない。だからそれをいかにうまく作るかってことがこの場合は科学なんですね。そういうことを僕は『構造主義科学論』の本で書いたのです。そうすることで「非厳密科学を厳密科学と同じ土俵の上にのせることができる」というような話で，もうだいたいいいでしょうか（笑）。ありがとうございました。

I-2 メタ理論を継承するとはどういうことか？
——メタ理論の作り方

西條 剛央

こんにちは。西條です。

突然ですが,「メタ理論」とは何でしょうか？

ほとんど人にとって耳慣れない言葉だと思います。2006年に池田先生との共著『科学の剣　哲学の魔法』（北大路書房）を上呈させていただいたのですが，実はその本の題名は『メタ理論の作り方』でいこうかと考えてた時があり，担当編集者の関さんに相談したところ,「おもしろい題名なのだけど，Amazonで調べてみても"メタ理論"という言葉を主題に含む本が1冊も見つからないんですよ」ということで,そりゃさすがにマズいということでボツにしたということがありました(笑)。

ですから，耳慣れないのは当たり前のことで，特に僕らがいう「メタ理論」というものを深く理解されている人は学会などにもほとんどいないのが現状のように思います。

それで，今回のテーマは「メタ理論の継承」ということなのですが，これをお話するためには,「メタ理論とは何か」というヤッカイな論件について語らねばなりません。

で，のっけからヤヤコシイことをいいますが，僕らのいうメタ理論とは【多種多様な枠組みのあり方や関係を基礎づける学的基盤となる理論】ともいえますし，あるいは【科学や理論を巡る哲学的難問を解き明かして，問題性を構造上解消してしまう解明の理論】ということもできるでしょう。

いきなり意味不明なコトをいって恐縮なのですが，もちろんみなさんをケムに巻

くつもりは毛頭ありません。むしろ，ここではこの文言の意味を理解していただけるよう，できるだけわかりやすく語っていきたいと思っていますので，おつきあいいただけるとありがたいです。

さて，「メタ理論の継承」をするための出発点として「問題意識の共有」ということが大事になります。ここでいうメタ理論とは「問題性を構造上解消してしまうような学問的基盤となる理論のこと」ですから，問題がどのように立ち現れているのかを知ることなく，その問題を解く理路を理解することは難しいのです。

もちろん理路を追うことはできるのですが，「だから何？」といったように，その意義（意味）を受け取ることができなくなってしまうのです。開くべき扉やその扉の先に何があるのかを知らされないで，いきなり精巧な鍵を渡されるようなもので，「え，だから何？」「この鍵何の意味があるの？」ってなりますよね（笑）。それと同じですね。

また，これは根本モチーフを理解することにもつながりますので，まずは構造構成主義を体系化するに至るまでの問題意識をごく簡単に述べてみたいと思います。

人間科学部と心理学会で感じた違和感から

僕は早稲田大学の人間科学部，人間科学研究科と進学してきたこともあり，人間科学についていろいろと思うところがありました。特に，学部の頃から感じていたこととしては，専門を異にする教授達が，まったく違うことをいいながら，それぞれに説得力があって，でもお互いに批判しあっているようなところもあったので，そのことは何を意味しているんだろうとなんとなく気になっていました。

また僕は心理学を専門としているので，大学院に入ってから心理学系の学会に参加するようになったわけですが，そこで数量的アプローチと質的アプローチといった方法間の対立みたいなものを目の当たりにして，ここでもまたなんでそうなるんだろうと思ったわけです。

そうしているうちに，人間科学と心理学にはいろいろな構造上の類似点があることがわかってきました。第1に，人間科学，心理学といった名のもとに，実に多様な専門領域が集まっている「学問のるつぼ」ともいうべき特徴があるということです。それから双方とも，科学性が問題になっていること。つまり，科学的かどうかが問われるということ。多くの専門領域がそれぞれ暗黙裏のうちに独自の学範（学問的規範，ルール）を形成していて，領域によってそれらは微妙に，あるいはまったく異なるということ。そしてそれは通常明示化されていないこと。それを契機とした認識のズレによる不毛な信念対立が起きていること。

いわば異なる文化の人たちが，それと自覚せずに同じ場所で生活しようとしているようなものですから，いろいろと問題が起こるのはむしろ自然なことなわけです。

逆にいえば、もしこうした違いを認識することができたならば、ナイーブにやり取りしているよりはずっと建設的な関係を築くことができるはずです。特にいろいろな能力をもっている専門家が集まっているわけですから、彼らがそれぞれの特長を活かして、お互いに足りない点を補うことができたならば、単一の専門領域内ではなし得ないことを達成できる道が開けるかもしれない。

もちろんそのような志をもっている人は少なからずいますし、実際にそのような主張をされている人もいるのですが、現実にはなかなかうまくいかないのが現状です。もともと僕がいた人間科学部は良くも悪くもその典型例というところもあって、細分化する科学の限界と反省から生まれてきたわけですが、結局その総合性の志は実現できずに、学部自体が分裂していったわけです。

学的基盤の不在

考えてみると、そうした多様な学範が集まっている総合的領域全体を基礎づけるような学的基盤というのはなかったのですから、当然といえば当然のことなんですね。もちろん、「学問のるつぼ」システムを活かせず、時に不毛な対立関係に陥ってしまうのは、メタレベルの学的基盤の不在だけが理由ではありません。感情的問題、政治的問題、制度的問題といったように、さまざまな要因が絡み合って、そうした状況が生まれていることは間違いないでしょう。

しかし、学問なわけですから、その営みをより機能させるための理論的基盤は非常に重要です。もちろんそうした基盤となるメタ理論が整備されれば、すべて解決されるとは思いませんが、少なくとも学術的な議論の齟齬から生じる対立は減らすことができるようになりますから、確実にマシにはなると思われます。

たとえば「科学性」の問題を例に考えてみましょう。もちろん「科学とは何か」という話は、抽象的な議論ですから「自分はそんなもの考えなくとも研究ができているし、実際に知見を生み出している」ということは簡単です。そして確かに単一学範内で活動する限りは、そんなこと考えなくとも論文は書けます。ただし、たくさんの学範が混在している「学問のるつぼ」においては、そもそも「何をもって科学的とするか」といったことから非明示的にズレているため、ヤヤコシイことになりかねないわけです。

学範の基礎となる科学論からしていろいろあって、代表的な2つを紹介すると、たとえば帰納主義とは「観察したデータを積み重ねて共通の構造を見いだしていくのが科学である」というものです。そうすると当然現場に入って、先入観なしで記述を積み重ねて、共通性を見いだすことが正当な科学だということができるわけです。その意味では、フィールドワークなどを主体とする研究者の拠り所となる科学論ということができますね。

他方，反証主義は「科学的命題は反証可能な言明でなければならない」というものですので，そうすると，実際に明確な形で検証（反証）できる実験的なパラダイムにとって都合のよい科学論となります。こうした「科学とは何か」といった根幹からズレているわけですから，自ずと問題はこじれていくわけです。結果，科学性を契機として不毛な信念対立に陥ることも珍しくありません。

このように，学問っていうのはそもそも抽象的な営みなので，たとえば査読を受ける時に，「その研究には科学性が無い」といわれたら，やはりそれに対して「この研究はこういう条件を満たしているから科学性は担保されています」といった抽象的議論をせざるを得ないわけです。

つまり，科学も言葉の営みである以上，研究は抽象的な批判に対する防御力というか，理論性というものを備えていなければいけない。もっとも構造構成主義がやろうとしていることは，そうした対立が起きる構造自体を深く理解して，それを超克する学的基盤を提供することなのですが，それを基礎づけるメタ理論は，やはり抽象的な哲学であったり科学論だったり，そういうもので作っていくしかないんですね。

そうした問題意識から体系化されたのが構造構成主義なんです。理論の詳細は『構造構成主義とは何か』を参照にしていただくとして，今回は構造構成主義に関心をもってくださった方がそれを継承する際に参考にしていただけるように，理解しておくべきポイントや理論作りのコツについてお話できればと思っています。

そこでまずは，構造構成主義の科学論的基盤となった構造主義科学論とどのようにして出会い，それによってどのような問題がクリアされ，何が問題として残されたのか。それをさらにクリアするために，どのような概念装置を導入したのかといった，「関心や目的に適した理路の導入と補完」といった流れを中心にお話したいと思います。

関心（目的）の設定：新たな科学性の構築

さて，多様な領域に導入可能な理路を備えるメタ理論はどのように作ればよいでしょうか。これはなかなか難しい問題です。ここでは先に触れた科学性を中心に考えていきましょう。最近，質的アプローチが社会科学系の学問領域を中心として領域横断的に広まりつつあるのですが，そうした新たなアプローチの台頭によって科学性の問題が再浮上したということがあります。

いくら記述が大事だとはいえ，科学を標榜する限りは，単なる記述や「ケンちゃん日記」じゃだめなわけで，じゃあどうすれば質的研究や事例研究といったタイプの研究においても科学性を担保していけるかという新たな問題をクリアする必要がでてきたわけです。つまり何でもアリにならないように，人間的事象の客観的／主

観的といった両側面を包括して，ハードサイエンスにもソフトサイエンスにも妥当する新たな科学性が求められるようになったのです。

メタ理論の射程は原理性の深度に比例する

そうした科学性を備えた認識論をどうやったら作れるかを考えていた時に，池田清彦先生の『構造主義科学論の冒険』（講談社）に出会いました。これを読んでいく中で，これで何とかなる，これでいけるぞと思ったわけです。それがメタ理論を作る最初の出発点でした。

構造主義科学論の理路については池田先生が説明してくださったので，ここではメタ理論としての重要な条件という観点からお話してみたいと思います。ちょっと難しくなるかもしれませんが，先の人間的事象の客観的側面と主観的側面の両方を基礎づける云々といった問題を言い換えると，主観─客観問題に陥らないでどうやって科学性を担保するかということなんですね。そのためにはまずできるだけ特定の「前提」に依存しないということがメタ理論としては非常に重要になります。

その理由として前提が崩れるとそのうえに組み立てたものも崩れるからということがよくいわれます。「親亀こけたら子亀もこける」というやつです。確かにそうなのですが，しかしこれは何らかの前提に依拠するメタ理論の決定的な限界を言い当てているようには思いません。たとえば，「外部世界の実在」を前提とする客観主義を考えてみても，原理上外部世界の実在性を保証できなかったとしても，実質的にそれを前提としている物理学がこけるとはとても思えませんからね（笑）。

結論をいえば，特定の前提に依存することによってもたらされるメタ理論上の限界とは，それが基礎づける範囲を狭めてしまうことにあります。たとえば，「外部世界の実在性」を前提とすると，その前提の上に乗っている人間的事象の物理的側面（モノ的側面）はうまく扱えますが，意味世界が射程外になってしまう。「意味」は外部世界のどこかに転がっているようなモノじゃないですからね。

それに対して，意味世界を扱うためには，世界を物語として捉える「物語論」という認識論はとても有効な枠組みになります。ただし，それは「科学的知見も１つの物語に過ぎない」と考えるため，そうした前提に依拠すると，語られる前から存在しているように感じられるようないわゆる「外部世界」について探求する理論的基盤にはなり得ないわけです。

もちろん，僕は物語論は人間存在を捉える重要な視点だと思いますし，自分の外に世界が実在しているとも思ってますし，そうした実感を否定するつもりも毛頭ないのですが，メタ理論として考える時は，そうした実感と切り離して，理論構造の問題としてクールに考える必要があります。先に述べたように，できるだけ前提に依存しない方が，そのメタ理論が基礎づける射程は広くなっていくのです。メタ理

論のメタ性は原理性の深度に比例するのです。この枠組みはメタ理論だと声高に主張すればなれるといったようなものじゃないんです（笑）。ここが重要な点だと思います。

　違う角度からいえば，唯一自存する外部世界の実在を前提として，それに迫るのが科学だっていうように考えてしまうと，1つの事象について相反するような知見が提起された時に，最初から自分と相容れない考え方を排除してしまうということにもなりかねないわけです。そうすると人間科学が信念対立の温床になってしまう。他方，極端な「物語論」のような認識論を前提として，「すべては物語であり，科学的知見もぜんぶ物語である」としたならば，何でもアリの相対主義に帰着してしまいかねないわけです。

　ですから，そうした何らかの前提をあらかじめ措定することなく，かつ何でもアリにならないように，共通了解可能性を担保して，科学的営みを基礎づけることができなければならない。そういう科学論が求められるわけですが，これは自分で作ってみようとすれば途方もなく難しいことがわかります（笑）。そうした問題意識をもっているところで構造主義科学論に出会って，その理路を厳密に吟味してみたところ，まさにそれらを保証する理路を備えていたのがわかったので，「これでいける！」と思ったわけです。

現象を出発点とすることの意味

　先ほど，何らかの前提に依存しないことが大事といいましたが，それでは構造構成主義における構造主義科学論はどうでしょうか。そこでは疑っても疑いきれない「現象」を出発点とします。この「現象」と「外部世界」は違います。外部世界は目の前の机だったりするわけですが，現実だと思っていたら夢だったということがあるように，原理上はそれ自体夢である可能性は排除できません。現象は，立ち現れている経験そのものですから，外部世界も夢も幻も全部含まれます。今この本を手にしていることも夢かもしれませんし，原理上はそのようにいえますが，たとえそうであったとしてもそれが立ち現れているということ自体はいくら疑っても，疑っていることを含めて疑いきれないわけです。

　「それは現象を前提としているんじゃないか」と思われるかもしれませんが，そうではありません。それは信じることを要請していないといったらわかりやすいかもしれませんね。「現象」を出発点とするにあたって各人に検証してもらって，「なるほど，論理的に考える限り，確かに現象は疑っても疑いきれないから出発点として認めてもよいな」と納得した人がその先に進めば良いのですね。

　原理上疑ったら疑いきれる（方法論的懐疑に耐えられない）前提は，最終的には「とりあえずこれはあるってことにしましょう」という約束事の上に成り立つわけ

ですから，それはその意味において信じることを要請しているわけです。

　何らかの前提に依存する理論は，信じることを要請する理論であり，それゆえそれを信じる人の間でしか了解されないのです。懐疑の余地がある分だけ原理的ではなくなっていくのです。そのコンテンツが客観主義でも社会的構築主義でも物語論でも同じことです。だからダメだといっているわけではないのですが，少なくとも人間科学が人間の客観的／主観的事象全体を扱う領域だとすれば，それを包括的に基礎づける理路（認識論的基盤）にはなり得ないのはわかるかと思います。盲信してくれる人に対しては大丈夫ですが，前提を異にする人に厳密にその理路を吟味されたら「これじゃダメだ」となりますからね。

コトバの使い方の同型性というキーコンセプト

　通常は他者との共通了解は「外部世界の同一性」や「人間の認識構造の同一性」，そして「コトバが指し示している内容の同一性」といったことを前提として成立するとされます。科学的説明ならそれでも通用するかもしれませんが，しかし原理的には，それらの同一性を保証することはできませんよね。また，先ほどの池田先生の説明にありましたが，その理路によると，直接さし示すことができないプラトンのような実在していない人物等々についての共通了解を基礎づけることができません。

　それに対して，構造主義科学論はこうした一切の前提を必要としないわけです。その白眉の1つは先ほど池田先生からお話があったように，「コトバの使い方の同型性」によって共通了解可能性を基礎づけた点にあります（p.6参照）。ここで注意が必要なのは，構造主義科学論は「コトバの使い方の同型性」を前提とした理路ではないということです。原理的思考によって考え抜けば，「コトバの使い方の同型性」もやはり原理的には保証することはできないことがわかります。「同じじゃないかもしれない」と疑うことは容易にできますよね。

　ですから，そうじゃなくて構造主義科学論は「コトバの同型性」をキーコンセプトとして，何らかの前提に依拠することなく，"完全な共通了解は原理的に不可能だが，暫定的な共通了解は成立し得るという事態"を理論的に基礎づけたのだと僕は考えています。

　構造主義科学論についてこれ以上の説明はしませんが，徹底した原理的思考によって特定の前提に依拠せずに作られた科学論（理路）だったため，結果的に人間科学全体を基礎づけるメタ理論となり得たということが，重要なポイントになります。ちなみに構造主義科学論は，「コトバとは何か」といった根本にまで遡ったため他の科学論が持ち得なかった深い原理性をもち得たんだと思います。繰り返しますが，メタ理論が個別理論や領域を超えるメタ性（普遍性）を備えるためには，そうした

深い原理性に支えられていなければならないのです。

理論的補完１：構造化に至る軌跡

　さて，構造主義科学論によって認識論の多元性を保証しつつ，科学性を担保可能な理路を整備できたので，これは大きな理論的進展でした。ただし，人間科学のメタ理論を構築するという目的に照らして考えると，構造主義科学論を導入しただけですべての問題がクリアされたわけでなく，さらにいくつかの概念を補完していく必要がありました。

　たとえば，「現象を構造化する」という点だけでいえば，実験や統計を用いない質的アプローチによる研究を，ノンフィクション小説やドキュメンタリーとの差異化をすることは難しくなります。

　かといって，自然科学のように，条件統制によって仮説検証を繰り返し，再現性を保証するということを科学性の条件とするならば，それが基礎づけることのできるのはハードサイエンスの領域に限られてしまい，その結果たとえば，一回起性の臨床的事例を構造化する機会などを切り捨ててしまうことになる。なぜなら，いわゆる「臨床現場」は極めて複雑な要因が絡んでいて，そもそも厳密な条件統制自体が不可能な場合の方が圧倒的に多いからなんです。これではフィールドワークなどの質的アプローチを基礎づけることはできません。

　そこで，質的研究を巡るさまざまな評価概念を検討してみましたが，ほとんどは原理的というよりも思いつきの域を出ない概念だったため，科学性を担保するために必要最低限の理路だけを残すように煎じ詰めていった結果，1986年にサンドロウスキーが提唱した「決定に至る軌跡」という考え方が残りました。これを「構造化」を志向する構造構成主義の枠組みへ援用して，「構造化に至る軌跡」という概念を提起したのです。

　これは「条件統制」ではなく，「条件開示」を基礎に据えるということですね。条件統制も「このように条件を統制した」という条件開示の一種ということになります。それは数量的研究でも質的研究でも同じで，構築された構造（知見）は，どのような関心や目的をもつ研究者が，何を対象とし，どのような観点からどのようにデータを収集し，どのような視角からどのように分析をして，それにどのような視点から考察を加えた結果得られたものなのかといった諸条件を開示していくわけです。この条件開示さえされていれば，現場で提起された構造も，特定の条件下で構成された構造であることを踏まえたうえで，活用できる可能性を残すことになります。これによって構造を提起する過程において下されてきた判断や決定を吟味し，その知見の有効性や射程を判断する筋道が確保されるわけです。

理論的補完2：関心相関性の導入

　また，現象を構造化する際に，特定の方法論を用いますが，実は方法論の背景には認識論が横たわっています。認識論とは平たくいえば「世界を捉える際に根底をなす枠組み」ということですから，すべての認識論（方法論）の原理的等価性を担保するだけでは，何でもアリの相対主義に陥らないための理路としては十分ではないわけです。その問題をクリアするために導入された概念が「関心相関性」というものです。

　この「関心相関性」についてですが，これは「存在や意味や価値はすべて身体―欲望―関心と相関的に立ち現れる」という構造構成主義の中核概念です。この観点からすれば，そのへんにある水溜りも，普通は何でもない水溜りだったとしても，僕らが死にそうなほど喉が渇いていたとしたら，貴重な飲料水になると思うんですね。そういう飲料水としての価値を帯びる，あるいは「飲料水」という存在として立ち現れるということです。これはすべてのことが，僕らがこういうもの抜きで，価値とか意義というものを汲み取ることはできないということを意識化するための原理でもあります。

　たとえば，多くの大人にとってカミキリムシはあまり価値がないというか，意義を感じないと思うのですが，池田清彦先生や養老孟司先生のような昆虫をこよなく愛する「虫家」にとっては，カミキリムシには貴重な価値があることになります（笑）。そのように考えてみると，「価値」というものは，その対象自体に実在するものではなくて，自分の関心と相関的に立ち現れてきたということが自覚することができます。このように，関心相関性とは，自分の関心を対象化することによって，自分が感じ取っている価値や意味を相対的に捉えることを可能にする認識装置なのです。

　ただし，これも関心相関性を前提としているということではありません。言い換えれば，ここではこの原理を信じることを要請していないのです。胸に手を当てて考えてみてください。「存在や意味や価値は身体―欲望―関心と相関的に規定される」という関心相関性の原理が妥当しない事象はあり得るでしょうか？　僕は論理的に考える限りあり得ないと思いますし，今のところそれに対する説得的な反例も聞いたことはないです。

　そうした検証を経て「なるほど確かにそのように考えざるを得ないな」と納得されたならばそれを使えばいいのだと思います。ちなみに，原理と称するためには，そうした検証に耐えるだけの原理性を備えていなければならないわけですが，僕はその意味で関心相関性の原理性は相当なものだと考えています。

　こうした機能を備えているため関心相関性は現象を構造化する際の方法論上の基

軸にもなります。それが「関心相関的選択」という方法装置です。認識論や方法論といったものをすべて関心と相関的に選んでいくための視点です。この枠組みを導入することで、何でもアリの相対主義に陥ることなく、研究者の関心に応じて、客観主義や社会的構築主義といった多様な認識論を柔軟に選択可能になる理路が整ったわけです。言い換えれば、これによって共約不可能性の難問を構造上クリアする理路が整ったわけです。冒頭で「メタ理論とは科学や理論を巡る哲学的難問を解き明かして、問題性を構造上解消してしまう解明の理論」といったことの意味は、これでご理解いただけるかと思います。

信念対立低減のキーツール

　ちなみに、関心相関性は、その原理性ゆえにその他にもいろいろな機能を見いだすことができます。一部紹介していきますと、まず信念対立を低減させるための認識装置として役立ちます。たとえば、心理学でよくみられる基礎と臨床の対立図式においては、次のようなかたちで相互に理解しながら対話できるようになると考えられます。

　臨床実践者が基礎研究者に向かって「そんな基礎研究が何の役立つのか」といった批判をするとき、ほとんどの場合自覚されてなくて、だからこそ信念対立に陥るのですが、「自分にとって」ということが括弧にくくられて見えなくなっているんですね。しかし、この関心相関的観点によってクライエントを治療するという自分の関心下において「役立たない」と感じられていたことが自覚できれば、また違ってくると思うのです。

　その一方で基礎研究者も、この観点によって自らの関心を相対化することで、「仮説の精緻化、検証という関心をもっていたため条件統制や変数操作が可能な実験法が優れた研究法だと感じるのであって、それは絶対的に優れている方法というわけではない」と考えられるようになると思います。それと同時に相手の関心を対象化することができれば、「臨床実践者は目の前のクライエントを治すことに関心があるのであって、そうした医療現場では実験で重要とされる条件統制が不可能なのだから、自分が依拠している実験法を採用する必要はない」というように柔軟な考え方ができるようになるかもしれません。

　このように、関心相関的観点により自他の関心を可視化することで、自分と相手が異なる関心をもっているということを理解した上で、より建設的なコミュニケーションが可能になると考えられます。まあ、上にあげたことは、僕にとっていささか都合よく展開されてはいますが（笑）、少なくともこうした概念装置がないよりは建設的な展開が望めるようになると思うわけです。これと同様に、社会学と生物学といった異領域の研究者同士も、今より建設的な対話の道が開けるかもしれませ

ん。

　それから「なんか話がこじれて前に進まないな」っていう時に，後になって目的や関心がズレていたことに気づいたという経験をされたかたは少なくないと思います。そんな時は，共有できているつもりになっていた目的が根本からズレてるのに，共有できているとお互いが思いこんでしまうことで，ボタンの掛け違いにも気づかず，問題がこじれていくわけですね。そういう違和感を感じとった時に改めて関心相関的観点をはたらかせることによって，お互いの目的や関心のズレに気づき，調整しやすくなります。

　もっともこれは学問における対立をすべて否定しているわけでも，議論などせずに馴れ合おうといっているのでもなくて，できるだけ意味ある対立や議論を行うためにも，自他の立場や目的の違いなどを意識化したうえでやりましょうということですね。関心相関的観点が身に付いていないと，特に専門の違う人たちの間で建設的議論になりにくいので，まずは不毛な信念対立の壁を少しでも低くしておく必要があると。関心相関性はそのための認識装置として機能するわけです。

メタ理論作成セットとしての構造構成主義
　ここでは，難問を解消するための学的基盤を築くために，構造主義科学論といったメタ理論の導入とその補完といった流れを中心にお話してきました。繰り返し述べてきたように「メタ理論が基礎づける射程は原理性の深度に比例する」わけですから，作ろうとしているメタ理論の射程が広いものほど，高深度の原理をパーツとして導入する必要があるわけです。

　しかし，そうしたパーツをみつけることは容易なことではありません。世の中には星の数以上にさまざまな概念が転がっていますから，その中から高い原理性を備えた原理的な概念と，そうじゃない根本仮説性の高い概念を見分けるのは，ふつうの人が鉱山にいって膨大な石ころの中からダイヤの原石を見つけるようなもので，かなり困難なことだと思います。

　もちろん相当な時間と労力を費やせば可能かもしれませんが，そこに膨大なエネルギーをもっていかれてしまったら自分で何か構築する前に気づいたら死にかけてるってことだってあるわけです（笑）。池田先生が自伝『生物学者』（実業之日本社）に崖から車ごと落ちたエピソードの中で，「人間生身でいつ死ぬかわからないから，書くべきものは書かねばならない」と書かれていたように，人間いつ死ぬかわかりませんから作るべきものは作れる時に作っておかねばなりません（笑）。

　ではどうすればよいのでしょうか？　ここで構造構成主義の出番です。

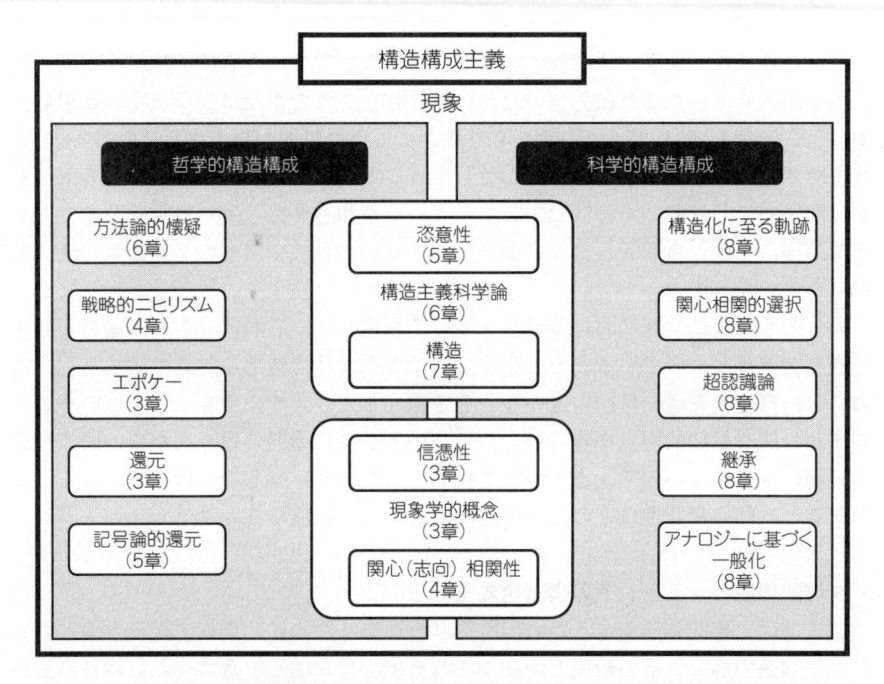

```
┌─────────────────────────────────────────────────┐
│              構造構成主義                        │
│                現象                              │
│  ┌──────────────┐      ┌──────────────┐         │
│  │ 哲学的構造構成 │      │ 科学的構造構成 │        │
│  └──────────────┘      └──────────────┘         │
│  ┌────────┐   ┌────────┐   ┌──────────┐        │
│  │方法論的懐疑│   │ 恣意性 │   │構造化に至る軌跡│  │
│  │ (6章)  │   │ (5章) │   │  (8章)   │        │
│  └────────┘   └────────┘   └──────────┘        │
│  ┌────────┐   構造主義科学論  ┌──────────┐      │
│  │戦略的ニヒリズム│    (6章)    │関心相関的選択 │   │
│  │ (4章)  │   ┌────────┐   │  (8章)   │      │
│  └────────┘   │  構造  │   └──────────┘      │
│  ┌────────┐   │ (7章) │   ┌──────────┐      │
│  │ エポケー │   └────────┘   │ 超認識論  │      │
│  │ (3章)  │                │  (8章)   │      │
│  └────────┘                └──────────┘      │
│  ┌────────┐   ┌────────┐   ┌──────────┐      │
│  │  還元  │   │ 信憑性 │   │  継承    │      │
│  │ (3章)  │   │ (3章) │   │  (8章)   │      │
│  └────────┘   └────────┘   └──────────┘      │
│  ┌────────┐   現象学的概念  ┌──────────┐        │
│  │記号論的還元│    (3章)    │アナロジーに基づく│   │
│  │ (5章)  │   ┌────────┐   │  一般化   │      │
│  └────────┘   │関心(志向)相関性│ │  (8章)   │     │
│               │  (4章) │   └──────────┘      │
│               └────────┘                     │
└─────────────────────────────────────────────────┘
```

注：（ ）内の章番号は『構造構成主義とは何か』において詳述されている章に対応している。

　この図は『構造構成主義とは何か』に掲載されているモデルを少し改良した「構造構成主義モデル2007」です（構造構成主義の理論構造自体は変更されていません）。このように構造構成主義は，複数の原理群からなる体系なんです。『構造構成主義とは何か』の中では，「哲学とは何か」「原理とは何か」「存在とは何か」「価値とは何か」「コトバとは何か」「構造とは何か」「科学とは何か」といったメタ理論を作る際に重要な問いに答える原理（概念）群が提示されています。
　なお，図にそれぞれの概念名の下に著書の何章で詳述してあるか示してありますが，そこでは各概念の継承元となる原典にまで遡って直接引用してあるので，1つひとつを創設者の思想ごと深く理解することができます。
　そして中核原理の「関心相関性」は理論作成ツール（道具）になります。それによって各人が関心のあるテーマや問題の構造に応じて，「この理論のこの部分が使える」と判断していくことができます。
　科学性が問題となっているのであれば，「構造主義科学論」や「構造化に至る軌跡」といった概念が使えるし，言葉のこじれが問題となっているのであれば「ソシュール一般記号学」や「記号論的還元」が使える。信念対立や研究評価の問題であ

れば,「判断中止(エポケー)」や「還元」,「関心相関的観点」といった概念を組み込めばいい。多様な認識論や方法論を柔軟に使いこなしたければ「関心相関的選択」を導入すればいい。そうした原理を組み合わせることによって,いろいろなメタ理論を作ることができる。おそらく京極さんもそうやって多くの理論を作っていると思いますので,構造構成主義の継承理論の作り方といった詳しい話は京極さんにお任せしたいと思います。

　そう考えると『構造構成主義とは何か』は,理論作成のための設計図でもあり,作成ツールとなる関心相関性,パーツとして使える諸原理,さらには見本となる理論作成例まで入っている「メタ理論作成セット」になっているんですね。こういう機能を備えたメタ理論は世界初なんじゃないかと半ば本気で思っているので(笑),もし他にそういうメタ理論をご存じの方がいたら教えてください。

関心相関的メタ理論構成法とメタ理論工学

　このように理論を作る時は,各自の関心(問題意識)に照らして妥当な理路をもってくる。そして目的に応じて足りないところは,他の枠組みからもってきたり,改良したりして全体的に理論的齟齬をきたすことなく,うまいこと動くように当該領域を基礎づける理論を作っていくわけです。こうした理論構築法を〈関心相関的メタ理論構成法〉とよぶことにします。

　さて,この「関心相関的メタ理論構成法」を視点として,本稿で語ってきたことをもう一度整理してみると,僕の「関心」は,人間的事象の客観的/主観的側面を同時に基礎づけるメタ理論の構築にありました。そしてそのためにまず科学論的基盤を構築するという「目的」を立てたわけですが,構造主義科学論は理論構造上,その目的を達成するのに相応しいものだった。つまり目的(関心)相関的に妥当な枠組みだと判断した。

　さらに記述をベースとする質的アプローチをドキュメンタリーと差異化しつつ科学的に基礎づける必要があるということで,その関心(目的)に照らして,サンドロウスキーの「決定に至る軌跡」という概念をヒントに,「構造化に至る軌跡」という概念を付加しました。また,現象を構造化するためのツールとして多様な認識論(方法論)を使いこなすための理路を整備するという目的を達成するために,「関心相関性」という概念を導入したわけです。もちろん,その他にもいろいろな原理を加えて体系化しているのですが,基本的にはこのようにしてメタ理論を構築していったんです。

　とはいえ,実際に作っている最中には逐一こうした理性的な判断を下しているわけではなくて,ある程度直観的に進めていく部分もあるのですが,適宜,関心や目的に照らしてそれに相応しい構造を備えた枠組みになっているか,そしてそれは当

該の問題を解消するために相応しい原理性を備えているかをチェックしていくことは有効でしょう。これによって内的一貫性のある目的整合的なメタ理論を構築することができるわけです。

　こうした営みは「メタ理論工学」ということもできますね。「工学」というのは，とにかく目的を達成するためにうまいこと動くモノを作るわけで，そのためには使えるものは何でも使います。それと同様に，メタ理論工学も動いてナンボ，難問を解決してナンボですから，過去の賢人の書いた哲学書から使えそうな原理を取り出してきて，そういった原理を組み合わせて，当該領域の問題を解消するためのメタ理論を構築することになります。つまり，抽象的な原理群を問題解決のための具体的ツールにまで昇華する作業になるわけです。これは哲学の有用性が再認識される契機になると考えられます。

再びメタ理論とは何か？

　なお，従来もたとえば，グラウンデッド・セオリー・アプローチのように理論生成のための枠組みではあるんですが，そこでいわれている「理論」というのは「モデル」（仮説）という表現の方がしっくりくる特定の現象密着型の極めてローカルな現象を説明する個別理論なので，ここでいうメタ理論とはまったく異なるものです。グラウンデッド・セオリー・アプローチを用いて生成された現象説明型のミニ理論（モデル）は何百とあるように，訓練すれば誰でも作れるようになりますが，それに対して構造構成主義のようなメタ理論を構築するのはちょっと難しいかもしれませんし，実際今のところそれほど多くはありません。ただし，うまく作ればその射程は当該領域すべてを基礎づける遠大なものになります。

　だからといって個別理論とメタ理論とを比較して，メタ理論の方が優れているとか，あるいはその逆に個別理論の方が優れているということではまったくありません。個別理論は現象説明の理論であるのに対して，メタ理論は難問解明と基礎づけの理論ですから，それらは異なる次元で機能するものなんです。たとえば，料理と台所どっちが優れているかという問いに対するのと同様に，関心相関的観点からみれば，その価値は関心と相関的に決まることになります。目の前でお腹を空かせている人に，台所だけ与えても意味はなくて，個別の料理が高い価値をもつでしょうし，うまく個別の料理を作れるようなシステムという意味ではシステムキッチンは高い価値をもつでしょう。

　それはメタ理論同士の関係でも同じです。たとえば，斎藤清二・岸本寛史著の『ナラティブ・ベイスド・メディスンの実践』（金剛出版）を読めばわかるように，医療臨床現場において，物語論的視点は直接的に有効性を発揮するメタ理論になるわけです。構造構成主義はそうした実践をさらにメタレベルから基礎づけることに

よって，より十全にその威力を発揮できるようにするハードとして役立つ枠組みになります。構造構成主義は，メタ性という点では物語論より高いかもしれませんが，物語論が備えている機能をもっているわけではないので，それらは異なる次元で機能する枠組みとして捉えられるわけです。

では，継承関係にあるメタ理論同士の場合はどうでしょうか。たとえば次に京極さんが話してくださる「構造構成的エビデンスに基づくリハビリテーション」(SCEBR) とその継承元である構造構成主義は同じ原理からできていますから，原理性の深度は同じと考えられます。したがってそれらのどちらが絶対的に優れているとか議論しても意味はないですよね。それらはターゲットフィールドが異なるわけですから，人間科学の基礎づけという関心からすれば構造構成主義の方が妥当なメタ理論になるでしょうし，リハビリテーション領域の基礎づけという関心からすればSCEBRの方が効果的なメタ理論となるに決まっています。たとえ難問の根は同じであった場合でもその難問はターゲットフィールドごとに独自の形態をとることが多いです。そして，構造構成主義は当然ながらリハビリテーションについては直接的に効力を発揮する理論じゃないですから，SCEBRのようなオリジナルなメタ理論を作る必要があるわけです。

また先ほどお話があったように池田先生が体系化された「構造主義科学論」は『構造主義生物学とは何か』を執筆していくなかで生まれてきたコロラリー（系）なわけですが，それらのどちらが絶対的に優れているかということはできません。なぜなら構造主義生物学は「生物学」といった特定のターゲットに限定したどちらかといえば現象説明的な理論であり，それに対して構造主義科学論は「科学論」に特化した基礎づけの理論ですから，それらはターゲットも機能する次元も異なるためです。

ただし，だからといって何でもアリにはならないわけで，たとえば「ネオダーウィニズム」といった理論と「構造主義進化論（構造主義生物学）」は，同じ生物学と進化を説明する理論である以上，それらは直接比較検討することに意味があるわけで，そうすると現象説明率の圧倒的に高い構造主義進化論（生物学）の方が優れているといえるわけです。それについては『さよならダーウィニズム』（講談社），『昆虫のパンセ』（青土社），『構造主義生物学とは何か』（海鳴社），等々池田先生の著作群を参照していただければご理解いただけるかと思います。

ともあれ，このように個別理論とメタ理論，あるいは異なるメタ性をもつメタ理論間の関係性を基礎づけるのが構造構成主義というメタ理論なんですね。その意味ではいわば「超メタ理論」ともいえるわけです。これによって陥りがちな「どっちが優れているのか」といった二者択一的思考を回避しつつ，競争すべき理論間に焦点化して建設的に吟味していくことができます。

ここまで読んでいただいた方には，冒頭で，僕らのいうメタ理論とは「多種多様な枠組みのあり方や関係を基礎づける学的基盤となる理論」と申し上げた文言の意味をご理解いただけたかと思います。

メタ理論をつくろう！

さて，構造構成主義は深い原理性を有するメタ理論となります。原理なんて抽象的なものは役に立たないっていう批判はよく聞かれますが，逆に高度に抽象化された原理だからこそ，テーマや領域，対象を超えて妥当する理路たり得るわけです。

実際に多くの領域で継承実践されていて，心理学，質的研究法，発達研究法，知覚研究法，人間科学的医学，作業療法，認知療法，英語教育，理学療法，認知症，リハビリテーション，障害論，古武術介護，看護学，QOL理論，歴史学，政治学など，さまざまな領域を基礎づけるメタ理論として活用されています。人間科学のメタ理論が不在であったように，実は実践現場でも異質な立場を切り捨てることなく，その営為領域全体をうまく基礎づけるようなメタ理論の整備は遅れているという実情があります。ですから，そうした問題意識のある人の心に深く響いて，こうした継承連鎖が起こっているのかもしれません。

なお，海外から輸入された特定の理論を信奉するというあり方は日本の学界ではおなじみですが，構造構成主義の継承に関しては，そういうことは起こりにくいと思います。その理由の1つは，僕が著名な外国の哲学者でも，有名大学の教授でもなく，若輩者だからということもあるかもしれませんが（笑），たぶんそれだけじゃなくて本質的に構造構成主義のようなメタ理論というのは，その構造上，盲目的な態度でうまく継承することができないためです。

信奉するというのは，構造構成主義の理路が要請するあり方とまったく異質の方向性です。原理とは，各人がその理路を丁寧に検証していく中でゆっくりと，しかし確実に了解を広げていくという特性があるわけですが，そのために，盲信（信奉）するのではく，検証することを要請することになります。自らの理路の原理性（意義）を受け取ってもらうためには，そうした態度で関わることを求めざるを得ないのです。ルックスはイマイチかもしれないけど，中身になら自信があるという人はゆっくりと人柄を検証してもらうことを要請するようなものかもしれません（笑）。構造構成主義もその名からして硬くて近寄り難いですから（笑）。

そしてメタ理論とは，高度な原理性に支えられている必要があると繰り返し述べてきましたが，それは言い換えれば，高度に抽象化されているということも意味します。池田先生がおっしゃっていたことでなるほどなと思ったんですが，メタ理論のような抽象的な理論を使いこなすためには，本や論文などを設計図として，自分の頭の中で同型の理論を構築しなきゃいけないわけです。基本的には頭の中の話で

すから完全に同じものを作れる保証はないのですし，またその必要もないのですが，ある理論を継承するということは，もとの理論と同型のことを，自分の言葉で語られるようになるということですから，そのためにはその理論を深く理解しなきゃいけない。

ましてや，それをもとに他のメタ理論を作るとなった場合には，リモコンを盲信しているだけでテレビを作れるようにならないのと同じで，もとの理論を徹底的にバラして，各部を検証していって，その構造を腑に落ちる形で理解する必要があるのです。そうすることによって初めて，その構造がもたらす機能を十全に使いこなしてうまいこと動く理論を作れるようになるわけです。

賢明な読者のみなさまのことですから，「メタ理論の継承」の話が，いつのまにやら「メタ理論の作り方」の話になっていることにとうにお気づきのことと思います（笑）。これは決して筋書きを間違ったわけじゃなくて，実はメタ理論を継承するとはどういうことかといえば，自分でメタ理論を作るということに他ならないわけです。

もちろん，メタ理論を作るということは一筋縄でいくようなことではありませんが，とても知的にエキサイティングな営みであることは間違いありません。『構造構成主義とは何か』の公刊の際に池田先生が寄せてくださった序文の中に，こんなことが書いてあります。

> 私は本書を読みながら，十五年前に『構造主義科学論の冒険』を書いていた時の心躍りを想い出し，きっと西條さんも本書を書きながら，新しい理論を自ら構築する者だけが味わえる昂揚感を味わったに違いないと思い，なつかしいような，ちょっとうらやましいような気持ちになった。

僕はこれを読んで，ああやはり池田先生はこの高揚感をわかってくれるんだなあと思ってなんかとてもうれしくなったのを覚えています。実際，当該領域の難問を解消する理路をうまいこと作り上げた時の高揚感は他に得難いものがあるので，その快感を知るとヤミツキになります（笑）。1人でも多くの方にそうした知的快感を味わいつつ，当該領域のさらなる発展の学的基盤となるようなメタ理論を作っていただければ，メタ理論家冥利に尽きますね。ありがとうございました。

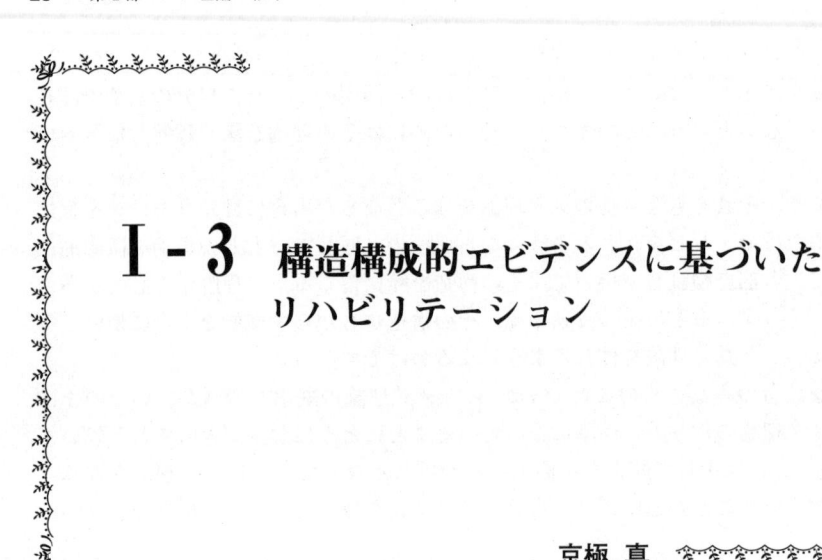

I-3 構造構成的エビデンスに基づいたリハビリテーション

京極 真

どうも、こんちは。京極です。よろしくお願いします。さて僕は、構造構成主義の継承について、具体的な理論構築を通して論じていきたいと思います。

僕が構造構成主義に出会ったのは2004年の初め頃で、西條さんが主催している次世代人間科学研究会に参加したのがきっかけでした。次世代人間科学研究会はネットサーフィンしていたら偶然知り、何かおもしろそうなことをやっているようなので参加したんですね。そしたらそこのメーリングリストで、想像以上にラディカルな議論が行われていて、ものすごい知的エクスタシーを味わいました。

中でも、西條さんが主張していた構造構成主義に興味をもちました。西條さんが言う「構造構成主義は信念対立を根本解明するメタ理論だ」という主張にビビッときたわけです。なぜなら、僕は作業療法をずっとやってきたわけですが、その実践の中でさまざまな信念対立といえるような不毛な争いを味わったり、聞いたりしていたからです。

だから、信念対立にはかなりうんざりしていた。そこで、西條さんの構造構成主義に出会ったわけですから、言葉にできないぐらい衝撃を受けたわけです。それと同時に「これでいける！」と直感的に思いました。

構造構成主義の継承を決断する

その後、次世代人間科学研究会のメンバーが集まった研究会が開催されたので参加し、実物の西條さんにお会いしました。僕は、勝手に西條さんはヨレヨレのジジ

イと想像していたので，実物を見たときはイメージと全然違って若かったのでとても驚きました（笑）。年齢と才能は相関しないと痛感しましたね。

僕にとってラッキーだったのは，西條さんが構造構成主義を体系化している最中に出会ったということでした。西條さんが理論構築している様を見聞できるわけですから，彼のその姿勢を通して理論家としてのスタイルをいろいろと学ぶことができたからです。

一例をあげれば，構造構成主義を含むすべての理論は人為的に作られたんだから，使うに当たっては徹底して吟味する必要があるということ。そして，それでつじつまが合わないところが出てきたら新しく理論構築すればいいということです。それはもちろん，構造構成主義に対しても向けられます。だから，僕は構造構成主義を継承するにあたって，構造構成主義と何度も理論的格闘を行いました。だって，構造構成主義が変な理論だったら後々面倒くさいことになりますからね（笑）。できあがった構造構成主義を学ぶだけでは，そうした理論家としての態度を，深く理解するのは難しかったことだと思います。

構造構成主義と理論的格闘をした結果，構造構成主義の理路は徹底した吟味に耐え得ることがわかりました。なんてたって，疑いようのない現象を出発点に理論構築しているわけですから，出発点において，どんな前提にもディペンドしない理論構造になっているので，どんなに疑っても破綻しようがないわけです。

それで，構造構成主義の理論的頑強さがわかってきて，僕も自分が経験してきた信念対立を解くために構造構成主義を武器に新しい理論を構築してみようと思うようになりました。その手始めに着手したのが，エビデンスに基づいたリハビリテーション（evidence-based rehabilitation, 以下EBR）のメタ理論研究でした。ここでは，この研究を例にメタ理論の継承について考えていきたいと思います。

なお，以下でお話しする内容は，僕が書いた『EBR (evidence-based rehabilitation) におけるエビデンスの科学論―構造構成主義アプローチ』(2006年　総合リハビリテーション)，『エビデンスに基づいた作業療法の現状・問題・展開―構造構成主義アプローチ』(印刷中，秋田作業療法研究) がモトネタですので，興味のある方はそちらも見ていただければと思います。

EBRの問題提示

EBRを論じる前に，そのマザーモデルであるエビデンスに基づいた医療（evidence-based medicine, 以下EBM）について話しておく必要があると思いますので，EBMから話していきたいと思います。EBMは今から約10年前にガイアット (Guyatt, G) によって提唱されました。EBMというのは，目の前の患者の問題を解決するための方法論で，瞬く間にいろんな保健医療職に浸透していきました。

なので，当然のことながら，EBMはリハビリテーションにも継承されることになりました。EBMが他の保健医療職に継承されると，「EB○○」というように表現する風習があるようで，リハビリテーション版EBMは「エビデンスに基づいたリハビリテーション」とよばれています。時間軸で考えるとEBMが1991年，EBRが1999年に明示されましたので，EBRはEBMの派生形態と考えていいかと思います。その意味において，EBMとEBRは同義といえるでしょう。

じゃ，何が違うのか。僕は守備範囲に違いがあると考えてます。まずEBMは「医療」ですから，基本的な目標は疾病の回復です。そして，医療実践は「医学的実践」であるといえます。

ところが，EBRは「リハビリテーション」ですから，基本的な目標は人間性の回復です。そのため，リハビリテーションには医学的実践も含まれますが，それ以外にも「社会福祉的実践」が重要な位置を占めるようになります。つまり，リハビリテーションは医療よりも領域横断的な特徴があるといえるでしょう。なので，EBRには，EBMでは「想定外」の実践領域が含まれることになります。

想定外の実践領域に導入されたEBM（EBR）の最近の問題は，「質的研究」をエビデンスとしてどう使うかということなんですね。質的研究と一言で言っても，多様なディプシリンからなるので実態は多様なんですが，ここではさしあたってある文脈の中で行われる語りや行動を理解しようとする研究方法の総称として話を進めます。

質的研究は，障害受容のプロセス，Quality of Life（QOL），障害者の生活体験といったテーマを扱うのに向いています。こうしたテーマは，リハビリテーション実践において重要なものばかりですよね。そのため，EBRでは質的研究をエビデンスとして使うことによって，リハビリテーション実践家が障害者の世界観を理解できるようサポートして，臨床実践上の意志決定に根拠を与えることができると期待されています。

だけども，「最良のエビデンス」は臨床疫学による「科学的エビデンス」であるというのが一般的な理解で，質的研究は「非科学的エビデンス」とされていて，ほとんどまともな評価を受けていないのが現状です。

それじゃ，何で臨床疫学が重視されるのかっていうと，EBMの基本的前提が臨床疫学ですからね。だから，EBMを継承したEBRも当然そうなる。EBRの基本的前提が臨床疫学ということは，それを基準にエビデンスを捉えるわけですから，臨床疫学がエビデンスとして重要視されることになっちゃいます。

それは「エビデンスのヒエラルキー」に如実に表れています。そこでは信頼できるエビデンスの順に，システマティックレビュー＞ランダム化比較試験＞コホート研究＞症例対照研究というような序列が設定されています。EBRを実践する者は，可能な限りヒエラルキーの上位に位置づけられたエビデンスを使うことが求められ

ることになります。このヒエラルキーの内実は、研究者によって若干主張が異なるんですが、システマティックレビューとランダム化比較試験をエビデンスのヒエラルキーの上位に位置づけている点ではおおむね共通しているといえます。

システマティックレビューっていうのは、複数のランダム化比較試験をメタアナリシスっていう手法を使って統合したものだから、実質的にはランダム化比較試験がEBRで最も信頼にたるエビデンスということになる。なぜなら、ランダム化比較試験は研究結果のバイアスを軽減するために、被験者集団から無作為抽出して群間比較するからなんですね。つまり、方法論上は研究結果に「ゆがみ」が少ないことが担保されている。

ちなみに、「究極のエビデンス」は、このランダム化比較試験を目の前の障害者個人に実施した「N of 1 trial」とよばれる研究法によって得られたものです。これはEBMが目の前の患者の疑問を出発点とすることからもわかるように、EBMは個人の問題を解決することに主眼をおいているわけだから、理想をいえば目の前の患者に対して行ったランダム化比較試験の結果があれば、それがその患者にとって1番良いエビデンスであると考えるわけです。

だけども、なかなかそれは現実問題として難しいから、目の前の障害者を含まないけども、目の前の障害者に関連し、かつ結果を一般化できるようなエビデンスを重視することになります。その条件を満たしたエビデンスがランダム化比較試験、もしくはそれを統合したシステマティックレビューということになります。

EBRは、エビデンスのヒエラルキーとはもう一方の軸で、疑問の内容によってエビデンスを選択するよう理屈を立てています。たとえば、治療効果に関する疑問であれば、システマティックレビュー、ランダム化比較試験を選択しましょう、予後に関する疑問であれば、コホート研究にしましょうといった感じです。

だから、EBRの実践家は、目の前の障害者の疑問を定式化する時に、その疑問がどんな内容の疑問なのかを考えて、情報を収集することが求められます。ただし、それでもやっぱり、障害者集団を対象にした臨床疫学がヒエラルキーの上位を占めるということに変わりはありません。

こうしたことから、実質的に質的研究は「使用制限」されているということができるでしょう。こういった現状は、リハビリテーションの実践を制限する可能性があるので、僕はEBRにおけるエビデンスの科学論を再構築する必要があると考えたわけです。

「エビデンス＝科学的根拠」のウソ

では、エビデンスというのは何でしょうか。現在、エビデンスは「根拠」と訳されることが多いのですが、EBMが日本に紹介された当初は「科学的根拠」と訳さ

れていました。僕は，単に根拠と訳すより，科学的根拠の方がエビデンスの意味を上手に捉えていると考えていますので，ここではエビデンスの訳語は科学的根拠を同義と考えてもらえればと思います。

　すると，エビデンスを科学たらしめる前提はいったい何なのか，ということが問題になってくる。だって，エビデンスが科学だっていう主張の背景には，科学とは何かを規定する「暗黙の前提」が必要ですからね。EBRのエビデンスの科学論を再構築するためには，そこから検討しなくちゃならない。

　じゃあそれは何かっていうと，臨床疫学の科学論的前提である「実証主義」といえます。臨床疫学の科学論についてはポパーと疫学者が，「帰納主義」と「反証主義」を巡って激しく議論を交わしています。しかし池田先生が『構造主義科学論の冒険』で論じられているように実証主義，帰納主義，反証主義にはそれぞれ異同はありますが，帰納法によって科学性を保証しようとする点でこれらは共通しています。ここでは臨床疫学において主流の科学論と思われる実証主義に焦点化して議論を進めていきたいと思います。

　実証主義というのは，デカルトが開祖とされる心身二元論に依拠しています。そして，科学論としての実証主義は，経験によって直接確認された知識のみが正しい知識であると主張しています。

　この実証主義は，さっき話したように暗黙裏のうちに帰納法に依拠しますから，一回起性の出来事を複数積み重ねて，出来事の法則を見いだすという推論過程をたどります。なので，実証主義は，主体とは独立自存する客観的な外部実在があるということと，主体間の認識装置が同一構造であることを先験的に仮定していることになります。言い換えれば，その仮定が真である限り，臨床疫学，つまりエビデンスの科学性は保証されることになります。

　一方，質的研究は，人間の経験や認識といった主観的現実の中で知識は構築されるとする社会的構築主義や解釈学を前提にしています。なので，質的研究の前提の特徴の1つは，外部実在や認識構造の同一性といった仮定しない代わりに，世界は社会的に構築されると暗黙裏に仮定している点にあります。

　ここで問題になってくるのは，実証主義と社会的構築主義は論理的に対立するということです。だって，前者は1つの真実を想定するのに対し，後者はそんなものはないと主張しているわけですから論理的に相容れるわけがない。なので，一方をもう一方に還元して捉えることができないし，並列化して捉えることもできないということです。いわゆる共約不可能性の問題ですね。

　あえて，両者を前提に話を進めようとすると，どちらに依拠するかによって，内実を問わず他方の評価が低められることになります。それは，実証主義に依拠すれば社会的構築主義の妥当性は低くなるし，社会的構築主義に依拠すれば実証主義の

妥当性は低くなるということを意味しています。

　EBRは実証主義に依拠していますので，臨床疫学の方がエビデンスとして相対的に優位に評価されてきました。だから，EBRにおいて質的研究がエビデンスとして妥当に評価されてこなかったのは，エビデンスの根本思想に起因していたということができます。

　しかしですね，実証主義は帰納法を推論方法とするがゆえに，その帰結として原理的に破綻します。さっき言いましたけど，実証主義が成立しようと思ったら，外部実在と認識構造の同一性が正しくないとダメです。でも，この両方とも原理的に考える限りにおいて正しさを担保できないのです。だって，僕たちとは独立自存する外部実在を保証しようと思っても，それを考えているのが僕たち自身である以上，その成立を保証することは原理的に不可能ですよね。また，仮に人間の認識構造が同一であるならば，綺麗なお姉ちゃんは誰が見ても綺麗なはずだけど，現実には自分にとっては絶世の美女でも周りから見たらヘチャムクレにみえることがあるように，認識構造の同一性も原理的には保証できません。

　そう考えると，科学的エビデンスとして重宝されてきた臨床疫学の科学性を保証するのは原理的に不可能ということができます。ということは，論理的に考える限りにおいて，単純に質的研究だけが非科学的だなんていえないことになる。ここで，「いや，それでも臨床疫学的エビデンスは科学的で，質的研究的エビデンスは非科学的だ」と強弁する人がいたら，その人は「情緒的」に反論しているとしかいいようがない。でも，理論研究は論理の積み重ねですから情緒的に反論されても話にならない。

　それじゃ，社会的構築主義はどうかっていうと，これは科学性を保証する枠組みではないので，それによって科学性を基礎づけることはできない。なので，質的研究も今のままでは非科学的であると主張されても文句はいえない。ここで，「そんなに科学にこだわらなくても」って思う人もいるでしょうけど，EBRやエビデンスという用語が，科学的であることを志向するものとして普及している以上，科学性の保証をあきらめるより，両者の科学性を同時に担保する方が僕には簡単に思える。なので，科学性を再構築する方向でもう少し頑張ってみたいと思います（笑）。

　ちなみに，こうした問題は単なる言葉遊びじゃないですよ。実践にも大きな問題を引き起こすと考えられます。だって，EBRってもともと科学的な知見を実践に活かしていきましょう，そんでもって質のよい実践をしましょうっていう方法論ですからね。エビデンスの科学性が原理的に破綻しているということは，わかりやすくいえば「EBRなんて意味ないじゃん」ってことになる。そうすると，障害者により妥当なリハビリテーションを提供するにはどうすればいいんだという，切実な問題に直面することになる。だから，妥当な実践を保証するためにも，エビデンス

の科学性が原理的に破綻するという問題はちゃんと解決する必要があるのです。
　もちろん，新しい理路が科学を巡る不毛な信念対立を引き起こすものであってはならない。だって，従来のEBRの限界はまさにその点にあったわけですからね。科学を巡る無用な対立をうまいこと回避して，EBRの再構築を図るには，臨床疫学研究と質的研究の両者を同時に科学的に基礎づける必要があるということができるでしょう。

科学論の検討
　それじゃ，どんな科学論がいいんでしょうか。西條さんが『構造構成主義とは何か』（2005年　北大路書房）の中で紹介していた『科学論の現在』（2002年　勁草書房）という本の中には「科学論の最前線」という章があって，そこでは認識論的現実主義と反還元主義が紹介されています。西條さんは『構造構成主義とは何か』で，認識論的現実主義，反還元主義，構造主義科学論の検討を行い，構造主義科学論の理論的優位性を論証しています。ここでは，その議論を一部参考にしながら，以下，認識論的現実主義と反還元主義，そして構造構成主義の理路を比較検討することで，EBRに適した科学論を見いだしていきたいと思います。
　認識論的現実主義は，レギュラトリーサイエンス論争を分析するために提唱されたものです。レギュラトリーサイエンスっていうのは，公共政策，特に健康や環境をテーマに科学的根拠を与えるもので，認識論的現実主義は科学主義も，相対主義もそれらに利用できるとする考え方です。
　そうしたことから，認識論的現実主義は臨床疫学研究と質的研究の両方をエビデンスとして活用できる理路を保証する可能性はあると僕は考えています。だけども，認識論的現実主義の理路は科学的妥当性の高低を相対的に判断する方向に向いているもので，臨床疫学研究と質的研究の科学性を基礎づけることができる理路ではありません。認識論的現実主義はイイ線いっているのですが，EBRの科学性を再構築するという目的を達成するようなものではないということができるでしょう。
　次の反還元主義は，科学を装置，理論，実験からなるものと捉え，それぞれが微妙にズレていると考えるものです。そして，科学はいずれかに綺麗に還元できるものではないと主張しています。反還元主義は，論理実証主義と反実証主義の限界を乗り越えるために提唱されたものなので，従来の科学論を乗り越える理論として利用できるとされています。
　だけども，西條さんがいうように，質的研究では実験や装置を使わない場合があることが考えればわかるように，反還元主義では質的研究の科学性を担保することはできないと考えられます。したがって，反還元主義は僕が求めているエビデンスの科学論としては使えないといえるでしょう。

じゃ，構造構成主義はどうか——なお，構造主義科学論は構造構成主義に継承発展されているので，ここでは構造構成主義に含まれるものとして話を進めていきたいと思いますが——構造構成主義は，人間科学のあらゆる領域の科学性を担保する原理として提唱されました。さらに，構造構成主義はモダニズム，ポストモダニズムを理論的に包括する超認識論という理路を備えているため，これは臨床疫学と質的研究の科学性を同時に基礎づける理路として使えるのです。このように理路を検討してみると，構造構成主義，あるいはその継承元となった構造主義科学論は，現在最前線といわれている科学論よりも優れた原理性をもっていることがわかると思います。こうした理論的検証を経て，僕は構造構成主義を継承してEBRの理屈を組み立て直すことにしたわけです。

理論研究に対する誤解

ところで，ごくまれにですが，こうした既存の哲学の理路を使って各領域の新たな理屈を組み立てると「オリジナリティがない」って批判する人がいたりします。そういう人の頭の中では「無」から「有」を生み出すことがオリジナリティのある研究だっていう構造ができているんでしょうが，そんなことは原理的に不可能としかいいようがない。

もし，オリジナリティを保証するために「無」から「有」を生み出さなければならないのだとしたら，煎じつめれば僕たちが使用する「言葉」そのものから新たに作り出さなければならないことになる。だけど，そんなことしていたら学問はいっこうに先へ進まないうえに，言葉がバラバラだから研究者間でのコミュニケーションすら成り立たなくなり，科学的な知見の積み上げはできなくなる。それに，もしかしたら「あっちの世界の人」ということになりかねない。

各領域が抱える問題を解決するために，既存の哲学理論を活用して議論していくのは研究の営みとしてはむしろまっとうなことだし，それはオリジナリティとはまったく異なる次元の問題です。研究のオリジナリティは，同一テーマで同じ研究があった場合に問われるべきものです。なのでこうした批判は，哲学理論を継承して各領域の問題を解決するということの意義をまったく理解できていないトンチンカンな批判といっていいでしょう。

また，理論研究に対して「実証的データがないから研究の意義を評価できない」と批判する人もいたりします。ウソのようですが，そうした人は少なくないのです。でも，それはまったく的はずれな批判としかいいようがない。

このタイプの批判は，たとえば量的研究に対して「語りの記述がされていない！」と言ったり，または質的研究に対して「ランダムサンプリングされていない！」と指摘していることと同じです。僕がこれから話すことは理論研究に属するものです

から，僕が話した内容に沿って考えると「臨床疫学と質的研究の科学性は同時に保証できるか否か」を吟味すれば研究の評価はできます。なので，理論研究に対して「実証的データがない」とか言う人は，自分が暗黙裏に「実証主義こそが正しい」という前提に依拠していること，そしてその思い込みに気づいていないオメデタイ人なのです。この２つの例が示すような，間抜けな批判のことを『トンチンカン論』とよぶことにしましょう。

私が継承した構造構成主義のエッセンス

さて，話は随分とそれてしまいましたので本題に戻りましょう。僕はエビデンスの科学性を保証するために構造構成主義を継承したのですが，それでは構造構成主義における「科学」とは何でしょうか。簡単にいっちゃえば，「現象」を上手に記述するために「構造」を「構成」し続け，その過程を開示することといえます。

ここでいくつか構造構成主義の専門用語が出てきたので，エッセンスをかいつまんで説明したいと思います。なお，構造構成主義の継承とは，構造構成主義をそのまま使うことではありません。西條さんも『構造構成主義とは何か』でいっているように，自分自身の研究目的に応じて構造構成主義のエッセンス（理路）をピックアップして継承すればいいのです。なので，ここで話す構造構成主義は，僕の関心に応じて構成された構造構成主義なわけです。

まず，現象ですが，これは経験されるすべての何かで，そこには幻覚，妄想，夢も含まれます。構造構成主義はこの現象を最も重視します。何でかっていうと，現象はその内実を問わなければ，何かを経験していること自体は疑いようがないからです。現象と外部実在は全然違います。僕たちが外部実在があると確信しているのは，外部実在の存在を疑いようのないものとして経験しているからであって，外部実在は現象に包含されます。現象はあくまでも経験ですから，主体とは独立自存することを仮定するような"ルール"とは違うんですよね。

また，池田先生も言っているように，現象は絶え間なく変化します。それはまったく同じ夢を見たことがないことからも理解できるでしょう。そして，変化する現象を通して我々は「時間」を想定します。ところが，構造は時間を含みません。構造構成主義でいうところの構造は言葉と言葉の関係形式で，言葉は時間を含みませんよね。だから，構造も時間を含まないのです。これは人間の成長を例に考えるとわかりやすいと思います。たとえば，僕の息子は「京極織舜（おりと）」という名前ですが，現象としての京極織舜は６か月前と今とでは全然違っていますけど，「京極織舜」という名前は同じです。きっと，90年後は今の京極織舜とはまったく異なる人になっているでしょうが，それでもやっぱり「京極織舜」という名前は同じですよね。もし，途中で改名したとしても，それは以前は京極織舜とよばれていた人を新しい

言葉でコードし直しただけであって，名前自体が時間を含んで変化したわけではありません。

構造構成主義では，科学は時間を含む現象から時間を含まない構造を構成するものであると考えることになります。これを池田先生の言葉でいえば科学とは「現象を上手に説明する同一性の追求」ということになります。

じゃ，どうやって構造を構成するのかというと，それは「関心相関性」を基軸に考えるわけです。関心相関性とは存在や意味などは身体や欲望や関心と相関的に規定されるという原理で，これは構造構成主義の中核をなすものです。構造が関心と相関的に構成される以上，構造は複数成立することになります。だって，関心は原理的には無数に成立し得ますからね。そうすると，多様な構造の成立が担保されるので，構造構成主義における科学は1つではないことになります。そして，現象を構造化すると，それにより再現可能性，予測可能性，制御可能性といった科学の諸条件を満たすことができるようになります。その判断は，他者が行いますが，その時に構造化に至る軌跡を開示しておくことが重要になるんですね。

EBRに対する構造構成主義アプローチ

こうした構造構成主義を視点とすれば，エビデンスは「現象を同一性と同一性の関係性で記述した結果」と解釈することができます。僕はこれを「構造構成的エビデンス（structure-construction evidence）」とよんでいて，従来のエビデンスのメタ概念に位置づけています。そして，この構造構成的エビデンスに基づいたリハビリテーションのことをSCEBR（structure-construction evidence-based rehabilitation）とよんでいるのです。

エビデンスを構造として解釈すると，臨床疫学も質的研究も科学として一元化することができます。これをエビデンス（構造）が構成されるプロセスをたどることで理解を深めていきましょう。

すべての研究は研究疑問を設定することから始まります。研究疑問は，日々の臨床実践や，同僚との会話，研修会や講演への参加などの経験から立ち現れてきます。研究者は，そうした現象から自身の研究疑問を明確にしていくのですね。そして，研究疑問が明らかになった後で，それを解決するのに適した方法が選択されて，研究が実施されるわけです。研究が終われば論文化される。これは，構造構成主義的にいえば「関心相関的研究法」とよぶことができるでしょう。

関心相関的研究法に沿って考えると，たとえば，研究者の研究目的が一般性のある治療効果の確認にあれば，ランダム化比較試験が選択されることになりますよね。一方で，研究者の研究目的が仮説（モデル）生成にあれば，質的研究の1つであるグラウンデッド・セオリー・アプローチが有効な方法となり得るでしょう。

このように関心相関的研究法を視点に考えると，研究は人間によって構成された構造ということが可視化されますので，臨床疫学と質的研究はその点において同じだってことになる。つまり，臨床疫学や質的研究といった研究方法の違いに関係なく，すべての研究結果（エビデンス）は人為的に構成された構造であるということが理解できるでしょう。研究終了後に行う論文化は，この構造構成を他人に示すことですから，それによってエビデンスの科学性が担保される可能性が開かれる。つまり，臨床疫学と質的研究という研究方法の分類に関係なくこれらは科学的であることが同時に担保されるのです。これを「なんだ当たり前やん」というなかれ。従来は，これが当たり前でなかったから科学性が根本問題になっていたわけですから。

　では，よい構造構成的エビデンスとは何か。現象をうまく構造化したものがよい構造構成的エビデンスなんですけども，何をもってうまく構造化したと判断できるのでしょうか。一番大事なことは，その構造構成的エビデンスによって予測が立てられるということです。なぜなら，SCEBRは後知恵ではなく前知恵を実践家に提供するものですから，予測を立てられなければあんまり意味がないからです。

構造構成的エビデンスの継承例

　構造構成的エビデンスは，研究方法の分類に関係なく，構造を基軸に科学性を基礎づけていることから，従来のエビデンスのメタ概念として位置づけられます。メタ概念の条件は，論理的には多様なエビデンスに妥当することだと思います。なので，今回は各領域に普及していったEBMの中でも，もっともユニークな展開を見せていると思われる「エビデンスに基づいた作業療法（evidence-based occupational therapy, 以下EBOT）」のエビデンスを，構造構成的エビデンスで基礎づけてみることで，その広範な射程を例示しておきましょう。

　EBRと同様にEBMはEBOTの源流なので，EBOTが提唱された当初は「エビデンス＝科学的根拠」と理解されてきました。ところが，そうしたエビデンス観は，作業療法のダイナミクスには適していないと指摘されて，EBOTでは「事実として情報源を確認できる知見」をエビデンスとよぼうと提案されるようになりました。

　その提案では，EBOTのエビデンスは「リサーチ・エビデンス」「クライエント・エビデンス」「セラピスト・エビデンス」からなるものとされました。リサーチ・エビデンスというのは，従来のエビデンスと同様のものですね。クライエント・エビデンスというのは，評価結果や観察・面接記録，フィールドノート，作品の結果のことです。セラピスト・エビデンスというのは，過去の経験や，専門家の意見などの他者の見聞のことです。

　作業療法のダイナミクスをEBOTに反映させると，エビデンスの多様性を拡張する必要があるとされていて，こうした展開は他の保健医療職に導入されたEBMと

比べてもかなり独特なものです。

　一見すると異端に見えるEBOTのエビデンスの展開は，とうてい科学性を担保することはできないように感じますが，「構造構成的エビデンス」によってこれら3つのエビデンスは科学的なものとして同時に基礎づけることができます。

　まずリサーチ・エビデンスはSCEBRの時に論じたのと同じ理路で基礎づけることができるので省略しますね。次に，クライエント・エビデンスですが，これは現象を観察や面接で構造化したものと解釈することができます。さらにセラピスト・エビデンスですが，これは作業療法士の体験を構造化したものと解釈することができます。つまり，これらは構成された構造であるということができるのですね。そう理解したうえで，この構造が行われた過程を目的に応じて示せばいいのです。以上の理屈から，これら3つのエビデンスは，構造構成的エビデンスを視点として編み変えることで，その科学性を理論的に担保することができるのです。

　このように構造構成的エビデンスによって基礎づけられたEBOTを，僕は「構造構成的エビデンスに基づいた作業療法（structure-construction evidence-based occupational therapy, 以下SCEBOT）」として定式化しました。SCEBRがEBRのメタ理論だったように，SCEBOTはEBOTのメタ理論に位置づけられます。

　こんな感じで，構造構成的エビデンスは多種多様なエビデンスを科学的に基礎づけることができるメタ概念として機能すると考えられます。構造構成的エビデンスの発想はEBRから生成されてきたものですが，様々なエビデンスに妥当するメタ概念として活用できます。

　EBMでは，保健医療職に導入されていく過程で，より抽象度を高めるために「エビデンスに基づいた実践（evidence-based practice, 以下EBP）」とよばれるようになりました。そのため，SCEBRも「構造構成的エビデンスに基づいた実践（structure-construction evidence-based practice, 以下SCEBP）」とよんでいこうと考えています。SCEBRっていうと，「リハビリテーションでしか使えない」って誤解されそうですが，実際には多様な保健医療職のエビデンスの科学性を基礎づけることができるわけですから，これはもうSCEBPとよんだ方がふさわしいということができると思います。

継承の心得

　以上，構造構成主義との出会いから，構造構成主義を継承した理論構築の話をしてきました。最後に，まとめの意味も込めまして，僕の経験を踏まえた構造構成主義を継承する心得について2つほど取りあげて話したいと思います。

　1つはやはり「問題の構造をつかむ」ことです。つまり，なぜ問題が起きるのかを，そのカラクリをハッキリさせることです。それがうまくいかないと，いくら構

造構成主義が強力な武器であっても核心を撃つことは難しくなると思います。すると，問題をスッキリ解消できなくなるので，雑誌に論文が掲載されなくなるわけです。

　もう1つは，構造構成主義の継承をしたい人は，とにもかくにも継承論文を書きはじめてみるということです。構造構成主義を継承した論文を見ると，ある程度の共通した形式があると思います。なので，一見すると，なんとなく自分でも簡単に書けるような気がしてくることがあると思います。逆に，継承論文を見て気後れする場合もあるでしょう。しかし，そのどちらの場合でも，とにかく書いてみることが大事になる。なぜなら，書かないことには何もはじまらないからです。特に，なんとなく書けるような気がする場合，さっき問題の構造をつかむといいましたが，それぞれの問題は各領域で固有の立ち現れをしてくるので，実際にはなかなか一筋縄ではいかないことが多いと思います。つまり，見かけ上は簡単に書けそうでも，実際には核心を突いて難問を解くための理路を詰めていくことは難しい。

　こうしたことは，実際に論文を書きはじめてみないとわからないことです。だから，もし構造構成主義の継承を志す人がいたら，僕はまずは論文を書くことをすすめたい。書いているうちに，どんどん自分の思考も深化するし，形もできてくる。困難にぶち当たってもとにかく書く。草稿ができたら，誰かに読んで批判してもらう。そして，また書く。これは研究者としては当たり前のことなのですが，意外と忘れがちのように思いますので，改めて強調しておきたいと思いました。

　そして何よりも，そうした難問を解くツールとして活用することで，構造構成主義のメタ理論としての「強さ」を身をもって知ることができるようになるのだと思います。それがわかっていないと，自分の理論は構築できないんじゃないかと思います。

　まだちょっと話したりない気がしますが，とりあえず今日はこんなところで終わりたいと思います（笑）。ありがとうございました。

第Ⅱ部
論文

II-1 「不毛な議論」を「建設的な議論」にするための方法論

家島 明彦

1節 はじめに

1．本論のねらい

　本論では，構造構成主義を「議論」という学的営為に導入することによって，「不毛な議論」を「建設的な議論」にするための方法論について論じてみたい。すなわち，構造構成主義の「関心相関性」という中核原理によって不毛な信念対立が生じるメカニズムを浮き彫りにし，建設的な議論を具体的にどう進めていくのかについて論考し，議論の方法論を整備することが本論の目的である[1]。

　議論という場（フィールド）は，日常にあふれている。構造構成主義は「人間科学における不毛な信念対立を解消し，建設的な議論を確保することによって，人間科学に学的基盤を提供すること」が出発点となっているが，構造構成主義の射程は人間科学の分野や学問領域に留まらない[2]。産学官連携や個人同士の信念対立解消に対しても構造構成主義は大いに効果を発揮するため，将来的にはもっと普及するだろうし，そうなってしかるべきものである。そのような来るべき時代に備え，本論ではあえて学問領域ではなく，より身近な（日常的な）議論における信念対立を取り上げ，構造構成主義の継承について論じることにした。また，学問領域を超えて構造構成主義が普及することを考え，本論は学術論文スタイルで書くことを避け，極力わかりやすい簡単な文章・例で表現することを心がけた。また，各節の最後に

"本節のまとめ"をつけ，そこだけ読めば本論の論旨がつかめるように配慮した。

2．議論とは

　議論には，いろんな次元の議論がある。議論のテーマも目的もさまざまである。政治，経済，教育などに関する具体的問題についての議論もあれば，人はなぜ生きるのかといった哲学的命題についての議論もある。同じ土俵の上で意見を戦わせる議論もあれば，まったく異なる立場の者同士が相互理解のために行う議論もある。しかし，いずれにせよ，あらゆる議論には多かれ少なかれ信念対立や意見の相違がつきまとう。信念対立が生じやすいというより，信念対立が出発点である。『広辞苑』第5版によれば，「議論」とは，「互いに自分の説を述べ合い，論じ合うこと」，あるいは，「意見を戦わせること」である[3]。

　このように，議論に対立する意見があることは自明であり，意見の相違があるから議論がスタートすることは誰もが理解しているだろう。しかし，ではなぜその意見の相違が生じているのかということになると，どうだろうか。自分の意見の前提にある認識論（ものの見方，考え方）について自覚する，あるいはそれを疑うというのは，頭で考えるほど容易ではない。同様に，他人の意見の前提にある認識論を推測するというのも，よほど意識的に考えていない限り，難しい。両者においてそれらは"当たり前のこと"であり，改めて言語化されることがめったにないため，余計に気づかれにくい。このような見えにくい当事者の"前提"を可視化し，根本のズレを認識する手段としても，構造構成主義は有効なのである。しかし，単にズレを認識するだけのツールでは終わらないところが構造構成主義のすごさなのである。

3．本論の独自性

　単に相手の立場になってものを考えろというだけならば，特に新しいことではない。これまでにもクリティカルシンキング（批判的思考）や，認知的共感性の下位尺度であるパースペクティブ・テイキング（視点取得）といったものが存在しており，自他のズレに注意を向けるよう促している。クリティカルシンキング（Critical Thinking）という概念については，そのルーツはソクラテス（Sokrates）の時代まで遡るといわれるほど，その歴史は古い。さまざまな分野で多くの研究者や哲学者によって定義されているため統一的な定義は無いが，たとえば，ゼックミスタ（Zechmeister,E.B.）とジョンソン（Johnson, J.E.）によれば，クリティカルシンキングは，「人間が陥りやすい思考の落とし穴や先入観による影響などを十分に自覚した上で，そこから脱却し，ものごとを冷静に，客観的に，論理的に考え，判断してゆくこと」を目指しており，そうならないための"原則"を何十も提供し

ている[4]。また，デイビス（Davis, M.H.）がいう視点取得とは，相手の立場に立って相手の考えや感情を推測すること（共感の認知的側面）であり，発達にともなって身につくスキルである[5]。実際，デイビスが作成した共感性多次元尺度（IRI：Interpersonal Reactivity Index）の下位尺度である視点取得（Pt：Perspective taking）項目を見ると，相手の立場に立とうとしたり，自分の立場を相対化しようとしたりする行動をどの程度実行しているかを問う項目である[6]。

しかし，これらはあくまで自他のズレに気づくための技術（スキル）であり，「こんな時はこうしろ！」というノウハウ集でしかない。クリティカルシンキングの目的は自分の思考を論理的にすることであり，認知的共感性の下位尺度である視点取得の目的は相手の立場に立って共感することである。両者ともそれぞれの目的を遂行するために最適な（手っ取り早い）手段であり，その合理性は優れている。が，畢竟それだけである。

構造構成主義は，一方的な物言いにならないよう自戒を促し，相手の立場に立って考えることを推奨することが本来の目的ではない。構造構成主義とは，単なる論理的思考法ではなく，メタ理論なのである。すなわち，クリティカルシンキングや視点取得を不毛な信念対立に対する実用的な対策ツールとするならば，構造構成主義は不毛な信念対立を一瞬で見抜くことができる認識ツールなのである。言い換えれば，クリティカルシンキングや視点取得のスキルは構造構成主義を導入した思考法とみなすことができる。構造構成主義はクリティカルシンキングや視点取得の根底にある目的に対して「何故それが必要であるか」を説明してくれる理論であるともいえる。また，構造構成主義の強みは「前提を何処にも依拠していない」ため，論理的に考える以上崩れない強さを持っていることであり，認識論の違いを超克できる点である[7]。

つまり，従来のクリティカルシンキングや視点取得とは異なる次元において建設的な議論の仕方に迫る点が新しいといえる。また，本稿はクリティカルシンキングのように個人のスキルアップによって建設的な議論を目指すのではなく，個人の努力以外の部分で不毛な信念対立を予防し，議論の質を確保しようとする点，すなわち，議論システムの確立を目的としている点に独自性があるといえよう。

2節
なぜ不毛な議論になるのか

1．議論の後の徒労感

議論の際，あるいは議論をした後，不満を感じたことはないだろうか。結局自分のいいたいことを理解してもらえず，無駄な時間を過ごしたと思うことはないだろ

うか。何時間も互いの意見を戦わせ，互いに疲弊して徒労感だけが残ったという経験はないだろうか。誰しも1度や2度はこのような経験をしたことがあると思われる。もし「私は毎回満足のいく議論をしており，議論の後に不満や徒労感を感じたことなんて1度もない」という人がいたら，その人は相当な議論の達人であるか，あるいは，議論において相手を打ち負かすことに長けてはいるが，単に周りが見えていない自己中心的で独善的な人であるかのどちらかであろう。

2．不毛な議論

ここでは「議論の後に不満や徒労感が残るばかりで，ちっとも当初の目的が達成できないような議論」を「不毛な議論」とよぶことにするが，実際，このような建設的でない議論は少なくないと思われる。特に立場や価値観が異なる者同士が議論する時，不毛な信念対立が生じやすく，議論も「不毛な議論」になりやすい。しかし，幸か不幸か，多くの人は自分とは身分や立場，ものの見方や考え方が根本的に異なる人と議論しなくても生きていけるし，そのような議論の場に立つ機会が必ずしも多いわけではない。自分と同じような考え方の人とだけ仲良くしていると，「そもそも自分と相手は違う人間で，それぞれまったく異なる関心，価値観に基づいた考え方をする」という当たり前の前提に気づきにくくなってしまう。このことが，不毛な信念対立および不毛な議論が生じる根本的な原因の1つであるといっても過言ではない。自他の異同に対する無自覚こそが不毛な議論の根源なのである。

3．「同質性の信仰」

自他の異同に対する無自覚について，日本人の国民性から説明する人物がいる。岡本[8][9]は，国際公務員として先進諸国間の比較研究事業に数年間従事した経験を基に，日本の教育論議がなぜかみ合わないのかを考察し，議論のすれ違いが起きる原因の1つとして，「同質性の信仰」[10]というものを指摘している。

「同質性の信仰」とは，多くの日本人の心の中にある「みんなが容易に『同じ気持ち』を共有できるはずだ」という安易な考え方のことであり，多くの日本人に「価値観・立場・利害等を異にする対等の相手と相互理解をしていくためには膨大な努力や忍耐が必要だ」という認識が欠如しがちなことを指摘する言葉でもある。また，ここでいわれている『同じ気持ち』とは，実は「自分と同じ気持ち」という意味であり，「同質性の信仰」が多様性を否定する自己中心的な考え方であることも岡本は指摘している。

岡本によれば，日本人は「画一を好む民族」であり，良い悪いの問題ではなく現実として「他人と同じであることによって安心し，幸せを感じる」という傾向があるため，「相手は自分と違う」ということを知った瞬間に，「驚き」が生じ，これが

「戸惑い」になり，最終的には「怒り」となってしまうことが多いようである。相手に同じものを期待していると，その期待が裏切られた時に感情が揺さぶられ，冷静に考えられなくなるのは当然のことである。

　岡本は「国際感覚」を「価値観・立場・利害等を異にする対等の相手と，交渉力だけで勝負し，かつ決裂せずに，いっしょに仕事をして成果が出せること」と定義し，日本人にこの国際感覚が欠如しがちな原因として「同質性の信仰」をあげているが，この「同質性の信仰」こそが「不毛な議論」の温床にもなっていると考えられる。

4．「関心相関性」

　西條も同様のことを指摘し，「関心相関性」という言葉で信念対立図式を説明している。「関心相関性」とは，構造構成主義の中核原理であり，詳しくいえば「存在・意味・価値は，身体・欲望・目的・関心に相関的に規定される」という原理であるが，ここで重要なのは，「関心相関性」が信念対立解消機能をもつという点である。すなわち，その概念によって信念対立のメカニズムを浮き彫りにでき，さらに各々の「関心」を対象化（意識化）することで不毛な信念対立を解消する「視点」（認識装置）となり得るのである。西條は，自他の関心を対象化する認識装置として，「関心相関的観点」[11]を考案している。

　「関心相関的観点」を使えば，不毛な信念対立の解消ができる。簡単にいってしまえば，自分や相手の「関心」を可視化する（その人が何に関心をもっているのか，何を目的としているのかを把握する）ことによって，信念対立図式（なぜ意見が対立しているのか）を読み解くことができるわけである。岡本が指摘した「同質性の信仰」を内側から瓦解していくためには，西條の考案した「関心相関的観点」というツールが効果を発揮するといえる。

5．不毛な信念対立の図式

　「関心相関的観点」を使えば，不毛な信念対立の図式が見えてくる。たとえば，図Ⅱ-1-1を見てほしい。今，「新製品の素材について」という議題において，AさんとBさんの意見が対立しており，お互いに「意味わからん！あいつアホちゃうか？」と，いがみ合っている状況である。しかし，双方の「関心」を可視化してみると，図Ⅱ-1-2のようになり，それぞれが別々のコンセプトを前提にして意見を主張していることが見えてくる。お互いに自分の立場（コンセプト）から一方的な意見を主張するだけで，相手の立場（コンセプト）を理解しようとしないために，このような不毛な信念対立が生じているのである。もし，AさんとBさんの意見対立に「関心相関的観点」を導入することができたとしたら，図Ⅱ-1-3のようになり，不毛な

図Ⅱ-1-1 「意見の対立」状況

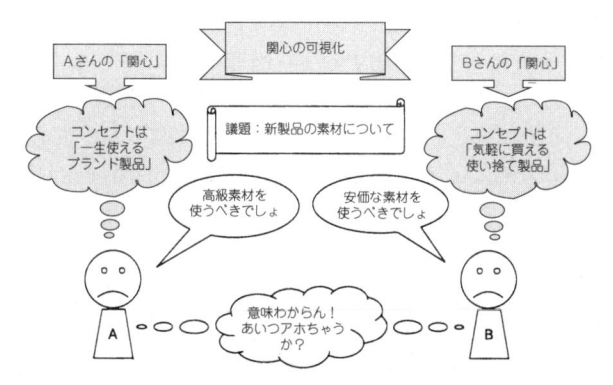

図Ⅱ-1-2 見えてきた「不毛な信念対立」の図式
（原因は双方のコンセプトのズレ）

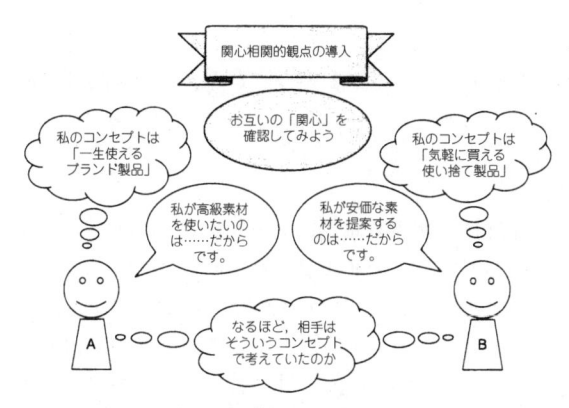

図Ⅱ-1-3 「関心相関的観点」の導入による「不毛な信念対立」の解消

信念対立は解消することができるだろう。

6. 議論のすれ違い

　議論のすれ違いの一例として，岡本が紹介していた評価が分かれる（評価が対立する）事例を説明する。岡本によれば，かつて，子どもたちのために「楽しい授業」を実現する「手法」の開発を進めていた教員たちが「誰でもすぐに『逆上がり』ができる指導法」を開発して広めようとしたことがあったという。これに対して文部科学省の教科調査官を含む別の専門家たちが，「苦労して達成することに意義があるのであって，そのような指導法はよくない」と言って強く反発したことがあったそうだ。このような議論のすれ違いも，相手の「関心」を可視化できていないことに起因すると考えることができる。

　これらのことを簡略化して図式化すると，図Ⅱ-1-4のようになる。「誰でもできる逆上がり法」に対してAさんは「すばらしい！」という評価をし，Bさんは「けしからん！」という評価をしている。このような評価のズレも，関心の可視化によって原因が明らかになってくる。関心の可視化を行うと図Ⅱ-1-4は図Ⅱ-1-5のようになる。Aさんは「逆上がりができるようになること」に重きを置いており，苦労や努力をしたかどうかという「過程」よりも最終的に目標達成できたかどうかという「結果」を重視していることがわかる。逆に，Bさんは「逆上がりの練習を通じて苦労や努力を経験すること」に重きを置いており，目標達成（結果）よりもその習得過程における苦労や努力を重視していることがわかる。このように関心を可視化すれば，AさんとBさんでそれぞれ重要視する部分が異なるために2人の評価が対立しているという図式が見えてくる。このように双方がそれぞれ異なる評価基準で異なる評価を下している状況で，「どちらの評価が正しいか」という議論をしていたとしたら，それは「議論のすれ違い」に終始することになりかねないが，関心相関的観点を導入すれば「議論のすれ違い」は解消できる（図Ⅱ-1-6）。そして，どちらの評価基準を優先するべきかという"かみ合った"議論に進むことができるのである。

7.「目的と手段」

　岡本はこのような評価に関する議論のすれ違いについて，「目的と手段」[12]という言葉を使って説明している。図Ⅱ-1-5の例でいえば，Aさんの「目的」（構造構成主義的に言うなら「関心」）は「逆上がりができるようになること」であり，Aさんの目的からすれば「誰にでもできる逆上がり法」は目的に相応しい「手段」として評価される。一方，Bさんの「目的」は「苦労・努力させること」であり，Bさんの目的からすれば，「誰にでも（簡単に）できる逆上がり法」は「手段」として

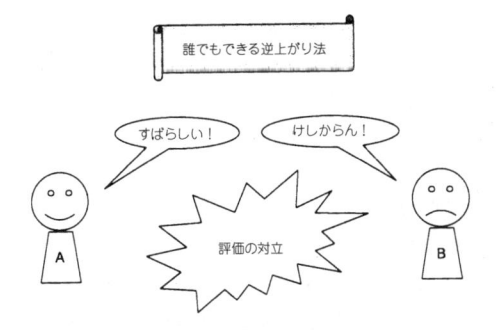

図Ⅱ-1-4　「評価の対立」状況

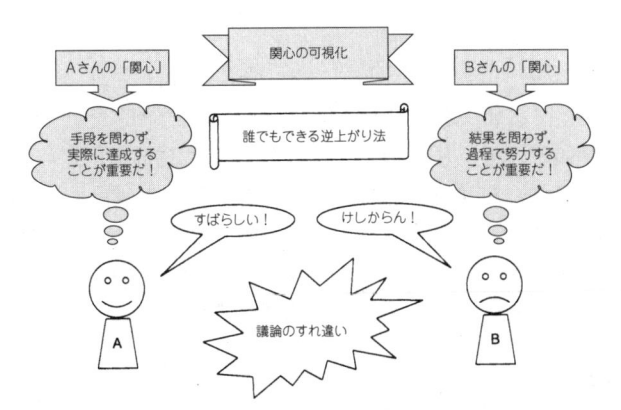

図Ⅱ-1-5　見えてきた「議論のすれ違い」の図式
（原因は双方の重要視部分のズレ）

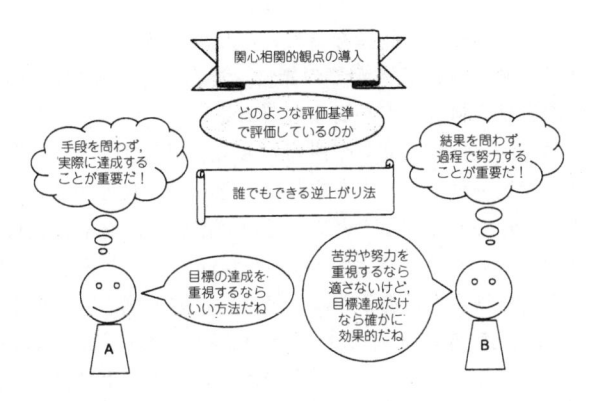

図Ⅱ-1-6　「関心相関的観点」の導入による「議論のすれ違い」の解消

相応しくないということになり，評価されない．評価は目的と手段の整合性を評価するべきであり，ある手段を評価する時はその目的に照らして「合目的的かどうか」（目的に合致しており，目的達成の手段として相応しいかどうか）を評価すべきだということである．

8．関心・目的に応じた評価

構造構成主義の関心相関的観点を導入した評価法としては，西條が京極らの「構造構成的QOL評価法」を紹介している[13]．これは，京極が中心となって提唱を試みようとしている枠組みであり，「何を評価したいか」といった評価者の関心に応じて，「どのように評価するか」といった方法が規定されることを指摘するものである．これによって，評価者は評価時に自分がどのような「関心」をもっているかを自覚したうえで，評価方法の選択，評価ポイントの決定を検討することが可能となる．構造構成主義でいうところの「（評価者の）関心」とは，まさに岡本の説明において使われた「目的」そのものであり，両者とも「関心に基づいた評価」，「目的に照らした評価」のあり方について説いている．評価の裏に隠れている自他の評価基準（関心・目的）を互いに把握することができれば，「どちらの評価が正しいか」という議論のすれ違いを回避し，「目的や状況に合わせて，今この議論の場に相応しい（優先すべき）評価基準はどちらか」という"かみ合った"議論から始めることができるのである．

9．本節のまとめ

本節では，なぜ不毛な議論になるのかについて考察し，その背後に不毛な信念対立があること，すなわち，議論のすれ違いが生じていることを明らかにした．その不毛な信念対立は，多くの人が「相手も自分と同じ考え方をしているはずだ」という自己中心的な思い込みを無自覚にもっているために生じていた．不毛な議論を建設的な議論にするためには，各人がこの無自覚を自覚しなくてはならない．「無知の知」ならぬ「無自覚の自覚」が必要なのである．

そこで，岡本の「同質性の信仰」や西條の「関心相関性」といった概念を用いて不毛な信念対立の発生メカニズムを考察した．そして，双方が互いに異なる認識論をもっていること（しかも厄介なことに，その認識論は経験的に裏打ちされているためになかなか自ら疑い得ないこと），双方が互いに自分と相手の「関心」の違いに無自覚であること（無自覚であるがゆえに，自他の「関心」を可視化することができないこと），双方が互いに相手も自分と同じ考えのはずだと安易に考えること（特に日本人は，「同質性の信仰」というものが強いため相手に自分と同じ気持ちを要求しやすいこと），などが不毛な信念対立の原因であることを指摘した．不毛な

表Ⅱ-1-1　不毛な信念対立発生の流れ

・双方が経験的な裏づけをもった異なる認識論をもっている
・自他の「関心」に無自覚＆自他の「関心」を可視化できない
・相手も自分と同じ気持ちのはずだと安易に考える
　＝「同質性の信仰」
　↓
・自分と違う意見に「驚き」,「戸惑い」, やがて「怒り」だす
　↓
【不毛な信念対立】

表Ⅱ-1-2　不毛な信念対立解消の流れ

【不毛な信念対立】……各々の「関心」がズレている状態
　↓
（関心相関的観点の導入）……自他の「関心」の可視化作業
　↓
【信念対立の解消】……互いの「関心」を把握し合った状態

信念対立が発生する流れをまとめると，表Ⅱ-1-1のようになる。

また，不毛な信念対立の解消方法についても考察し，関心相関的観点の導入によって互いの「関心」を可視化し，議論のすれ違いに気づくことで不毛な信念対立の解消を導く方法を紹介した。不毛な信念対立解消の流れをまとめると，表Ⅱ-1-2のようになる。すなわち，各々の「関心」がズレている状態（＝不毛な信念対立の状態）に，関心相関的観点を導入する（＝自他の「関心」の可視化作業を行う）ことによって，互いの関心を「把握」し合った状態（信念対立が解消された状態）にするのである。

3節
なぜ不毛な議論がなくならないのか

1. 相手との違いが不可視であること

相手との違いには「目に見える違い」と「目に見えない違い」がある。目に見える違いとは，人種・性別といった外見的にすぐ判別できるもののズレであり，目に見えない違いとは，関心・目的・価値観といった内面的なもののズレである。目に

見える違いは外見的な差異なので，改めて可視化しなくても気づきやすく，たとえ信念対立が生じても，その原因を推測しやすい。たとえば，日本人とアメリカ人で意見の対立が生じたり，男と女で見解の相違が生じたりした場合は，外見的な（属性的）差異から「ああ，日本人とアメリカ人では，こんなにも考え方が違うんだなぁ」とか「男と女で随分とものの見方が変わってくるもんだなぁ」と，信念対立発生の原因を属性に帰属して理解することができる。目に見える違い（外見的な差異）であれば，「そもそも自分と相手は違う人間で，それぞれまったく異なる関心，価値観に基づいた考え方をする」という当たり前の前提にたどりつきやすい。しかし，目に見えない違いは関心・目的・価値観といった内面的な部分のズレなので，違っていることに気づきにくい。そもそも十人十色であるため自他で異なるのは当たり前なのだが，「同質性の信仰」に陥りやすいのである。

一般的に，不毛な信念対立に陥りやすいのは，「目に見えない違い」の方である。目に見えない違いだけに，現実問題として，自他の異同を自覚するのはなかなか難しい。また，不毛な信念対立の原因となるような違いは，目に見えないばかりか，それぞれが「そんなことは当たり前のことだろう」として問い直すことすらしない部分であることが多いため，ますます気づきにくい。不毛な信念対立に陥らないためには，不可視であることに加えて経験的に裏づけられてしまっている個人の中の前提（価値観や認識論）を改めて可視化する作業が必要なのだが，そのような作業を日常的に行うことは極めて難しい。

「同質性の信仰」も「関心相関性」も，相手との目に見えない違いについて言及し，その不可視の異同を可視化する視点を与えてくれる概念である。だが，概念化されていなくとも，賢明な人であれば，そのようなことはすでにわかっているはずである。にもかかわらず，世の中から不毛な議論がなくならないのはなぜか。それはおそらく，人間が感情をもつ生き物であり，議論のシステムが体系化されていないからであろう。

2．人間が感情の生き物であり，議論が人間の営為であること

人間は感情の生き物である。頭で理解はできても心では納得できないことだってある。また，「わかること」（頭で理解できること）と「やれること」（実際に行動できること）も異なる。たとえ「関心相関的観点」という関心を可視化するツール（認識装置）を手に入れたとしても，実際に議論の場でそのツールを使えるかどうかはまた別問題なのである。特に，信念対立状況は感情を揺さぶられる状況である。なぜなら，自らの経験に裏づけられて構成・強化された信念が間違っていたと否定される恐れがあり，信じていた基盤の崩壊は相当な精神的苦痛（自尊心の低下）をともなうことが予測されるからである。

議論に最も邪魔なのは感情とプライドである，と私は考えている．感情は思考に先行する（頭で考えるより先に生じてしまう）厄介者．プライドは実行を阻害する（頭でわかっても実際に行動に移すことを妨げてしまう）お邪魔虫．両者とも建設的な議論を妨げる人間の情緒的反応であるが，自分の意志でコントロールしにくい．たとえば，冷静に相手の関心を可視化すれば納得できる相手の発言なのに，最初のひとことでカッときたりムッとしたりして，つい反論してしまうようなことも実際たくさんあるだろう．また，たとえば，自分の考え方が偏見や一方的なものだったとわかったとしても，それを今まで支持してきた歴史があるがゆえに，今さら素直に認めることができないような場合もあるだろう．感情は非合理なものなのである．そして人間はその感情（非合理）の生き物なのである．

　また，議論が人間の営為であることを忘れてはならない．合理的であるべき議論の場を構成しているのは，感情（非合理）の生き物である人間なのである．議論の場が合理的であるべき場だとしても，そこにいるのが非合理（感情）を含んだ人間である限り，究極的には完璧に合理的な議論なんて実現しないであろう．議論の場を完全に合理的な場にすることは不可能であるし，また，その必要もないのかもしれない．なぜなら，議論が「論理的な正しさ」を目的としていても，議論をする人間が「感情的な納得」を（無意識のうちに）目的としてしまうからである．ゆえに，たいていの議論は，議論の目的である「論理的な正しさ」と議論する人間の目的である「感情的な納得」の両方が折り合いをつけたところで落ち着く場合が多く，またそのような場合に最も議論の後の不満が少ないのであろう．

3．「温度差」

　人間が感情的であるがゆえに，また，関心の強さが各人に起因するものであるがゆえに，どうしても議題（議論におけるテーマ）に対する「温度差」が出てくる[14]．当事者と非当事者の「温度差」ともいうべき関心の強さのズレは，冷静な議論の妨げとなる感情に影響し，不毛な議論の原因となり得る．関心相関的観点によって相手の関心を知ることはできても，相手の関心をそのまま引き受けて同じように（同じ強さで）関心を抱くことはできない．理解はできても納得できないことがあるように，関心の所在を図式で理解できても同じように関心がもてるかどうかは別問題なのである．関心が自分の好きなように，恣意的にコントロールできるものではないということは，「関心相関性」の提唱者である西條も自ら述べていることである[15]．それは，ある事柄（テーマ）に対して並々ならぬ関心を注いでいる人間がその事柄（テーマ）について，その必要性や意義，自らが関心を注いでいる理由，そのすばらしさ，などをいくら熱く語ったとしても，その事柄（テーマ）にまったく興味が無い人間にはほとんど伝わらないのと同じである．そして，そこで相手が自

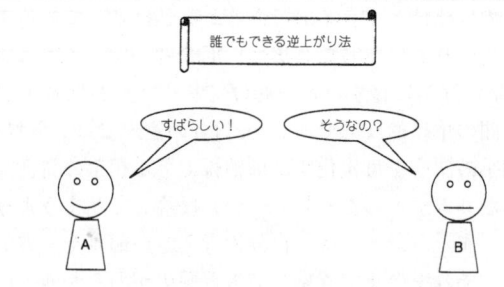

図Ⅱ-1-7　一方の意見をもう一方がすぐには理解できない状況

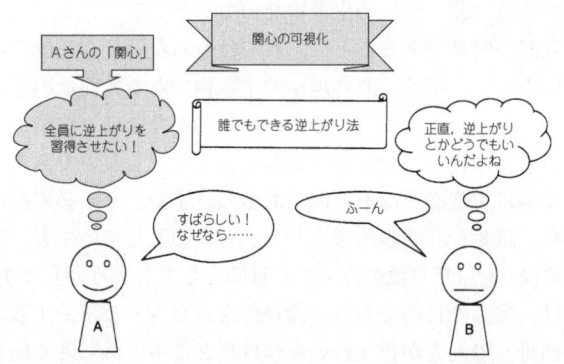

図Ⅱ-1-8　「関心の可視化」によって見えてきた図式

分と同じように興味をもたないからといって怒るのは筋違いである（が，そのような人は実際少なくない）。人間の興味や好みは外から強制されるものではない。関心が恣意的にコントロールできないということは，関心の所在を知っても，できるのは「理解」だけで「共感」はできないことを意味している。

　たとえば，図Ⅱ-1-7を見てほしい。今，Aさんが「誰でもできる逆上がり法」を賞賛している一方で，Bさんがそれを不思議がっている状況である。このように，一方の意見をもう一方がすぐには理解できない状況は日常に少なくないと思われる。関心の可視化を行うと，図Ⅱ-1-8のような図式が見えてくるが，Aさんがとても関心があるテーマに対して，Bさんがさほど関心をもっていなかった場合（そこに明らかな「温度差」がある場合），たとえBさんが関心相関的観点からAさんの関心を「理解」できたとしても「共感」はできない。いくらAさんが熱心にすばらしさを熱く語ったところで，図Ⅱ-1-9のような「温度差」が浮き彫りの状況にしかならず，そのうち次第にAさんはBさんが自分と同じように興味をもたないことにいらだち始め，図Ⅱ-1-10のように怒り出してしまうことだろう。しかし，このよ

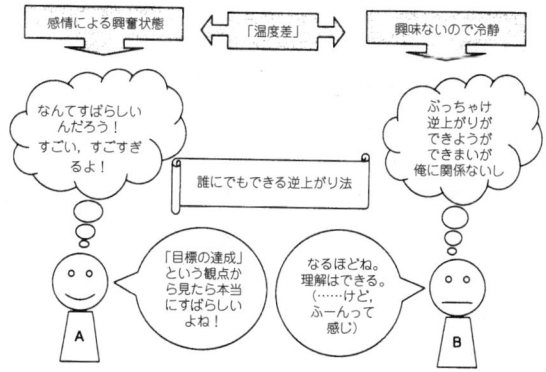

II-1 「不毛な議論」を「建設的な議論」にするための方法論　55

図II-1-9　両者の間に「温度差」がある状態

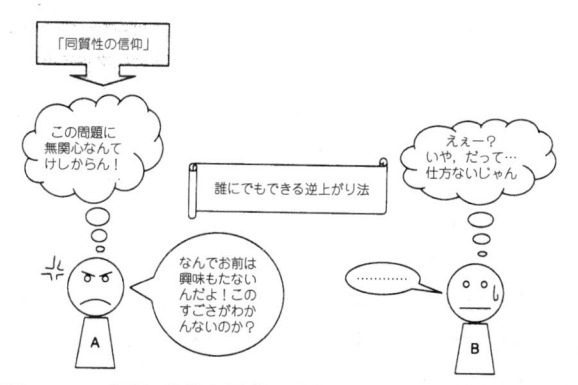

図II-1-10　感情に冷静な思考が阻害された状態（筋違いの立腹）

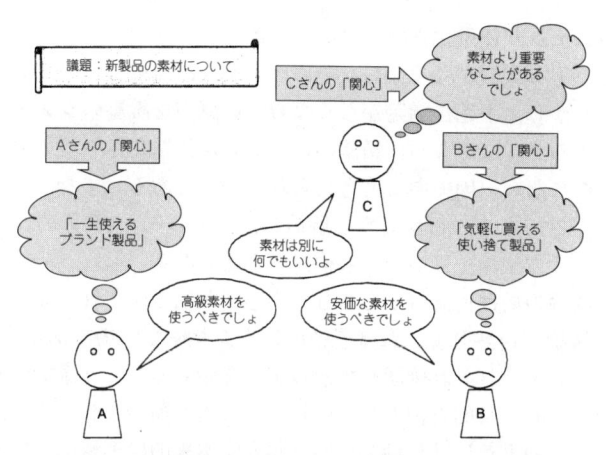

図II-1-11　「不毛な議論」の例（意見の対立×温度差）

うにAさんがいらだち，怒り出したのは暗黙裏に「同質性の信仰」を前提として無自覚に自分の関心を絶対化しているためであり，筋違いの立腹である。このように，感情による興奮状態が原因で冷静な思考が阻害され，「同質性の信仰」にとらわれてしまうことがあるので，注意が必要である。

4．「関心の所在」と「関心の強さ」

「関心の所在」だけでなく，「関心の強さ」までズレていることも，不毛な議論の原因となり得る。実際，多くの不毛な議論において，「意見の対立」と「温度差」は混在している。たとえば，図Ⅱ-1-11を見てほしい。これは，不毛な議論の一例であるが，「関心の所在」と「関心の強さ」の両方がバラバラであるために，図Ⅱ-1-1の時よりも複雑になっている。AさんとBさんは，それぞれ「ブランド製品」，「使い捨て製品」と目指しているものは違えど，素材にこだわりをもっており，新製品の素材に対して強い関心を示している（同程度の「関心の強さ」を共有している）といえる。一方，Cさんはそもそも新製品の素材に対しては関心が無く，新製品の素材に対する「関心の強さ」はとても低い状態で，AさんやBさんとは「関心の強さ」において大きく異なることがわかる。たとえ関心が共有されていた（「関心の所在」が同じであった）としても，「関心の強さ」が大きく異なれば，議論の進みは遅々として，まとまるものもまとまらないだろう。

これまで不毛な信念対立が生じるメカニズムを解き明かしてきたが，それは単に状況を理解するためではなく，そのような状況に陥らないようにするためである。予防という観点からも，不毛な信念対立が生じるメカニズムを説明していくことには意義があるといえるだろう。

5．議論のシステムが体系化されていないこと

これまでは不毛な議論がなくならない原因を個人に帰属しつつ，その打開策を提案してきた。しかし，不毛な議論がなくならない原因を議論のシステムに帰属することも必要であろう。なぜなら，議論のシステムが体系化されていないことも不毛な議論がなくならない一因であると考えられるからである。また，信念対立の予防あるいは解消だけでなく，信念対立を解消した「その先」（具体的にどう議論を進めていくかという方法論）についても検討が必要である。

そもそも，議論の場は信念対立を含むため感情が揺さぶられ，なかなか冷静になりにくいし，議論が白熱してくれば感情的にもなりやすい場である。それに加え，議論参加者の関心をそれぞれ確認してから議論を始めるという議論のルールもないため，お互いの関心・目的を把握しない状態で議論が開始されることが多く，誤解も生じやすい。このように「議論」という営みが本来的に感情的になりやすいもの

であるにもかかわらず，それに対する工夫・対処がなされてこなかったことが，相変わらず不毛な信念対立を生じやすい状況を作り出しているともいえるのではないだろうか．

不毛な議論を回避する術をもたぬまま議論を開始するのは危険極まりない．本来ならば，議論を始める前に最低でもその議題における各々の関心・目的は宣言しておくべきであるし，発言ごとにその真意を明らかにして議論を進めていくべきである．しかし，実際にそのように1つひとつの発言ごとに真意を確認していたのでは，議論が進まなくなってしまう．かといって，何も改善策を講じないのであれば，この先も不毛な議論はなくならないだろう．不毛な議論を少しでも減らすためには，議論というシステムを見直し，不毛な信念対立の発生を避けて建設的な議論を進めるための体系的な「議論の方法論」を整備する必要がある．

6．「議論の方法論」の重要性

不毛な信念対立を避け，建設的な議論を進めていくうえで，各人のスキルアップは不可欠な条件であるが，それだけでは不毛な議論はなくならない．述べてきたように，議論がうまくいかない原因を個人に帰属するのには限界がある．最近はコンビニでも「議論に負けないための○○」であるとか，「議論に勝つための技術」といったタイトルの本を目にするが，世間で売られている議論に関する書籍も，そのほとんどが各人のスキルアップを目的としたものであり，実は，建設的な議論の進め方に関する体系的方法論は確立されていないように思われる．おそらく，会議など目的ある議論については，それぞれの組織において議論の進め方が伝統的に受け継がれているのであろう．目的に応じてそれぞれ最適な議論の進め方（ルール）があるとしても，不毛な議論に陥らないための，最低限の基本的ルールについて誰もが参照できるように改めて整理しておくことの意義は小さくないだろう．

7．本節のまとめ

本節では，なぜ不毛な議論がなくならないかについて考察し，建設的な議論を阻害する根本的なものとして人間の感情をあげ，議論というシステムの見直しが必要であることを明らかにした．そもそも関心・目的・価値観といったものは目に見えないため，相手と自分が異なるものを有しているということを自覚しにくい．ゆえに，互いに立脚しているものがまったく違っているにもかかわらず，自分だけの一方的な立場の主張を常識，当然と考えてしまいがちである．また，人間が感情の生き物であることに加えて，議論という意見対立の場は人間を感情的にしやすく，信念対立の発生を招きやすい特殊な状況である．そのため，自他の関心を可視化することができなかったり，相手の関心を理解できても納得・共感できなかったりする．

表Ⅱ-1-3　議論がなくならない理由

・不毛な信念対立の原因が「目に見えない」ので気づきにくい
・解消方法を知っていても使えない（「わかる」のと「やれる」のは違う）
・信念対立の図式は理解できても納得できない（感情とプライドが邪魔をする）
・相手の関心は理解できても共感できない（「関心の強さ」はコントロール不能）
・議論のシステムが体系化されていない（議論の進め方が確立されていない）
　↓
各人のスキルアップ（個人的改善）とシステムの整備（制度的改善）が必要

しかも，建設的な議論を進めるためのシステムが整備されていない。こうした不毛な議論がなくならない理由をあげていく中で，議論システムの整備の必要性を指摘した（表Ⅱ-1-3参照）。

4節
建設的な議論に必要なもの

1．議論の質を高めるもの

　議論の質を高めるのは，議論をする人間と議論のシステムであると考える。質の高い議論とは，不毛な信念対立といった無駄な部分が少なく，効率的で建設的な議論のことである。議論は「構成員×システム」によって成り立つため，双方の質の向上なくして，議論の質の向上はあり得ない。構造構成主義の中核原理である「関心相関性」を理解し，「関心相関的観点」を身につけることによって各人のスキルアップ（議論の場における心構えの徹底）を行い，また，その「関心相関的観点」を効果的に活かすような議論のシステム（ルール）を整備することによって，議論の質の向上が期待できる。

2．建設的な議論に必要な各人のスキル

　建設的な議論のために各人が必要とするスキルは，関心相関的観点である。すなわち，議論の場において積極的に自他の関心を対象化（意識化）できる能力が求められる。また，議論に臨む態度として，不毛な信念対立に陥らないよう常に心がけ，議論の相手に対しても寛容な態度で接し，たとえ自分の意見とは異なる意見であっても理解しようとする態度であることが求められる。

3．建設的な議論に必要なシステム

　議論が円滑に進むための条件は，(1) 議論の目的が明確であること（何のための議論なのかハッキリしていること），(2) 制限時間があること（ダラダラと延びないこと），(3) 議論を進行・調整・促進する役がいること（議論をまとめる役がいること），であると考えられる。議論の目的が明確であれば，何のための議論かが明らかであるため，議論のすれ違いも減り，焦点が絞られているため意見も活発に出やすい。議論の時間が決められていることは，適度な緊張感を生み出し，ダラダラと時間が延長されることで集中力を低下するという危険性を回避できる。さまざまな意見を集約し調整し，適宜議論をまとめてくれる司会進行役がいると，議論にメリハリがつくし，議論の流れが変な方向に流されていく危険性も軽減することができる。まとめると，重要なのは議論の「目的」，「時間」，「進行・調整・促進役」である。

4．「議論の4条件」

　議論に必要な各人の資質および議論のシステム（ルール）を検討した結果，建設的に議論を進めていく（裏を返せば，不毛な議論にならないようにする）ためには，以下の4つが重要であることが導き出された。すなわち，「議論をする人の熟達」と，「議論の目的」，「議論の時間」，「議論の進行・調整・促進役」という3つの議論システムである。これら4つの条件を「議論の4条件」とよぶことにする。以下，「議論の4条件」を最大限に高めるための方法論として，4つの方法を提案する。それぞれ，個人の意識改善では限界がある部分を議論のシステムで補うために考案されたもの（ルール）である。

[自己紹介法] この方法は，議論をする人に関心相関的観点をもたせ，自他の関心の可視化を促すことを目的とした方法である。この方法は，議論の場に集まった人達が，どのような人で，どのような関心・目的で議論に臨んでいるかを互いに把握できるため，議論の導入方法として最適である。具体的には，議論の開始に先立って各人が1人ずつ自己紹介をしてから議論を始めるという方法である。この方法を，「自己紹介法」とよぶことにする。これは一見自明のことであり，改めて取り上げなくても一般的に行われていることかもしれない。しかし，ただ社交辞令的に自己紹介をしてから議論を始めるというのではなく，「自己紹介法」という視点をもって意識的に行うことに意味があるのである。

　議論の時間が限られている場合や，議論に携わる人数が多い場合は，自己紹介に多くの時間を必要としてしまうという弱点もあるし，場合によっては，自己紹介によって議論を行うメンバー間の力関係が明らかになり，発言を抑制してしまう危険性もある。しかし，これから議論を行うメンバー同士がほとんど面識のない状態で

ある時は,特に効果を発揮する。議論をする相手がよく見知った人物であったとしても,「目に見えない違い」があるので,有効である。また,ブレーンストーミングなど各人の発言が議論の進行に大きく寄与する時も,効果は絶大である。

各人がどの程度詳しく自己紹介するのかは,議論の制限時間や人数によって変わってくる。また,導入部分の自己紹介だけで終わるのではなく,発言ごとに発言者の自己紹介を思い出し,関心の可視化を心がけ,相手の立場に立って発言の真意を汲み取る姿勢が必要である。自己紹介内容(詳細の程度)であるが,最低でも「名前」,「所属(立場)」,「議題(テーマ)に対する関心」くらいはあったほうがよいと思われる。必要に応じて「近況」や「一言」など堅苦しくない内容を加えれば,場を和ませること(これからの議論のための雰囲気作り)もできるだろう。

[**目的確認法**] この方法は,「議論の目的を明確にすること」を目的とした方法である。議論の目的を(再)確認することで,途中で白熱した意見対立が生じたとしても議論(全体)の方向性を見失わないようにすることができる。具体的には,議論の目的を全員に提示し,全体の方向性を確認させるという方法である。この方法を,「目的確認法」とよぶことにする。

議題(テーマ)が多義的で議論が拡散しそうな時,終着駅を必要とする議論(議論の末に何らかの形を残さなくてはならない議論)の時は,特に有効である。また,各人が議題(テーマ)に対してもつ「関心の強さ」が影響して,議論の流れが本来目的とした議論の方向性とは別の方向に進み出した時や,白熱した意見対立がもとで議論が全体の方向性を見失ってしまった時などにも効果を発揮する。

一方で,議論の方向性を見失わないようにするということは,議論の自由な流れを阻害するということになり,「横道にそれたことによる思わぬ収穫」を逃してしまう可能性もある。また,無理に終着を必要としない議論の場合や,議論の目的自体が曖昧な場合には,あまり効果を発揮しない。

この方法には「予防」の効果と「軌道修正」の効果がある。たいていは議論開始前に確認させることが多いが,場合によっては議論の途中,締めくくりの時にも再確認させることが必要である。むしろ,定期的に提示してやる方が,予防としての効果は高い。全体の方向性(議論の目的)が見失われた時は,適宜この方法を導入して軌道修正をする必要がある。この方法をいつ行うかに関しては,工夫の余地があるだろう。あまり時間を取らないため,開始前の確認だけにとどめる必要はない。この後に出てくる強制ブレイク法に関連するが,途中休憩の前後に再確認やリセットを目的として使ったり,議論の最後に「振り返り」(クールダウン,フィードバック)を目的として使ったりすることもできるだろう。

[**強制ブレイク法**] この方法は,議論の途中で強制的にブレイク(小休止)を入れることで,低下した集中力を回復させると同時に,議論の途中に軌道修正の機会を

設けることを目的とした方法である。強制的に議論を中断することで，改めて議論の流れを軌道修正したり，不毛な水かけ論などに対して強制的に終止符を打ったりして議論を再出発させることができる（図Ⅱ-1-12）。この方法の優れているところは，議論の軌道修正を人ではなくシステムに保証させるところである。具体的には，あらかじめ議論の時間配分をしたうえで「いついつ何回強制ブレイクを入れる」ということを決めて議論前に宣言しておき，予定時間が来たら強制的にブレイク（小休止）を入れる，という方法である。この方法を，「強制ブレイク法」と名づけることにする。

この方法は，議論時間が長く，中だるみしてしまいそうな議論に対して効力をもつ。集中力が途切れてきた頃に強制ブレイクがタイミングよく挿入されれば，気分をリフレッシュさせることもできるし，集中力を回復させることもできる。意見対立がこじれて感情的になり，関心相関的観点を忘れて水かけ論や不毛な信念対立に陥っていたとしても，強制ブレイク法を導入しておけば，議論時間のすべてを不毛な信念対立に費やす心配が無い。また，ブレイク（小休止）をはさむことで気持ちをリセットしてまた新たに議論を再スタートさせることもできる。

一方で，強制的にブレイク（小休止）をはさむということが，議論を「ぶつ切り」にしてしまい，議論の勢いを殺してしまうこともある。せっかく盛り上がってきた時に強制ブレイクが入っては逆効果である。また，全体の時間が短い場合は，あまり頻繁にブレイクを入れることもできない。効果を発揮するかどうかがタイミングに依存するため，場合によってはたいして効果を得られなかったり，逆効果になったりするというのが弱点である。リスクの予測と先見の明に長けた人物が時間設定をしないと効果を発揮できないというのが強制ブレイク法の難しいところであり，限界でもある。

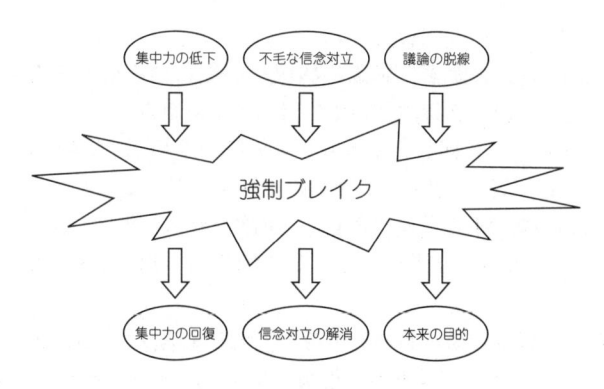

図Ⅱ-1-12　強制ブレイク法

この方法には,「緊張感を保つ」,「気分を一新させる」,「集中力を回復させる」といった,議論をする人の精神面に対するメンテナンス効果と,「不毛な議論を止める」,「こじれても一旦リセットする」といった議論を軌道修正する効果がある。後者に関しては,先に述べた自己紹介法や目的確認法と併用すると,より効果的になる。すなわち,ブレイクを入れて再スタートする際に再度関心の可視化や議論目的の確認を行うことで,ブレイク前の議論をブレイク後の議論に活かすことができる。強制ブレイクが入るタイミングが重要なので,あらかじめ決めておく時間設定には工夫が必要である。また,厳密な時間管理(タイムキーピング)も重要となる。強制ブレイク法を導入する場合は,アラームを用意しておくか,厳密な時間管理係(タイムキーパー)を決めておく必要があるだろう。

　強制ブレイク法は,人がタイミングを見計らってブレイク(小休止)を入れるのではなく,あらかじめ設定されたタイミングで強制的にブレイク(小休止)をとるという原則的ルールであるが,議論の流れによっては多少予定よりタイミングを早めたり先延ばしにしたりするという応用も可能であろう。明らかに不毛な信念対立に陥っている時に予定時間まで待つ必要はないし,議論が核心に迫っている時に無理矢理止めることもない。その辺りは,必要に応じて柔軟さを持たせるという工夫をしてもよいだろう。しかし,その采配を人間に任せすぎてしまうと,強制ブレイクをわざわざシステムに組み込んで方法論化した意味がなくなってしまうので,注意が必要である。入念にタイムスケジュールを組んだうえで,効果的なタイミングを予想できるかどうかが明暗を分けるだろう。

[第三者導入法] この方法は,「第三者の導入」によって,議論の流れを円滑にし,不毛な議論に陥らないようにすることを目的とした方法である。「第三者の導入」とは,議論をする人とは別に,第三者として「操舵者」(議論を進行・調整・促進する人)および「報告者」(議論に加わらないで外側から議論の流れを観察・監視する人)というポジションを議論に導入することである(図Ⅱ-1-13)。すなわち,議論の内容には関心をおかず,議論の状況や展開にのみ関心をおくポジション(「操舵者」と「報告者」)を議論という枠組みの中に組み込む方法である。言い換えれば,議題(テーマ)に関して非当事者であり,利害的にも無関係で感情にとらわれにくい人物(第三者)を使って,議論の流れを管理するためのシステムである。具体的には,議論の舵を取る「操舵者」と,議論の流れを観察・監視する「報告者」を別枠で用意する,という方法である。この方法を,「第三者導入法」と名づけることにする。

　「操舵者」とは,議論の場においてイニシアチブを取り,議論の舵取り(進行・調整・促進)を行う者のことである。役割としては,議論の進行を司る司会者としての役割,意見をまとめて調整するコーディネーターとしての役割,活発な議論を

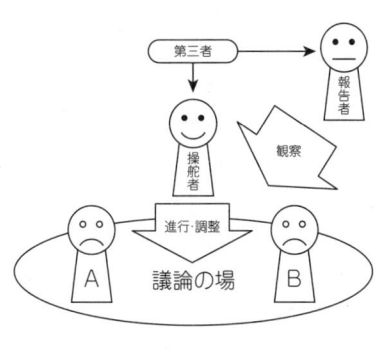

用語解説

「第三者導入法」：感情にとらわれにくい「第三者」を導入することで議論の流れを管理する方法。

「第三者」：関心を議論の流れ（状況や展開）に焦点化し，それだけを専門に扱うポジションを指す。議論の舵を取る「操舵者」と，議論の流れを観察・監視する「報告者」のこと。

「操舵者」：議論の場において，イニシアチブを取り，議論の舵取り（進行・調整・促進）を行う者のこと。司会者，コーディネーター，ファシリテーターの役割。

「報告者」：議論の場から離れたところから議論の流れを観察・監視し，議論の状態や展開を冷静に分析しながら，議論の行方を見守る者のこと。オブザーバー（観察者・陪席者）やギャラリー（傍聴人・観客）の役割。

図Ⅱ-1-13　第三者導入法

促進するファシリテーターとしての役割を兼任している。すなわち，議論を進行しながら要所要所で自己紹介法や目的確認法を使って議論参加者に関心の可視化や目的の確認を促したり，信念対立が生じた際に双方の意見をまとめて問題の所在を明らかにしたり，議論が停滞している時に発言を促進するようはたらきかけたりすることが期待されている。「操舵者」は議論の場における発言者ではなく助言者である。議題（テーマ）に関して自分の意見を発言することはなく，あくまで第三者的に議論の進行・調整・促進に関わる助言だけを行う。

「報告者」とは，議論の場から離れたところから議論の流れを観察・監視し，議論の状態や展開を冷静に分析しながら，議論の行方を見守る者のことである。役割としては，オブザーバー（観察者・陪席者）やギャラリー（傍聴人・観客）の役割を担っている。すなわち，議論の最中は傍聴・傍観に徹して事態を客観的に観察・分析し，議論の休憩時あるいは終了時にそれを報告（フィードバック）することが期待されている。ただし，「報告者」の主たる役目は議論の流れを報告することであって，どちらの意見が正当か判定することではない。報告者が判定するのは，その議論がうまくいっているかどうか（建設的な議論になっているか，不毛な議論になっていないか）だけである。また，「報告者」は，第三者であり続けることを保証するために，議論の最中の発言を許可されておらず，発言できるのは議論と議論の間のブレイク（小休止）時か，議論が終わった後に限られている。

裁判でたとえると，「報告者」は，原告側と被告側どちらの主張が正しいか審判を下す「裁判官」や「陪審員」ではなく，発言権をもたずに事態を見守るだけの「傍聴席」に近い。しかし，「報告者」は，聴いているだけの傍聴席とは違って，意

識的に関心を議論の流れ（状況や展開）に向けなければならないし，第三者であり続けるために議論の内容に対して自分の意見をもってもならない。

「操舵者」と「報告者」は，議題（テーマ）とは無関係で独立しているため，感情に惑わされることなく冷静に関心相関的観点を使うことができる。すなわち，議論の場における「感情」という呪縛から解放された存在なのである。

とはいえ，「操舵者」も「報告者」も人間であるため，感情にとらわれることがないように気をつけ，特定の立場（意見）に肩入れすることなく中立的な立場で「第三者」を保つことを心がけねばならない。そのためには，議題（テーマ）や特定の意見から距離をとり，意識的に関心を議論の流れ（状況や展開）に向ける必要がある。人選としても，議題（テーマ）に関して非当事者であり，利害的にも無関係で感情にとらわれにくい人物（第三者）であることが望ましい。もちろん，最初は中立的立場でも，議論を聞いているうちにどちらかに肩入れしたくなる感情が生じることも考えられる。しかし，こうした役割をシステムの中に組み込んでおくことは，意味があることだろう。

この方法は，議論が白熱しやすい議題（テーマ）の時や，初めから信念対立があって紛争による議論の難航が予想される時など，議論の場が感情的になりやすい場合に有効である。議論をする人の中に感情的になる人がいて議論の流れが乱れるような場合でも，「操舵者」がいれば円滑な議論が保証されるし，万が一うまくいかなかったとしても，「報告者」による報告（フィードバック）によって次の議論につなげることができるからである。また，一回きりではなく何度も同じ議題（テーマ）で議論を続けていく場合や，同じメンバーで議論を積み重ねていく必要がある場合は，「報告者」の報告（フィードバック）が特に効果を発揮する。

一方，この方法の難点は，相応しい第三者の人選および人材の確保が容易でないという点である。議論の内容が極秘であり，第三者を議論に加えることができない場合や，反対に，誰もが関心をもっているような議題（テーマ）で非当事者かつ利害的にも無関係な第三者を探してくることができない場合は，第三者の人選でつまずいてしまう。また，「操舵者」と「報告者」は単に第三者であればいいというわけではなく，舵取りのスキルや議論に関する知識を備えていることが条件であるため，「操舵者」や「報告者」が無能であった時は，第三者導入システムが効果を発揮できない。

この方法には，議論の流れを円滑にする効果だけでなく，「報告者」のフィードバックによって，失敗を次の成功につなげるという効果もある。この方法の優れている点は，信念対立によって感情的になりやすい議論という場においても，感情にとらわれにくい第三者というポジションを別枠で設定し，議論というシステムの一部に組み込んだ点である。従来の議論において，リーダーシップのある者が率先し

て担っていた議論の進行・調整・促進役と，議論の流れを観察して報告する役を，議論をする人から切り離して，独立に設けたのである。もともと議題にも関心をもつ者が1人2役的に担当したのでは，第三者になりきれず感情にとらわれたり信念対立に巻き込まれたりすることも多く，議論がうまくいくかどうかが安定しない。ゆえに，「関心」を議論の流れ（状況や展開）に焦点化し，それだけを専門に扱うポジション（「操舵者」と「報告者」）を考案したことには意義があるのである。

この方法によって，関心相関的観点を確実に使える存在が保証され，冷静な議論の進行・調整・促進・監視が保証されるのである。中立的な第三者が紛争を処理すること自体は，商事取引等の分野で長年にわたり利用されてきた歴史のあるシステムである。また，ルールが正しく守られているかを監視する役として，オブザーバー（監視員）を加えるというシステムも国際間の取り決めなどにおいては古くから存在していた。第三者導入法とは，これらのシステムを学的営為としての議論に取り入れたものであるといえる。

5．本節のまとめ

本節では，建設的な議論に必要なものについて考察し，不毛な議論に陥らないためには各人のスキルアップだけでなく，議論システムの整備も必要であることを指摘したうえで，建設的な議論を進めるための方法論を整備した。具体的には，まず，建設的に議論を進めていく（裏を返せば，不毛な議論にならないようにする）ためには「議論をする人の熟達」および「議論の目的」，「議論の時間」，「議論の進行・調整・促進役」という3つの議論システムが整っていることが必要であることを指摘し，これらを「議論の4条件」とした（表Ⅱ-1-4）。そして，これまで暗黙のうちに行われてきたことをルール化して明示したり，新たな議論システムを考案したりして，最終的に，「自己紹介法」，「目的確認法」，「強制ブレイク法」，「第三者導入法」という建設的な議論を進めるための4つの方法を提示した（表Ⅱ-1-5）。議論を始める前に自己紹介をするという「自己紹介法」は，自他の関心の可視化を促すことを目的とした方法であり，不毛な信念対立の予防・解消に役立つ方法である。議論における随所で議論の目的を確認するという「目的確認法」は，議論のすれ違いを予防したり，議論の軌道修正をしたりすることができる。あらかじめ決めておいた時間に強制的にブレイク（小休止）を入れるという「強制ブレイク法」は，議論の停滞・混迷を予防したり打破して再出発させたりする効果をもつ。感情的になりやすい議論の場においても冷静に議論の進行を見守る役割をもつ第三者を別枠で設定するという「第三者導入法」は，議論の流れを円滑にし，白熱した議論の場においても感情に左右されず議論の流れを管理・調整することを可能にする。

表Ⅱ-1-4 「議論の4条件」
・「議論をする人の熟達」
＋
【3つの議論システム】
・「議論の目的」
・「議論の時間」
・「議論の進行・調整・促進役」

表Ⅱ-1-5　建設的な議論を進めるための4つの方法
・自己紹介法　関心の可視化（不毛な信念対立の予防，解消）
・目的確認法　「議論の目的」を明確化
・強制ブレイク　「議論の停滞・混迷」を予防，打破
・第三者導入法　「議論の流れ」を管理

5節
建設的な議論の進め方

　これまで述べてきたように，不毛な信念対立の発生は，人が自他の関心の違いに無自覚であることに一因があった。そこで，まず「同質性の信仰」や「関心相関性」という概念によって不可視な差異について説明することで，不毛な信念対立の発生メカニズムを浮き彫りにした。そのうえで，「関心相関的観点」という関心を可視化するツール（認識装置）を導入することによって不毛な信念対立を解消する方法を提示してきた。これによって，相手に自らの関心を押しつけることを予防することが可能となったといえよう。

　しかし，不毛な議論がなくならない原因として，「関心の所在」を明らかにしたとしても，自らの「関心の強さ」までは操作できず[16]，「温度差」という問題が生じてしまうこと，人が感情の生き物であるために冷静な思考が阻害され，「同質性の信仰」に陥りやすい（関心相関的観点を使いこなせない）こと，などが明らかになった。すなわち，各人のスキルアップだけでなく，議論システムの整備が必要であることが示された。

　そこで，建設的な議論を進めていくための（裏を返せば不毛な議論に陥らないための）条件を考察した。その結果，「議論をする人の熟達」と，「議論の目的」，「議論の時間」，「議論の進行・調整・促進役」という3つの議論システムが整っていることが重要であることが示唆された。そこで，これらの4条件を最大限に高める方法を考案し，建設的な議論のための体系化された方法論を確立することを試みた。その結果，自己紹介法，目的確認法，強制ブレイク法，第三者導入法という建設的な議論を促進する4つの方法が整理された。4つの方法を組み合わせて効果的に使用することで，建設的な議論を進めていくことが可能になるだろう。本稿が不毛な信念対立に陥ることを回避しつつ，有限の時間を使って行われる議論をより意義深いものにするための一助となれば幸甚である。

【註および文献】

[1]「不毛な議論」とは，「不毛な信念対立」に終始する議論のことであり，「不毛な信念対立」とは，互いの関心・目的・意図を理解しないまま，各々がそれぞれ自分の立場から一方的な主張をしているだけで，ちっとも進展しない膠着状態のことである。構造構成主義の中核原理である「関心相関性」とは，「存在・意味・価値は，身体・欲望・目的・関心に相関的に規定される」という原理であるが，これは上記の不毛な信念対立を解消させるのに有効なツールとなる。

[2] 西條は『構造構成主義とは何か』のあとがき (p.246) において，「構造構成主義は，学問領域に留まらず，あらゆる世界にはびこる信念対立を低減するための『原理』として機能するものであり，おおげさにいえば現実社会の紛争の減少にすら貢献する『理路』を開く視点になる」ことを示唆している。

西條剛央　2005　構造構成主義とは何か―次世代人間科学の原理　北大路書房

[3]『広辞苑』第5版には「【議論】互いに自分の説を述べあい，論じあうこと。意見を戦わせること。また，その内容」とある。

[4] Zechmeister, E. B., & Johnson, J. E. 1992 *Critical thinking: a functional approach*. Belmont：Brooks Cole.　宮元博章・道田泰司・谷口高士・菊池聡（訳）　1996　クリティカルシンキング《入門篇》　北大路書房

[5] たとえば　Davis, M. H. 1983 Measuring individual differences in empathy: evidence for a multidimensional approach. *Journal of personality & social psychology*, 44 (1), 113-126.　など。

[6] 明田のIRI日本語版を見ると，Pt項目の詳細は，たとえば「誰かを批判する前に，自分がその立場に置かれたらどのように感じるかを想像しようとする」，「友達のことを，相手の立場からの物事の見え方を想像することで，より理解しようと努める」などである。

明田芳久　1998　共感性の測定の試み―Davisの共感性多次元尺度の検討　日本社会心理学会第39回大会発表論文集, 302-303.

[7] 詳細は以下を参照。

西條剛央　2007　構造構成主義とはどのような理論か？―今，その真価を問い直す　西條剛央・京極　真・池田清彦（編）　構造構成主義の展開―21世紀の思想のあり方　現代のエスプリ475　至文堂　pp.215-227.

[8] 岡本　薫　2003　教育論議を「かみ合わせる」ための35のカギ　明治図書

［9］岡本　薫　2006　日本を滅ぼす教育論議　講談社現代新書
［10］「同質性の信仰」：岡本が指摘した日本人によく見られる傾向。相手も自分と同じ考え方をしてくれるものだとナイーブに思い込む安易で自己中心的な考え方。アメリカのように"人種のサラダボウル"ではないため日本では人種の違いを意識しにくいということも同質性の信仰を助長する一因ではないかといわれている。
［11］「関心相関的観点」：関心相関性という原理を使って自他の関心を対象化（意識化・可視化）する際の視点（認識装置）のこと。不毛な信念対立状況において，関心相関的観点を導入することによって，自他の関心・目的を対象化（意識化）することを，本論では「関心の可視化」とよんでいる。
［12］「目的と手段」：物事を見る時にそれが「目的」なのか「手段」なのかを見極める必要があるということを指摘する言葉。また，評価の際は，「目的」と「手段」の整合性を評価基準とするべきであるということを指摘する言葉でもある。
［13］［2］のp.228〜231を参照。
［14］ここでは「どのくらい関心をもっているか」ということを「関心の強さ」とよんでいるが，これは生理的なものと同じで，恣意的にコントロールすることはできない。ゆえに，人によって事柄（テーマ）に対する熱の入れ方に差が出てくる。その差のことをここでは「温度差」とよんでいる。熱くなっている人と（無関心であるがゆえに）冷静な人では「関心の強さ」が異なるということを指摘する言葉でもある。
［15］［2］のp.77を参照。
［16］関心相関性は関心の対象だけでなく，関心の強度をも認識できるツールであるが，決して感情をコントロールするためのものではない。関心自体および，それにともなう感情（共感できるか否か）は「身体」や「欲望」といった次元と関連していると考えられる。

II - 2 構造構成主義に関する一考察

山本 貴光・吉川 浩満

> 目的の役立たなさが，手段の役立たなさを見誤らせることがある。
> ——F・カフカ

> 人間の思考のなかで重要なのは，彼らが考えたことよりも，むしろ彼らによって考えられなかったことのほうなのである。このノン・パンセは，初めから人間のもろもろの思考を体系化し，それ以後はこれを際限もなく言語であげつらいうるものとなし，さらにこれについて考える，という任務にむかって限りなく開かれたものにするのである。
> ——M・フーコー『知の考古学』

●●● 1節 ●●●
本論のねらい

　本論では，構造構成主義が依拠している前提そのものを検討してみる。

　特定の主張が依拠している前提の妥当性やその動機を問い直し理解するという営みは，構造構成主義において枢要な位置を占めている。ここでは，構造構成主義が体系的に提示された唯一の書物である『構造構成主義とは何か——次世代人間科学の原理』[1]を対象として，この問い直しを当の構造構成主義に対して行ってみたい。

なお，前提そのものの検討という作業の性質上，一見非建設的な議論に始終するように見えるかもしれない。しかし，本論はためにする懐疑を意図するものではない。また，これから述べる見解は，それが同書の前提そのものに対する疑念である限りにおいて，同書の中には原理的に書き込まれ得ないことである。そうではあるにしても，というかだからこそ，その前提そのものを問うことをねらいとする本論が，構造構成主義の今後の自己点検に役に立つことを願っている。

◆◆◆ 2節 ◆◆◆
構造構成主義の問題設定

まず，『構造構成主義とは何か』に依りながら，その動機と問題設定を確認しよう。

構造構成主義のマニフェストたる同書は，「次世代人間科学の原理」という副題が示すとおり，「人間科学の信念対立を超克し，建設的基盤を提供するための「理路」を提供する」[2]ことを目的としている。

なぜそのような目的が必要とされるのか。同書は冒頭部分で次のようにその動機を説明している。つまり，人間科学においては「信念対立が繰り返され，結果として領域間や理論対実践，実験対現場，基礎対応用といったさまざまな対立図式に陥ってしまう」[3]現状がある。これを打破するためには，人々が共有できる「総合ルールとなるメタ理論」[4]が必要なのだ，と。

明快な現状分析と問題設定である。いわば専門分化が進んだ人間科学の諸領域は，バベルの塔の逸話さながらに，互いの言葉が通じず，さまざまな場面で対立が繰り返されている。この対立を克服するためには，バラバラの言葉を使う諸領域にとって，互いに共有できる言葉（メタ・レベルの理論）が必要だという主張は説得的だ。もしそうした共通言語が発見・創造され，共用されるなら，諸領域の「対立図式」が解消・解決され，より実りの多い学の試みがなされるかもしれない。また，それは諸学にとって喜ばしい出来事であるだろう。

いったんこの問題設定を共有するならば，その先で展開される同書の所論について強く反論する点はない。むしろ賛同できる主張にあふれている。だが，この出発点におかれたまさに問題設定にこそ，検討に値するいくつかの問題が孕まれてはいないだろうか。筆者はここで立ち止まり，2つの点について再考してみる必要があると考える。

第1は，同書における「人間科学」の規定，つまり，ここでいわれる人間科学とはいかなる営為であるのかという点について。第2は，人間科学のための「総合ルール（＝メタ理論）」の提唱という，同書の目的について。この2つのことが，構

造構成主義の立論のなかで，重要な位置を占めながらも，十分に吟味・展開され尽くされないままに置かれているように見えるのである。どういうことか，以下に詳しく論じてみたい。

3節
「人間科学」とは何か？

　人間科学とは何か。それは「人間を中心に据えた科学」[5]，人間を対象とした諸科学である。同書[6]はさらに，「これまでの専門化・細分化に邁進してきた個別科学の限界と反省から，人間存在を総合的に理解する科学が求められ，その結果，生まれてきた」学であり，「『総合性・全体性』といった理念のもとに，さまざまな学問領域が集まっている」「学問のるつぼ」といった見解を示しながら，その総合性や全体性といった理念が達成されない次第を考察する。筆者が立ち止まってみたいのは，この地点である。

　なるほど，人間という同一の対象を記述するという意味で，「人間科学」の名のもとに営まれる種々の科学的研究は，その諸科学による複数の像が1つの「全体」として「総合」され得るかのように見える。しかし果たして人間科学にとって，そのような総合性や全体性という理念は有意義なものだろうか。ひょっとしたら，それは言葉のわかりやすさとは裏腹に，大きな難問――同書において「呪」とよばれるものとは異なる――を抱え込む契機になってはいないだろうか。

　現代における人間科学という言葉の多義性について，田畑稔による整理を援用したい。田畑は，人間科学の名のもとに行われている種々の試みを以下のように6つのモデルに分類している[7]。

1) 便宜系人間科学モデル　　学問分類上，組織区分上の「便宜」としての人間科学
2) 自然系人間科学モデル　　人間に関する自然諸科学の総合としての人間科学
3) 還元系人間科学モデル　　自然科学的方法による還元的人間科学
4) 自律系人間科学モデル　　人間の固有性を対象とする自律的人間科学
5) 総合系人間科学モデル　　人間に関する総合科学
6) 応用系人間科学モデル　　ミクロな生活価値実現のために人間科学を応用する人間科学

　構造構成主義が前提とする人間科学は，上記分類を用いるとどのモデルに該当するだろうか。まず，「（自然）科学と人間科学の区別を一旦は意識し」[5]，人間科学に「学問のるつぼ」という特徴を認める点で構造構成主義がいう人間科学は，便宜

系モデルに該当するであろう。

　人間の自然的存在，言い換えれば物質としての側面（生物学的・人類学的・医学的側面）に探究の範囲を限定する自然系モデル，定量化を主とした自然科学的方法をとる還元系モデルは，「人間の心的，意味的側面」[5]をも対象とする構造構成主義が前提とする人間科学とは対象と方法の限定の仕方で異なっている。

　また，自律系モデルとは自然科学が対象としない精神の側面を扱い自然科学支配からの「自律」を目指すものだが，構造構成主義でいう人間科学では，精神的な側面とともに客観性を重んじるハードサイエンスをも包括する[8]。これらのモデルの中では，総合系モデルが最も構造構成主義における人間科学に近いものではないだろうか。このモデルでは，「生物的と文化的，恒常的と可変的，ミクロとマクロ，生成と構造，主体と環境，個人と社会，自由と被制約，中心と周縁」[9]といった人間研究の諸側面の総合が目指されている。ただし，田畑が注意を促しているように，この場合の「総合」という言葉の意味は，研究者の関心や着眼に応じて多種多様である。

　最後の応用系モデルとは，「日常生活実践における実用価値の実現」[10]を志向するものだ。構造構成主義が臨床医学や古武術といった身体的な実践をも射程に入れていることを考え合わせると，応用系モデルの人間科学もまた構造構成主義が前提とする人間科学に含まれると考えてよいだろう。

　以上に加えて，『構造構成主義とは何か』に述べられる「人間科学とは，人間的事象の「確実な側面」〔＝客観的・物質的側面――引用者〕を扱う「ハードサイエンス」と「曖昧な側面」〔＝主観的・精神的側面――引用者〕を扱う「ソフトサイエンス」の双方を含む集合領域なのである」[8]との説明を考え合わせると，構造構成主義における人間科学とは，人間の物質的側面に着目する自然系モデルとそれを自然科学的に記述する還元モデル，そして自然系モデルが方法的に捨象する心理的・精神的側面に着目する自律モデルの総合を目指す総合系モデルと応用系モデルを総合的に含もうとするものであると換言できるのではないか。先に確認したように，学問のるつぼを総合する便宜系モデルもまた構造構成主義において念頭におかれていることは言うまでもない。

　ところで，構造構成主義が前提とする人間科学の「総合性」には，大きく２つの水準がある。１つは，人間を対象とする諸科学の総合による人間の総合的理解という水準で，これはいわば便宜系モデルのレヴェルにおける総合であろう。もう１つは，人間という対象の客観的な側面（確実な側面）と主観的な側面（曖昧な側面）を総合的に理解するという意味での総合である。後者については，『構造構成主義とは何か』の第２章以降で信念対立を引き起こす難問が，「主客問題」の派生形態と捉え直され，その解消のために現象学が召喚されている。つまり，必ずしも科学

的な意味での一般的な記述に馴染まない人間的事象をどのように学の対象として記述し得るかという問題に対して構造構成主義は積極的な議論を展開している。この限りにおいて「総合」（主客問題の超克）という理念には問題はない。

　以上のように腑分けしたうえでいえば，筆者は前者，つまり人間諸科学の総合という次元で言われる人間の総合的理解という場合の「総合」という理念に疑念を抱く者である。この点についてもう少し詳しく述べてみたい。

　先に見たように，同書は，人間科学とよばれる学問領域が「総合性・全体性」という理念をもち，それを実現するための原理が必要であることを構造構成主義という体系構築の前提としている。だが，便宜系モデルというレベルでの「人間科学」が——総合性であれ，全体性であれ——何らかの理念をもつという前提は果たして妥当なものであろうか。言い換えれば，「人間科学」という用語に対して，諸学問領域の総称あるいは研究機関における学科名，つまり「ラベル」以上の含みをもたせることは，困難な事態に見通しを与えるように見えながら，その実別の困難をもたらすことになりはしないだろうか。さらにいえば，その「総合性・全体性」が実現された暁には，人間科学は何を達成したことになるのであろうか，ということである。

　この疑問をさらに別の言葉で言い換えてみると，なぜ端的に「科学」ではなく「人間」科学でなければならないのか，ということになる。構造構成主義が解決・解消しようともくろむ「信念対立」の事態は，通常は人間科学の範疇には入らないとされる物理学や数学などでも十分に起こり得るし，現に起こってもいる。また，およそ人間なるものを研究する際には，原理的にはあらゆる学問領域——量子力学から筆跡学まで——が動員される可能性があり，研究プロジェクトに応じてどのような学問領域が求められるかも変わってくる。つまり研究にあたっては，実行されるプロジェクトの内実に応じた諸（科）学の適切なネットワークがその都度形成される必要があるだろう。そして，その際，それ以上を望むことはないのではないか。ここでことさらに「人間科学の理念」という問題を設定することが，かえって話をややこしくしてはいないだろうか。現在の諸科学が人間の活動である——それがコンピュータやロボットを使用したものであったとしても，なお諸科学は人間活動の一部であろう——ことは自明なのだから。むしろ「人間」なる概念はあらゆる科学活動の（「図」ではなく）「地」となるはずのものであり，特に「人間科学用」の理念を掲げる必要はないのではなかろうか。

　もちろん，「諸（科）学のネットワーク（＝コラボレーション）」がうまくいかない（＝信念対立が起こる）からこそ，人間科学に共通の原理が必要とされるのだと考えられるかもしれない。しかし，このような事態は研究の対象が人間でなくとも——研究対象が有機溶剤であれオサムシであれ——十分に起こり得るし，現に起こ

ってもいる。先に提示した,「なぜ,端的に『科学』ではなく『人間』科学でなければならないのか」という疑問は,筆者のこのような状況認識に根ざしている。

実際,『構造構成主義とは何か』で提示される哲学的思考は,人間についての(科)学に限らず,人間による(科)学の全体を対象としてもおかしくはないものだ。そのような意味において,改めて考察されるべきことの1つは,人間科学とよばれる諸(科)学の内包と外延をマッピングし直してみること,その作業の中で人間科学と人間科学以外の領域の関係を捉え返してみること,そのようにして今一度人間科学という学を解体再構築してみることではないだろうか。もちろん,イングランドのmoral sciences,ドイツのGeisteswissenschaft,フランスのsciences humains,最近の英米で用いられるhuman sciences,そして日本における人間科学といった概念は,それぞれに固有の歴史的負荷を背負っており,それら相互の影響や交渉の歴史をたどってみること――人間科学の考古学――もまた,この再考に有益であることは言を俟たない[11]。身も蓋もないといえば身も蓋もない提案だが,そうした再検討を行わずしては,同書でも参照されている養老孟司の議論のように「『人間科学』という総論は,実質的に不要だ」[11]ということになるのではないだろうか。

言葉を換えて繰り返せば,『構造構成主義とは何か』が人間科学という諸学の存在と,その「総合性・全体性」という理念を,いわば所与のものとして出発していることに疑義を呈してみたいというのが,この第1の議論の要点である。

●●● 4 節 ●●●
構造構成主義は「メタ理論」か?

次に,構造構成主義が人間科学のための「メタ理論(総合ルール)」であるという同書の主張を検討してみよう。

確かに現代の諸科学は高度に専門化・細分化されている。それぞれの領域で仕事を行う研究者たちが,領域を超えていざコラボレートを行おうとする際に,容易に信念対立が引き起こされるという状況認識には,同書に示されるとおりであろう。だからこそ,信念対立を解決・解消するためのメタ理論として構造構成主義が提唱されることにもなったのである。

筆者が立ち止まってみたい第2のポイントはここである。「信念対立」の解決・解消のために果たして「メタ理論」は必要であろうか。ただし,ここでもあらかじめいえば,この懐疑は構造構成主義の名のもとに同書でなされている各々の主張内容そのものに向けられたものではない。そうではなくて,そもそも信念対立の解決・解消のためには何らかのメタ理論――構造構成主義であれ,他の主義であれ――

—が必要だという前提自体を懐疑検討してみたいのである。

　たとえば，構造構成主義の中核となる原理に「関心相関性」がある。これは「存在・意味・価値は主体の身体・欲望・関心と相関的に規定される」[13]という原理である。まことにもっともな指摘であり，その「普遍洞察性」[14]には筆者も同意する。また，関心相関性の諸機能としてあげられている事柄――自他の関心を対象化すること，研究をより妥当に評価すること，信念対立を解消すること，世界観を相互に承認すること等々――の重要性にも異論はない。

　上記の主張内容にはまったく異論はないのだが，関心相関性を中核とした構造構成主義の「原理」とは，世にいう「クリティカル・シンキング」とどの点において異なるだろうか。

　たとえば，自他の関心を対象化すること，研究をより妥当に評価すること，信念対立を解消すること，世界観を相互に承認すること等々といった事柄は，どのクリティカル・シンキングの教科書をひもといてみても見いだすことができる。実際，クリティカル・シンキングは――構造構成主義と同じく――やみくもに自説に固執することで起こる信念対立を避け，自己の思考の鍛錬ならびに他者との生産的なコラボレーションを実現するためにつくられた原則集のようなものだ。これから研究を始めようとする学生たちや，学生にトレーニングを施す教師たちのために，とくにアメリカなどでは広く普及しているのもうなずける。

　クリティカル・シンキングは，知的活動を行うに際して忘れてはならない諸前提，個々の研究者がわきまえておくべき「学問の心得」のようなものであり，これを「メタ理論」とよぶには及ばない。では，構造構成主義の場合はどうであろうか。少なくとも構造構成主義とクリティカル・シンキングにおいて，その目指す効果――信念対立を解消して生産的なコラボレーションを実現する――は等しいといえるのではないか。もちろん，その効果を用いて達成しようとする目的において両者は異なる。構造構成主義には，人間の総合的理解とそのためのツールの提供という特定の目的があり，クリティカル・シンキングにおいては，そうした意味での特定目的はさしあたって設定されていない。また，両者では，使用される用語も違っている。クリティカル・シンキングの場合には主に日常的な語彙が用いられており，構造構成主義の場合には主に哲学の語彙が用いられている。しかし逆にいえば，使用される語彙（理路を裏打ちする流儀）が異なっているだけだともいえるのではないか。

　角度を変えて言い換えてみる。構造構成主義の出発点となった憂慮すべき事態――異なる学問領域間における信念対立――は確かに存在するだろう。しかし，それははたして新たな「メタ理論」や「総合ルール」の提唱によって解決・解消されるものなのだろうか。新たなメタ理論や総合ルールが機能するためには，人々はそう

した新たなイズムに服する「成員」とならなければならない。しかるに，そもそもそのようなイズムの共有ができないからこそ，信念対立は起きるのではないだろうか。そう考えると，構造構成主義のアイデアを新たなイズムとして提示することは，信念対立の根源にある「さまざまなる意匠」の混在状況の中に，新たなジャーゴンからなる「意匠」をまた1つ追加してしまうだけの結果に終わる危険はないだろうか。

構造構成主義を「メタ理論」「総合ルール」であると位置づける考えに筆者が疑念を覚えるのは，上記のような単純な理由による。構造構成主義を構成する諸原理——判断中止，還元，関心相関性——の有効性は疑いを容れないものだ。だからこそ，それが単なる新たなジャーゴンのワンセット——古くからの教えに現代的な衣装をかぶせた新たなる意匠——に終わることを懸念するのである[15]。

5節 おわりに

以上，構造構成主義の2つの前提について検討を加えた。諸学を統合的に名づける学問名としての人間科学に課せられる「総合性・全体性」といった理念ははたして有効なものであるのか，また，構造構成主義が信念対立を解消するための「メタ理論」であるのかという，『構造構成主義とは何か』の前提をなす主張に疑義を呈し，その内実を述べてみた。冒頭にも述べたように，これらはためにする懐疑ではない。なるほど素朴といえばあまりにも素朴な疑問ではある。しかしながら，同書の主張を反芻し，根底から考えてみようとするとき，自ずと出会うことになる問題ではないだろうか。

筆者は構造構成主義の動機，つまり，人間科学を巡る諸学の信念対立を解消し，より生産的なコラボレーションを可能とする条件を探るという企図に異議を唱える者ではない。むしろ賛同者である。それは諸学が哲学から枝分かれをしながら専門細分化する過程で，常に俎上に載せられてきた古くて新しい問題でもある。現代の言葉でいえば哲学者であると同時に科学者でもあったルネ・デカルト（Descartes, R.）は，すでに「何びとでも真面目に事物の真理を探究しようと欲するなら，どれかただ1つの学問を選んではならない。すべての学問は相互に結合し，互いに他に依存しているからである」[16]と述べなければならなかった。これは（残念ながら）未だに有効な主張であり，構造構成主義とは筆者の見るところ，このデカルトの主張に呼応する試みの1つである。

人間科学の現状について，クロード・レヴィ＝ストロース（Lévi-Strauss, C.）が興味深いコメントを述べている。

「今日，人間科学が『科学』たりえない最大の理由の1つは，それがただ1つの視点しか採用せず他の視点は排除しなければならないと信じていることだ。それはまるで生物学において，分子生物学者が動物学者に向かって，動物学などつまらないからやめたほうがよいといい，動物学者が分子生物学者に向かって，本当におもしろいのは動物の形態と行動なのだといっているようなものだ。

真の科学においては，現実はいわば層をなしており，我々は異なった水準に身を置いてものを見ることができ，またそうしなければならない。そして1つの水準を選ぶということは，他の者がそれ以外の水準を選ぶことを排除するものでもなく，また禁止するものでもない。（中略）ある人が1つの水準に，別の人が別の水準に集中するからといって両者が争わなければならない理由はまったくないのだ」[17]。

そう，争わなければならない理由はない。問題は，それにもかかわらず，何らかの理由──人間関係や学派のなわばり的な思考，その他の視野狭窄──によって，いっこうに争いがなくならないという人間的な，あまりに人間的な実情のほうにあるのかもしれない。そうした些細な（しかし深刻な）争いを相対化するためにも，変わりゆく学知の現在を，諸学の関係（あるいは関係のなさ）を改めてマッピングしてみる必要があるのではないだろうか。かつて13世紀にライムンドゥス・ルルス（Lullus, R.）が諸学を1本の樹に描き出してみせたが，「虚心坦懐にこの図に向き合う者は，嫌でも己が従事する『専門分野』が世界（そこにはもちろん人間が含まれている）を知るためのひとつの水準であること，そうした諸水準がいわばネットワークのように相互にかかわりあうことを認識せずにはいられないだろう」[18]。世界中の知が巨大なネットワークとして構築されつつある時代の中で，我々に本当に必要なことは，あるいはそうした意味での全体をイメージする力であるのかもしれない[19]。

【註および文献】

［1］西條剛央　2005　構造構成主義とは何か─次世代人間科学の原理　北大路書房
［2］［1］のp.21
［3］［1］のp.iii
［4］［1］のp.iv
［5］［1］のp.5
［6］［1］のp.2　傍点は引用者による。

［7］田畑　稔　2005　人間科学とは何か―その対象・方法・組織・課題をめぐる諸論点　滝内大三・田畑　稔（編）　人間科学の新展開　ミネルヴァ書房
［8］［1］のp.6
［9］［7］のp.12
［10］［7］のp.13
［11］たとえば，以下なども参照。
　　　長谷川幸一　2006　人間諸科学の形成と制度化――社会諸科学との比較研究　東信堂
［12］養老孟司　2005　人間科学　筑摩書房　p.14
［13］［1］のp.53
［14］［1］のp.20
［15］ここに述べた懐疑は，ひょっとすると『構造構成主義とは何か』において織り込みずみであるかもしれない。たとえば第10章第9節「構造構成主義とは何か？」には，構造構成主義が状況や文脈に応じて「理論」「メタ理論」「認識論」「原理」「方法」「科学論」「枠組み」「認識装置」「ツール」「グランドセオリー」「超認識論」（［1］のp.204）と場合によって言い換えられていることが述べられている。なるほど，そこでも論じられているように，これはさまざまな条件のもとで思考をする場合に，それぞれの状況から要請される多様性ではあるのだろう。だが，この自在な言い換えが可能であるのは，構造構成主義が，まずもって，筆者がここで考察したような，クリティカル・シンキングに通じる心得という大枠であるからとは考えられないだろうか。
［16］Descartes, R. 1996 *Regulae ad directionem ingenii*. (Oeuvres completes, tome X, VRIN)　野田又夫（訳）　1974　精神指導の規則　岩波文庫　p.11
［17］クロード・レヴィ＝ストロース　1993　二十世紀の出口で　中央公論，**6**，246-255.
　　　もはや詳細を検討する余地はないが，エドガール・モランが提起する，いかにして人間科学を総合的に把握するかという問題意識と主張についても（その成否は別として），ここでの議論を補足するうえで一考に値すると思われる。
　　　Edgar, M. 2001 *La Methode: 5 L'humanite de l'humanite*. Paris: Seuil.　大津真作（訳）　2006　方法5　人間の証明　叢書・ウルベルシタス840　法政大学出版局
［18］三中信宏　2006　系統樹思考の世界――すべてはツリーとともに　講談社現代新書1849　p.91
［19］以下を参照。

石田英敬（編）　2005　現代思想の地平　第15章　放送大学教育振興会 pp.271-275.

II-3 学習意欲を質的に捉える
——学習意欲を高める研究での継承例

田中 博晃

　近年，英語教育学研究における英語学習への意欲（動機づけ）[1]を扱った研究では，研究と学校での授業実践が密接に関連していることが期待されている。そのため，学習意欲の研究者は，高等学校や中学校で英語を教えている教師から「授業でどのように英語を教えれば，生徒の学習意欲を高められるのですか？」と質問を受けることが多々ある。しかし，英語教育学研究の分野で今まで行われてきた学習意欲の研究を見わたしても，この質問に対する明確な答えを得ることは難しい。

　これまでの英語教育学の分野で学習意欲を扱った研究は，(1) 学習意欲を構成する要素の探索や検証を行う研究[2]，(2) 学習意欲と学習方略，学習不安，学習成果との関連を扱う研究[3]，そして (3) 学習意欲の発達を取り上げた研究[4]，などが中心であった。これらの研究の大半は学習意欲の記述・分類に終始しているため，研究から得られた知見を実際の授業にどう応用するのか，という点を十分に議論しているとは言い難い[5]。つまり，これまでの学習意欲の研究は，教室でいかに学習者の学習意欲を高めるか，という問題を扱ってこなかったのである。学習者の学習意欲を高めることで，学習者の努力や継続的な学習[6]，また積極的な学習方略の使用[7]を促すことが可能になることから，いかに学習者の学習意欲を高めるかという問題は，教育現場において極めて重要な問題であり，この問題を扱った研究を進める必要がある[8]。

　よって本論では，教室で学習者の学習意欲を高める方法を考案することを目的とした研究例を提示する。特に，メタ理論として構造構成主義に依拠することで，従

来は対立的に捉えられることもあった量的研究と質的研究を認識論レベルから一元化し，研究目的に応じた研究方法として量的研究と質的研究を柔軟に選択できることを示す。

1 節
なぜ構造構成主義を使うのか

　調査や実験を行う時，何らかの研究目的があり，その目的に応じて，どのような形態のデータを，どのように収集し，どのように分析するのか，といった研究方法が検討される。その際，研究者自身が利用可能な研究方法をできるだけ多く選択オプションとしてもっていれば，研究目的に対して，より妥当な結果を導き出せる。ここでいう研究方法は，量的研究と質的研究[9]に大別できるが，研究という営みが健全に機能すれば，研究目的に応じて量的研究や質的研究を柔軟に選択したり，組み合わせたりすることで，対象に対するより適切な理解が可能になる[10]。

　一方，英語教育学研究では，量的研究と質的研究の関連に焦点を当てた論考自体が少ない。たとえ論じられたとしても，量的研究と質的研究が対立的に捉えられたり，あるいは量的研究の立場から質的研究が批判されることもある[11]。そのため，質的研究の肩身は狭く，研究目的に応じた量的研究と質的研究の選択が十分に機能しているとは言い難い。心理学の分野では，2002年に『質的心理学研究』という学術誌が創刊されるなど，質的研究が広がりを見せている一方，英語教育学研究では，量的研究と比較すると，質的研究を取り入れている研究例が少なく，学習意欲の研究に限定しても，その数は極めて少ない。

　質的研究に関する問題点を指摘する英語教育学研究の論考を参照すると，質的研究では研究者の主観がデータ分析に入り込むため，結果の客観性や信頼性が低いと述べている[12]。実際に質的研究を行った場合，「この研究は実証的ではない」，「この研究は客観性に欠けている」などの批判を受けることもある。これは，量的研究の"立場"から質的研究を議論しているといえよう。この"立場"とは，研究方法を決定する際に依拠する認識論とも言い換えられる。つまり，量的研究の背景には客観主義に代表されるモダニズムの認識論があり，その視点から，質的研究が批判されている。

　モダニズムでは，主観的なものとは完全に切り離された客観的な外部実在の存在を大前提とし，客観的な外部実在を写像する法則の追及を科学とする。そのため，研究者の主観や解釈を前面に押し出す質的研究は，外部実在を写像する際に主観が混在する不完全な方法と見なされてしまう。木下[13]によると，質的研究にコード者間の信頼性，統計学上の妥当性や信頼性を求めるのは，このモダニズムの認識論

を横滑り的に質的研究に持ち込んだことに由来する。

では，このような認識論上の相違から生じる質的研究への批判を回避し，信念対立なく量的研究と質的研究を両立可能な研究方法として担保するにはどうすればいいのか。それはメタ理論として，構造構成主義[14]を用いることである。

構造構成主義では，客観的外部実在を絶対視せず，現象に第一義を置く。ここでいう現象とは，「われわれに立ち現れるすべての経験」を意味する[15]。つまり，現象を扱うことで従来は客観的な事実とみなされてきた外部実在も，また従来は主観的な経験とみなされていた夢や幻想も，すべて我々の前に立ち現れる経験として一元化できる。構造構成主義では，この現象をより巧みにコード化する「構造」を「構成」する営みを科学と見なす。現象に第一義を置くため，外部実在の客観的写像を絶対視して，質的研究を排除することもなくなる。むしろ，構造構成主義を用いることで，研究目的に応じてより巧みに現象をコード化するためのより妥当な研究方法を，量的研究，質的研究，あるいはそれらの組み合わせというオプションの中から柔軟に選択できるようになる。

一方で，「現象を構造化するために，どのような研究アプローチをとってもよいというのは，何でもありの相対主義である」と批判を受けるかもしれない。この点に関して，構造構成主義では，関心相関性という中核原理を置くことで，何でもありの相対主義を回避できる[16]。関心相関性とは，「存在・意味・価値は主体の身体・欲望・関心と相関的に規定されるという原理」と定義され[17]，実際に研究を行う際に関心相関性を認識装置として用いることを，特に，関心相関的選択とよぶ。この関心相関的選択とは，関心相関性という原理を研究プロセスで用いる思考ツールにしたもので，これを研究プロセスに取り入れることで，研究者の問題意識や目的に応じて，理論やデータの形態，データの分析法などを戦略的に選択することが可能になる。つまり研究目的を選択の軸にすることで，何でもありの相対主義が回避可能になる。

このようなことから，構造構成主義をメタ理論として用いると，研究とは，「研究疑問を出発点とし，研究目的を設定し，その目的に応じて（相関的に）『方法』を選択し，分析，考察するといった一連の流れを通じて，研究者の研究疑問を解決すための構造を構成していく営み」となる[18]。

以上の議論から，構造構成主義を用いることで，質的研究と量的研究の背景にある認識論上の共約不可能性の問題を克服し，2つの研究方法を認識論レベルで一元化し，目的に応じて柔軟に選択できる枠組みができ上がった。次節では，ある学習者の学習意欲に関連する問題点を特定し，それを解決する方法を提案する研究例を紹介し，その研究の中で関心相関的選択の実践を示す。

●●● 2節 ●●●
学習意欲を質的に捉える

1．目的の設定

　本調査の調査協力者となる学習者は中学校1年生の少女Lである。彼女の英語の成績は非常によく，自分の英語力にも自信をもっている。バンデューラ（Bandura, A.）とシャンク（Suhunk, D. H.）[19]によると，Lのように自分の英語能力に対して自己効力感を有している学習者は，英語学習に対して好意的な態度を示し，内発的興味をもつ。しかし，彼女は授業中に友達と雑談をしたり，手紙を書いたり，ぼんやりしていることが多く，積極的に授業に取り組んでいるわけではない。Lの学習意欲はどのような状態で，どこに問題があり，どのようなはたらきかけを教師が行えば，Lは積極的に授業に参加するようになるのか。

　本調査では，以下の目的を設定する。
(1) Lの学習意欲を詳細に記述することで，学習意欲に関連する具体的な問題点を探索する。
(2) その問題点を改善する学習意欲を高める方法を探索する。

2．関心相関的選択による研究方法の決定

　研究の目的が設定できたので，関心相関的選択を用いて，目的と対応した形で，学習意欲理論[20]の扱い，データの形態と収集方法，そしてデータの分析方法を決定する。

　まず，研究の目的に合致した学習意欲の理論を選択する。ここでの目的は，調査協力者の学習意欲に関連する具体的な問題点の特定とその解決法の考案なので，この目的に合致した理論を選択する。ただし，現象を構造化する際，調査に先立って何らかの理論を選択し，その理論を視点として現象を構造化することも，あるいは事前の理論の選択を保留し，データから得られた豊かな情報を基に研究者の創造性を活用することで現象を記述した後に，理論的に裏づけを与えることも可能である。

　現象を捉える理論を事前に選択するということは，調査で扱う学習意欲の側面をあらかじめ限定し，その限定した側面に関して，調査を通してより深い知見を得ようとすることになる。そのためには，学習意欲に関連する問題点が具体的に絞り込まれている必要がある。しかし，現時点では，調査協力者の授業態度が消極的であること，および，調査協力者が成績優秀であることしか把握できていないため，著者は調査で扱う学習意欲を限定できる段階ではないと判断した。仮に調査に先立って現象を構造化するための理論を選択してしまうと，現象を多角的に捉えることが

できなくなってしまう可能性がある。そこで，ここでは現象を構造化するための理論の選択をいったん保留する戦略を取る。このように現象を構造化するための理論の扱いに柔軟性をもたせることも，関心相関的選択によって明示的に志向できるようになる。

次に，データの形態と収集方法の選択である。ここでの研究の目的を達するには，結果の具体性が重要になる。つまり，調査協力者の学習意欲に関連する問題点を具体的に捉え，かつ，教室に特化したリアリティの高い解決法を考案するためのデータが必要である。よって，データには情報のディテールが豊富に含まれていなければならない。また，現象を多角的に捉え，幅広い情報を収集しながら，同時に研究目的のうえで重要と判断できる情報があれば，それをさらに掘り下げることのできるデータの収集方法が必要である。

学習意欲の研究で最も一般的なのは，7件法や5件法の質問紙を用いて量的データを得る方法である。この方法は，比較的短時間で多くの調査協力者からデータを得られる点，統計手法を用いたデータ分析によって，変数間の関連性を数値という形式でコンパクトに記述できるという点から，学習意欲研究で多用されている。しかし，何らかの調査項目を事前に設定する7件法の質問紙では，初めから現象を捉える視点を固定しておく必要があり，また，現象を多角的に捉えながら，重要と判断した情報を掘り下げるには，複数回の調査が必要になる。ここでの研究目的上，結果のコンパクトさよりも，情報のディテールの豊富さが重要視される。このことから，ここでの研究目的に対しては，量的データよりは質的データがより適切である。

質的データを収集するには，事前に調査項目を設定しない自由記述形式の質問紙調査という方法がある。しかし，この方法は質問紙調査であるため，調査を実施する中で研究目的の上で重要と判断した情報を掘り下げるには，7件法の質問紙と同様に，複数回の調査を実施する必要がある。そこで，著者がより積極的に調査協力者と情報のやり取りを行うことができるという点から，面接調査をデータ収集の方法として選択する。さらに面接方法には，構造化面接，半構造化面接，非構造化面接などがあるが，ここでは研究者がデータの収集に関して主体的に，かつ，臨機応変に対応できるデータ収集の方法が適しているので，半構造化面接を採用する[21]。この半構造化面接によって，対象者と研究者の対話を通して，学習意欲に関する問題点を，暫定的に構成しながら，徐々に科学性を進化させていく[22]。

このように，メタ理論として構造構成主義を用いて，関心相関的選択を行うことで，従来の学習意欲の研究では，半ば絶対視されている傾向があった質問紙調査による量的データの収集が，研究目的を達するための1つの選択肢にすぎないとわかる。

最後に，面接から得られた質的データの分析方法を選択する。データが質的であっても，それを数量化した量的分析も，また解釈による質的分析も可能である。量的分析であれば，事前に何らかの分類カテゴリーを設定し，データをいくつかのアイデア・ユニットなどに細分化したうえで，記述をカテゴリーに分類し，記述の出現頻度を算出するという方法がある。しかし，ここでの研究目的に鑑みると，現象を数値という形で構造化するよりは，情報のディテールが豊富な日常言語という形式で構造化する方がより妥当であろう。つまり，データから詳細な情報を収集したいので，研究者のもつ関心に応じて質的データの豊かな情報を活かすことが可能な質的分析を行う。

質的分析法にも多様な種類があるが，本論のように研究者の関心に基づいた創造性を活用することで，データから何らかの知見を得ようとする場合，グラウンデッド・セオリー・アプローチ[23]やKJ法[24]といった方法が有用である。この2者は極めて類似しているが，ここでは解釈における創造性を"発想法"という概念で強調している[25]KJ法を用いる。

以上のような関心相関的選択によって，研究目的を常に意識し，それを中心にして，多様な選択肢の中から研究目的に最も適した方法を決定することが可能になった。

3．データ

調査協力者は中学校1年生の少女Lである。2003年1月に60分程度の半構造化面接を行った[26]。面接は著者（以下，抜粋中ではⅠと表記）と調査協力者の2名で行い，インタビューはすべて録音した。著者は単に質問をするだけでなく，場合によって調査協力者の答えに対して自分の意見を述べたり，話題に関連した自分の体験を語ることで，調査協力者から可能な限り多様な情報を引き出す試みを行った。

録音された言語データをテクスト化し，KJ法を用いて解釈した。具体的な手順としては，紙きれ作り，グループ編成，A型図解化[27]，B型文章化[28]を1つのラウンドとし，情報が十分に濃縮化できたと判断可能な段階まで，このラウンドを繰り返す累積的KJ法を行った[29]（最終的なA型図解は図Ⅱ-3-1参照のこと[30]）。

4．KJ法による検討

[問題点の焦点化]　まず，Lの学習意欲に関連する漠然とした問題点を焦点化する。まず〔抜粋1〕によると，Lは英語学習自体が好きでも嫌いでもなく，授業科目の1つとして英語を勉強することに『嫌』[31]だと感じている。Lは，学校の英語の授業を『一応，聞いてる』が，授業中に『手紙』を書いたり，友達と雑談するなど，集中力に欠けている。定期テスト前でも，前日に単語を覚える程度の取り組みである。それでもLはテストで高得点を取っており，成績は5段階評定の5である。こ

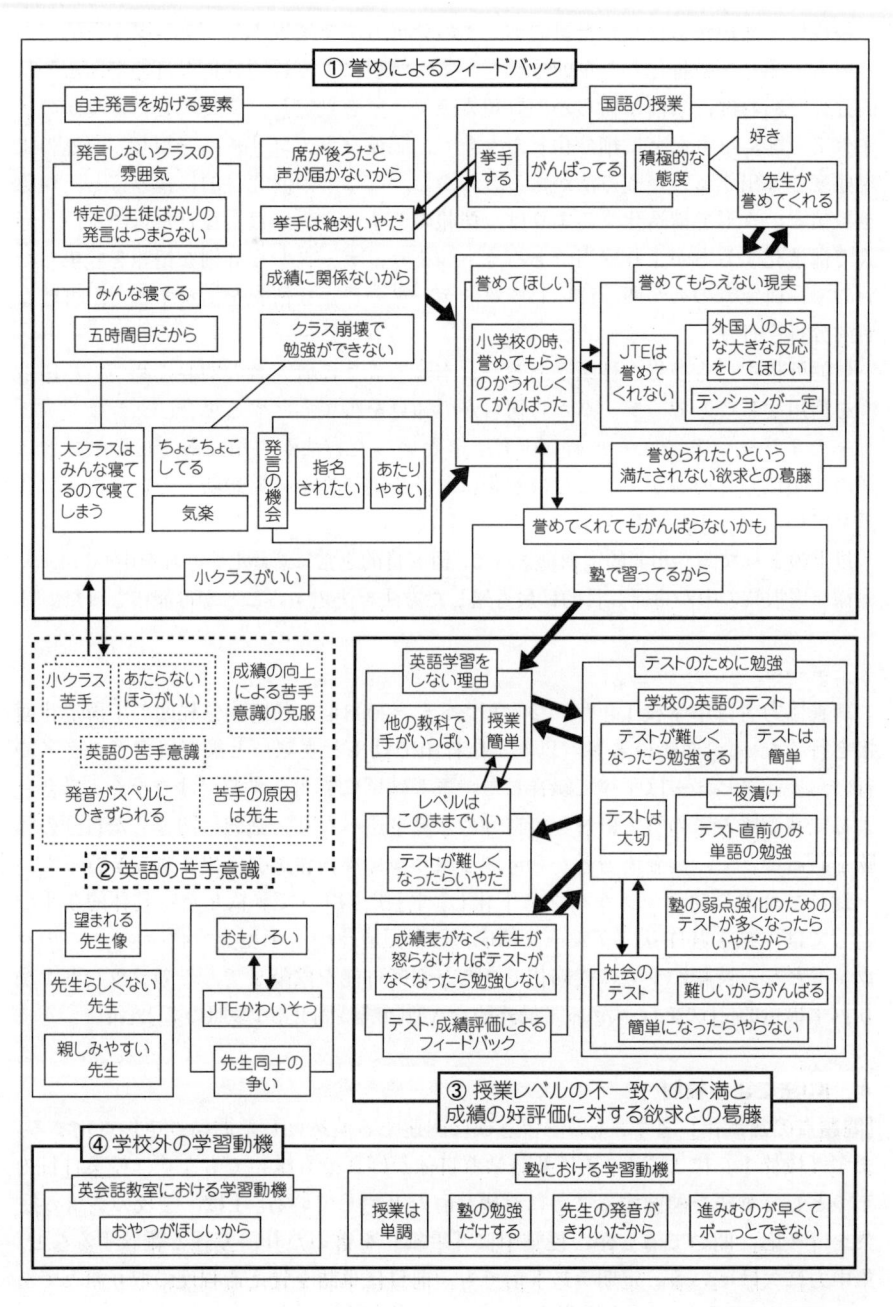

図Ⅱ-3-1　KJ法によるA型図解

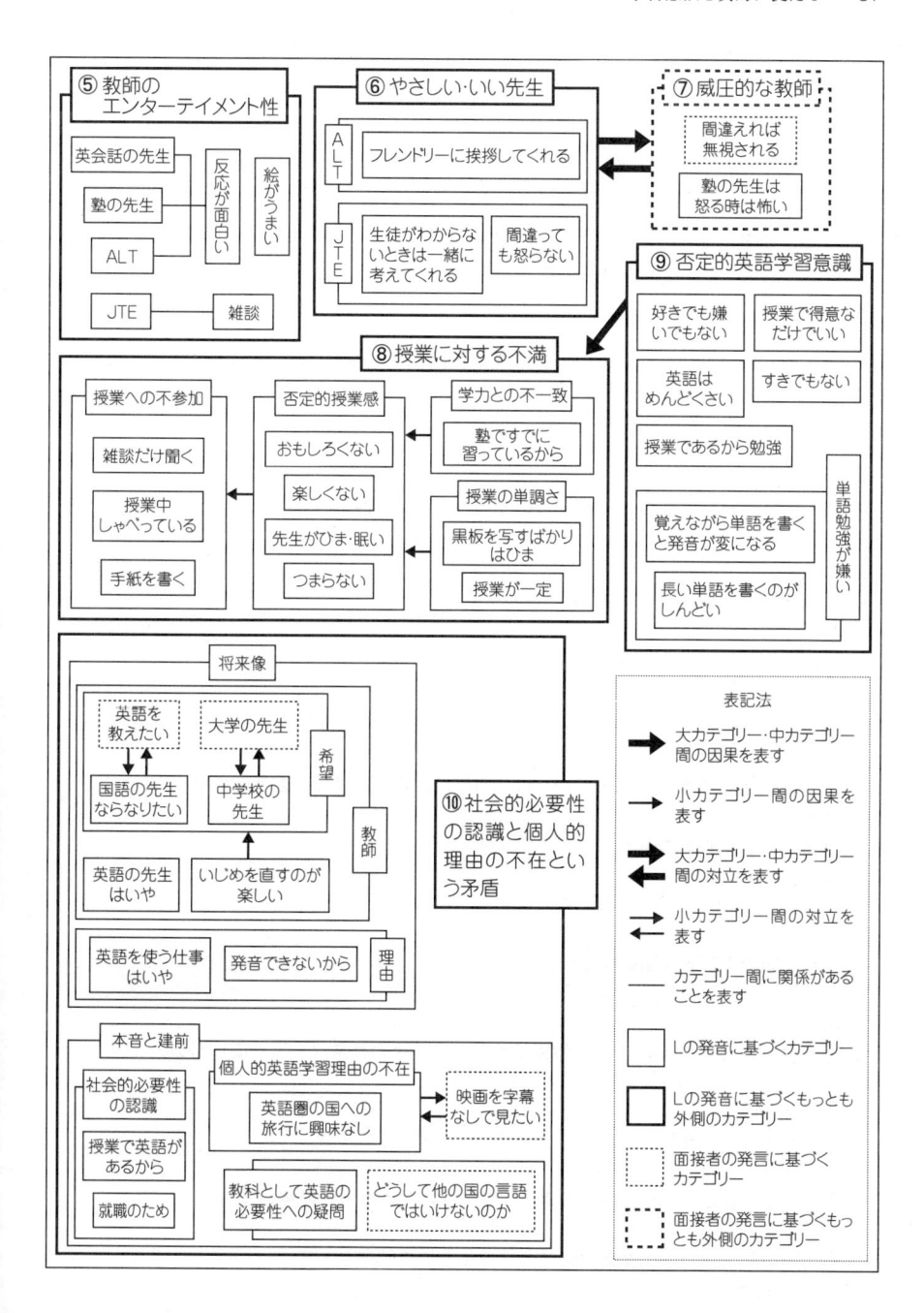

II-3 学習意欲を質的に捉える　87

⑤ 教師のエンターテイメント性
- 英会話の先生
- 塾の先生
- ALT
- JTE
- 反応が面白い
- 絵がうまい
- 雑談

⑥ やさしい・いい先生
- ALT: フレンドリーに挨拶してくれる
- JTE: 生徒がわからないときは一緒に考えてくれる／間違っても怒らない

⑦ 威圧的な教師
- 間違えれば無視される
- 塾の先生は怒る時は怖い

⑧ 授業に対する不満
- 授業への不参加
  - 雑談だけ聞く
  - 授業中しゃべっている
  - 手紙を書く
- 否定的授業感
  - おもしろくない
  - 楽しくない
  - 先生がひま・眠い
  - つまらない
- 学力との不一致
  - 塾ですでに習っているから
- 授業の単調さ
  - 黒板を写すばかりはひま
  - 授業が一定

⑨ 否定的英語学習意識
- 好きでも嫌いでもない
- 授業で得意なだけでいい
- 英語はめんどくさい
- すきでもない
- 授業であるから勉強
- 単語勉強が嫌い
  - 覚えながら単語を書くと発音が変になる
  - 長い単語を書くのがしんどい

⑩ 社会的必要性の認識と個人的理由の不在という矛盾

将来像
- 希望
  - 英語を教えたい
  - 大学の先生
  - 国語の先生ならなりたい
  - 中学校の先生
- 教師
  - 英語の先生はいや
  - いじめを直すのが楽しい
- 理由
  - 英語を使う仕事はいや
  - 発音できないから

本音と建前
- 社会的必要性の認識
  - 授業で英語があるから
  - 就職のため
- 個人的英語学習理由の不在
  - 英語圏の国への旅行に興味なし
  - 映画を字幕なしで見たい
  - 教科として英語の必要性への疑問
  - どうして他の国の言語ではいけないのか

表記法
- →　大カテゴリー・中カテゴリー間の因果を表す
- →　小カテゴリー間の因果を表す
- ⇔　大カテゴリー・中カテゴリー間の対立を表す
- ←　小カテゴリー間の対立を表す
- ─　カテゴリー間に関係があることを表す
- □　Lの発音に基づくカテゴリー
- □　Lの発音に基づくもっとも外側のカテゴリー
- ┆　面接者の発言に基づくカテゴリー
- ┆　面接者の発言に基づくもっとも外側のカテゴリー

れは，〔抜粋2〕に見られるように，Lはテストの難しさに応じて自分の学習量を調節しているからである。つまり，〔抜粋2〕から，Lは英語のテストは簡単で勉強をしなくていいと考えている。その一方で，Lはテストの難しい社会を『とにかく勉強』しなければいけない教科と考えている。

―〔抜粋1〕―
L：（選択授業では）絶対英語は選びたくないて思う。
I：あーそんな，そこまで嫌いなんや。
L：うん。
I：へー。
L：別に嫌いじゃないけど。でも，今やってる9教科中では一番，嫌。（中略）
L：あっでも。理科のほうが嫌いやけど。
I：あっ理科のほうが嫌いなんや。
L：（理科は嫌い）やけど，英語は一，別に嫌いでないし好きでないし，あんま何もおもわへんから，嫌。
I：あー。特に好きでもなんでも，ないから，逆にようさん（勉強を）やらなあかんから，嫌ってこと？
L：うん。

―〔抜粋2〕―
L：絶対（テスト勉強を）やらなあかんのは社会。
I：なるほど。
L：社会は，テストの点というより，なんか先生がいきなり作文系の問題を出すから。
I：はいはい。
L：この図を見てわかることを，いっぱい書き，出来るだけ多く書きなさい。
I：うん。
L：それの問題の点数が高くて。
I：うん。
L：だから，んー，結構がんばらんとあかん，社会は。
I：あー，なるほど。
I：で，英語のテストは簡単なんや。
L：うん。
I：あー。
L：英語はほんとに，あのー，教科書に出たものがそのまま（テストに）出る。
I：あー。
L：だから簡単。
I：テストのこう，難しさに分けて，勉強の量を変えてるんや。
L：うんうん。
I：あー，なるほどね。社会（のテスト）が一番大変だから，勉強して。
L：そう。
I：英語（のテスト）は，まあ簡単やから，そんなに勉強せんで。
L：うん，そう。

そこで著者はテストの難易度がLの学習意欲を捉える上でのキーワードになると考え，もし英語のテストが難しくなった場合，今まで以上に勉強をするかどうかを尋ねた（〔抜粋3〕参照）。するとLは，『英語ばっかり』勉強すると答えた。同様に，社会のテストが簡単になった場合は，社会を勉強しないと答えた。

このことから，Lの学習意欲には定期テストで高得点を取ることが深く関わっていると考えられる。これを裏づけるのが，塾での英語学習である。別の文脈で，Lは，塾では毎回復習テストがあるため『しっかり復習』する必要があると述べ，『塾の勉強はするけど，学校の勉強はしない』と発言している（大カテゴリー③の中のカテゴリー「テストのために勉強」を参照）。

〔抜粋3〕
I：じゃぁもし，来年，先生が変わるやんか。で，英語のテストがめっちゃ難しくなったとするやん。
L：うん。
I：ほんならどうする？勉強する？
L：うん，勉強する。
I：勉強する。
L：うん。英語ばっかりやると思う。
I：英語ばっかり（笑）。逆にじゃぁ，今一番やってる社会が，めっちゃ簡単になったら。
L：あー，（テスト勉強を）やらへん。
I：やらへんねや（笑）。
L：（笑）。
I：なるほどな。

以上のことから，Lの英語学習への意欲はテストの難易度によって決定されており，典型的な外発的動機づけ状態といえる。テストによって外発的に動機づけられている学習者は，テストがなくなると学習を行わなくなってしまう。中学生のLには必ずテストを受ける機会があるが，そのテストがLにとって難しくないため，Lは必死に勉強せず，授業参加にも消極的だと考えられる。以上の解釈から，本調査で扱う問題点を，Lはテストのためだけに勉強し，普段の授業には積極的に参加せず，自主的に英語学習に取り組まない，という点に焦点化することにする。

では，このようなテストで点を取るためだけに英語学習をするLを英語授業に積極的に参加させるには，教師はどのようなはたらきかけを行えばよいのか。最も単純な方法は，テストの難易度を上げることであるが，これではLの外発的動機づけを刺激するだけで，Lの自律的学習を促すことができず，根本的な問題の解決にはならない。それに加えて，Lだけのためにテストの難易度を上げることも，授業実践の上では現実的ではない。

よって，以降では，テストがなくともLに積極的に授業に参加させ，自主的に英

語学習に取り組ませる方法を探索する。

[意欲を高める要因の検討] これまでの解釈から，Lの学習意欲に関連する問題点を，Lはテストのためだけに勉強し，普段の授業には積極的に参加せず，自主的に英語学習に取り組まない，という点に絞り込んだ。次に，このような問題点を改善する方法を検討する。つまり，Lに学校での英語授業に積極的に，そして自主的に取り組むようにはたらきかける方法を探索する。

〔抜粋4〕と〔抜粋5〕から，Lの学習意欲に関わる重要な要因が読み取れる。まず〔抜粋4〕の「（先生に）当てられんのが好き」という発言から，Lは先生からの指名を望んでいることがわかる。Lの「（少人数クラスでは）当りやすくなるから，むっちゃ頑張る」という発言から，教師に指名されることとLが授業に積極的に参加しようとする気持ちが密接に関係していることがわかる。

―――――――――――――――――――――〔抜粋4〕―
L：英語もー，数学みたいに半分の人に分けて，やってほしい。
I：あっ，はいはい。えっ，その理由は？
L：その方がー，なんか気楽やし。
I：うんうん。
L：少ないから。だから人数が少ないと，なんか当りやすくなるから。
I：あー，はいはい。
L：むっちゃ頑張る。
I：あーはいはい。あっじゃあ，当ててほしいんや？
L：うん。
I：はいはい。
L：（先生に）当てられんのが好き。

Lが指名されることを望んでいる理由は，〔抜粋5〕でのLの『誉められるのがすごい嬉しい』という発言に示されている。ここから，教師の発問に対してLが正解した時，教師から得られる誉め言葉をLが非常に好んでいることがわかる。別の文脈でも，Lは英語科担当の教師への要望として，正解したらもっと誉めてほしいと発言している。つまり，Lの英語学習に対する意欲には，誉められることが大きく関わっている可能性がある。

―――――――――――――――――――――〔抜粋5〕―
I：（英語の授業が）おもしろくないと言ったけど，どういう所を，その先生が変えてくれたらおもしろくなると思う？
L：もっと，（答えが）あってたら誉めてくれたらいい。
I：あーはいはい。
L：誉められるのがすごい嬉しいから。
I：うんうん。

```
L：国語の先生はいっぱい誉めてくれるから。
I：おおー。
L：なんかめっちゃたの，明るい感じやけど。
I：はいはい。
L：（英語の）先生はあんま誉めへん。
```

　このような誉めがLの学習意欲に影響を与えていることは，国語の授業と英語の授業を対比した〔抜粋5〕で，Lが国語の先生は『いっぱい誉めてくれる』から授業が『明るい感じ』だと述べている部分で裏づけられている。Lは他の文脈において，積極的に国語の授業に参加していると発言しており，誉めによってLは積極的に発言しようという気持ちになり，挙手をしてでも発言しようとしていると考えられる。

　以上のことから，著者は面接の中で，誉めというフィードバックによってLの授業参加を促すことができるのではないか，と考えた（KJ図の大カテゴリー①を参照）。そこで著者はLに英語の先生が『誉めてくれたら，頑張る？』と質問した。しかし，それに対するLの答えから，著者の考えは否定された。〔抜粋6〕によると，Lは学校で習う内容は塾ですでに学習している。そのため，たとえ英語の先生が誉めてくれたとしても，学校の授業を必死に聞くという気持ちがあまりないと発言している（KJ図の大カテゴリー⑧参照）。

〔抜粋6〕
```
I：ふーん。ほんなら，その先生がすごい「すごい」とか言って誉めてくれたら。
L：うん。
I：頑張る？
L：あっでも（笑）。
I：あれ？
L：なんやろ。
I：（笑）。
L：なんか塾で，英語（の勉強を）やってるから。
I：あー。
L：あかんねん。もう（学校で習う内容を塾で）やっちゃってるから。
I：あー，そうかそうか。
L：うん。もし塾行ってなかったら，すごい必死に勉強してると思う。
```

　このLの発言を踏まえて，次に著者は，授業レベルが学習意欲上昇の鍵だと考え，Lに授業レベルの引き上げに関して質問した。しかし，それに対してもLは否定的である。〔抜粋7〕によると，授業の内容が難しくなると，テストで『あまり点が取れなく』なるため，Lは授業レベルを上げることには否定的なようだ（KJ図の大

カテゴリー③を参照)。

〔抜粋7〕

I：うんうん。もっとこう，授業を難しくしたら。
L：うんうん。
I：簡単過ぎるのか。
L：うん。
I：先生に。
L：（笑）。
I：（授業が簡単だから，難しくしてくださいと）言っとかなあかんな。
L：うん（笑）でもそんなん言って，（授業が）難しくなったら，嫌や。
I：えっそうなん？
L：だって，難しくなって，テストであんま点とれんかったら（嫌や）。

〔抜粋8〕で，面接者が，もしテストがなくなったら勉強するか，と質問したところ，Lは『成績表につく』かどうかを気にした後，成績表に関係がないと知った時『じゃあ（勉強しなくても）いい』と答えた。しかし，その直後にLは自分の答えに対して迷いを見せる。その理由は先生が『怒る』かどうかである。つまり，Lは学校のテストや評価がなくとも，先生の反応を気にしていることがわかる。このことから，テストの得点よりもむしろ，誉められることや，怒られることなど，教師の反応がLにとって重要だと考えられる。

〔抜粋8〕

I：もしもやけど，学校の授業はあると。
L：うんうんうん
I：でも，テストがなくなった。
L：う，うん。
I：どうする？
L：成績表，につく？
I：ん，つかない。授業はあるけど成績表はない。
L：あっ，じゃあいい。
I：やらないんや？
L：うん。
I：あー，なるほど。そかそか。
L：あっ，でも，やる，うーん，かもしれん。
I：やるかも？
L：うーん。先生はおこらへん？
I：おこらへん。
L：じゃあやらへん。

以上の内容から，Lは教師から誉めというフィードバックを得ることを望んでいるが，それを授業中に十分に得られない現状があることがわかる。その背景として，第1に，クラスの雰囲気があげられる。Lが誉めというフィードバックを得るには，授業中に発言する必要があるが，Lのクラスでは英語の授業中に立ち歩く生徒がおり，『授業になっていない』ことがあり，またクラスには『発言しない雰囲気』がある。そのようなクラスの雰囲気の中，Lは自主的に発言できず，誉めというフィードバックを得られないのだろう。

第2に，Lの担当である英語教師の誉めはLにとって十分な程度ではないことがあげられる。たとえ指名によってLが発言をしたとしても，その教師の誉めはLにとっては不十分と感じるレベルである（KJ図の大カテゴリー①と③を参照）。そこでLは誉めというフィードバックへの欲求を，テストで高得点を取るという形で代替的に得ようとしていると考えられる。そのため，Lは授業レベルに不満をもっているものの，〔抜粋5〕にあるように，授業やテストが難しくなることに否定的だと考えられる。

よって，以上をまとめると，Lの英語の学習意欲に関連する問題点の背景は以下の2点にまとめられる。

(1) Lは教師に誉めてもらいたいのに，クラスの雰囲気に妨げられている。
(2) 授業レベルは簡単すぎて興味がわかないが，その一方で良い成績を修めることによって得られる肯定的なフィードバックを失いたくないという葛藤がある。

本調査で検討の対象となっている問題点（Lはテストのためだけに勉強し，普段の授業には積極的に参加せず，自主的に英語学習に取り組まない）は，2点目に示されたように，誉めというフィードバックをテストの得点という形式で代替的に得る手段であったと解釈すると，Lの学習意欲の根本問題は，1点目にあると判断できる。よって，Lが積極的に授業に参加し，自主的に英語学習に取り組ませるには，誉めというフィードバックの付与と，クラスの雰囲気の改善の2点が考えられる。

5．動機づけ理論による裏づけ

[自己決定理論によるLの学習意欲の説明] 半構造化面接の中での調査協力者とのやり取りから，学習意欲に関連する問題点とその解決策が見いだされた。その際に，分析に先立って現象を説明する視点となる理論の選択を戦略的に保留したことで，調査協力者の学習意欲の問題点を多角的に捉えることができた。次に，これらの解釈による分析結果に，理論的な裏づけを与える。まずLの学習意欲は，本節4で述べたように，外発的動機づけ状態にある。ここでは，外発的動機づけ状態をより詳細に捉えるために，自己決定の度合いに応じて外発的動機づけを細分化している「自己決定理論」（Self-determination theory）[32] を用いる。

```
|無動機|外的調整|取り入れ調整|同一視調整|内発的動機づけ|
```
低自己決定 →　　　　　　　　　　　　　　　　　　　高自己決定

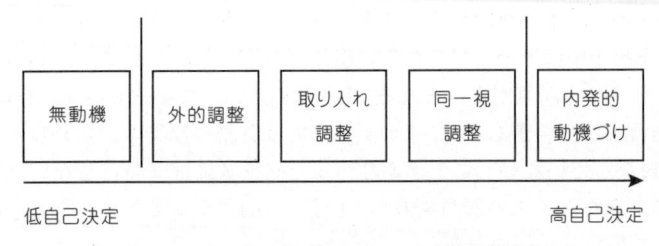

図Ⅱ-3-2　自己決定理論による連続体構造

　自己決定理論とは，人間の動機づけの根源に焦点を当てた動機づけ理論であり，人間が生得的に持っている成長への性向や生理的，心理的欲求が，まわりの社会文化的要因とどのように相互作用しながら発達，あるいは衰退するのかといった問題を取り扱う[33]。この自己決定理論では，外発的動機づけを，「外的調整」（external regulation），「取り入れ調整」（introjected regulation），「同一視調整」（identified regulation）に細分化している。図Ⅱ-3-2のように，自己決定理論では，これらの外発的動機づけに加えて，「無動機」（amotivation）と内発的動機づけが自己決定の度合いに応じて連続体を構成していると捉える。つまり，学習者が最も自己決定して英語学習に取り組む状態が内発的動機づけ状態である。それとは対極に，まったく自己決定していない無気力状態が無動機状態である。そして，この2つの中間にあるのが外発的動機づけである。外発的動機づけの中でも最も自己決定の度合いが低いのが外的調整である。これは他者によってもたらされる何らかの即時的な結果を得るため，あるいは避けるために学習する状態である。外的調整状態にある学習者は，英語を学習する価値を自分なりに納得しているというよりは，外部から学習をさせられていると感じている。外的調整の次に自己決定の度合いが強いのが，取り入れ調整である。これは英語学習の価値を認め，自分自身の価値観として受け入れつつあるものの，まだ勉強しなくてはいけないと感じている状態である。次に自己決定の度合いが強いのが，同一視調整である。同一視調整状態にある学習者は，英語学習の価値を自分自身のもつ価値観と同一視し，自分なりの価値を見いだして学習に取り組む。

　以上を踏まえて，Lの外発的動機づけ状態が，外的調整，取り入れ調整，同一視調整のどの段階にあるのかを検討する。その際に重要なヒントになるのが，Lの『なんで英語なんて（学校の教科の中に）あるんやろって思う』という発言である。これは，英語学習の重要性を自分なりに納得できていない段階であり，価値を自分の中に取り入れたり，自分の価値観と同一視している状態ではない。さらに，Lはテストで高得点を取るために勉強している，あるいは，先生に誉められたいから授業に取り組む，というように，他者からもたらされる何らかの結果のために，英語

学習に取り組んでおり，極めて自己決定の度合いが低い。このことから，Lは，外発的動機づけの中でも外的調整に相当する学習意欲の状態にあると考えられる。

[**自己決定理論による学習意欲を高める方法の裏づけ**] 以上のように，自己決定理論によってLの学習意欲の状態を説明することができた。この自己決定理論を現象説明の理論として選択した理由として，先ほどは，Lの外発的動機づけ状態のより詳細な把握をあげた。著者がここで自己決定理論を用いたもう1つの理由は，自己決定理論は学習者の自己決定した学習行動を促す要因を明確に提示している点である。つまり，自己決定理論は学習者が自律的に学習に取り組むための学習意欲を高める要因を示している。

学習意欲を高める第1の要因が「自律性の欲求」(the needs for autonomy) の充足である。これは，自身の行動がより自己決定的であり，自己責任をもちたいという欲求である。学習意欲を高める第2の要因が「有能性の欲求」(the needs for competence) の充足で，これは行動をやり遂げる自信や自己の能力を顕示する機会をもちたいという欲求をさす。学習意欲を高める第3の要因が「関係性の欲求」(the needs for relatedness) の充足で，これは周りの人や社会と密接な関係をもち，他者と友好的な連帯感をもちたいという欲求である。自己決定理論では，これら3欲求が満たされた結果，人は内発的に動機づけられ，学習課題に対して自ら積極的に取り組み，自律的学習を行うようになる，としている。

次に，Lの学習意欲を高める方法の裏づけを行う。つまり，Lの学習意欲を高める方法として，本章での調査の結果から，誉めというフィードバックの付与と，クラスの雰囲気の改善という2点の方法を提示したので，この2つの方法を自己決定理論によって裏づける。

まず，誉めというフィードバックの付与に関しては，自己決定理論の有能性の欲求と関連する。有能性の欲求を満たすには，学習者のつまずきに対して，タイミング良くヒントを与えることや，タスクの難易度を適切に調整することなど，学習者が自らの学習成果に満足し，学習がうまく進んでいると感じることができるように工夫することがあげられる[37]。あるいは，有能性に影響を与える教師のはたらきかけとして，肯定的なフィードバックの付与がある[35]。これは，教師が学習者の学習成果に対して，誉めという肯定的なフィードバックを与えることで，学習者に「やればできる」という気持ちをもたせ，有能性の欲求を刺激するのである。Lは自分の英語力に自信をもっているが，その英語力を誉めという形で評価してもらうことで，さらに有能感を獲得すると考えられる。

次に，クラスの雰囲気は自己決定理論の関係性の欲求と関連する。関係性の欲求で扱う人間関係を教室場面に置き換えると，教師や生徒同士がともに協力的に学習に取り組めるような教室の雰囲気となる[36]。学級の雰囲気は授業運営や学習意欲

に大きな影響を与えるが[37]，Lのクラスは，授業中に歩き回る学習者がいるなど，勉強ができる雰囲気ではない。しかしクラスの雰囲気を突然変化させることは容易ではない。特に中学校では教科担当教師とクラスの担任教師が同じではないので，週に3回しかそのクラスに関わりをもたない英語教師が，突然クラス全体を学び合う雰囲気に変えることは難しい。そこで，まずはペア活動を積極的に取り入れ，まずは小さな集団レベルから学ぶ雰囲気を作る方法が考えられる。そして，次第にペア活動からグループ活動に移行し，学ぶ雰囲気を徐々にクラス全体に波及させていく方法が改善策として考えられる。

Lの教師に譽めてもらいたいのに，クラスの雰囲気に妨げられている状態は，有能性と関係性が相互作用を起こしながら学習意欲に影響を与えている状態である。そのため，どちらか一方に重点的なはたらきかけを行うのではなく，譽めというフィードバックによる有能性の欲求の刺激と，ペア活動やグループ活動を積極的に取り入れた関係性の欲求の刺激をバランスよく両立させる必要性が指摘されよう。

ただし，学習者の自律的学習を促すには，有能性と関係性に自律性の欲求を加えた3欲求を総合的に充足する必要があると，自己決定理論は指摘している。授業の中で学習者に自律的学習の機会を与えるには，その前提として，クラスに学び合う雰囲気が必要であるので[38]，自律性の欲求の充足よりは，Lの関係性の欲求を満たすようなクラスの雰囲気作りが優先されよう。

このように，研究目的に応じた柔軟な理論選択を明示的に志向できるようになることも関心相関的選択の効能である。学習意欲を扱う理論は多様で，日々新しい理論やモデルが生まれたり，修正されたりしている。その中で，自己決定理論は必ずしも新しい理論ではないが，新しい理論であるからといって，それが現象を研究目的に合致した形で構造化できる理論とは限らない。大切なのは研究目的に合致した理論を，関心相関的に選択することである。

6．結果のまとめ

本章では，教室における学習意欲の問題点を解決する方法を扱った研究例を提示した。その際，メタ理論として構造構成主義を用いて量的研究と質的研究が抱えていた対立関係を認識論レベルから解消した。そのうえで，研究目的を軸にした関心相関的選択を行うことによって，教室における学習意欲の問題点の特定とその解決策の考案という目的に応じて，理論，データ収集の方法とデータの形態，データの分析手法を，量的と質的な観点から決定した。

調査の結果，調査協力者であるLはテストのためだけに勉強し，普段の授業には積極的に参加せず，自主的に英語学習に取り組まない，という問題点が明らかになった。その背景には，第1に，教師に譽めてもらいたいのに，クラスの雰囲気に妨

げられていること，第2に，授業レベルは簡単すぎて興味がわかないが，その一方でよい成績を修めることよって得られる肯定的なフィードバックを失いたくないという葛藤があること，が示された。特に第1点目が根本問題であると判断し，その解決方法として，誉めというフィードバックの付与と，クラスの雰囲気の改善の2点を提示した。最後に，その結果を自己決定理論の有能性の欲求と関係性の欲求の充足という観点から裏づけを行った。

　従来までの英語教育学の分野における学習意欲研究では，量的研究を絶対視する風潮が存在し，質的研究の数は極めて少なかった。しかし，構造構成主義をメタ理論として採用することで，目的を明確に意識した研究方法の選択が可能になり，質的研究を用いて学習意欲を高める方法を考案するという研究が認識論レベルから担保された。研究の目的を明確に意識することで，「学習意欲の研究だから，量的研究を取り入れなければならない」，「学習意欲の研究だから，因子分析と重回帰分析を行わなければならない」，といった前提にもとらわれることがなくなる理路が開かれる。

　最後に，次節で学習意欲を高める研究における質的研究の有用性について，量的研究との比較の観点から述べる。

3 節
質的研究の可能性

　今までの英語教育学の分野での学習意欲に関する研究は量的データを収集し，統計手法によって分析するという量的研究が大半を占めていた。その例として，近年英語教育学の分野で用いられることが多くなった構造方程式モデリングを用いた量的研究を紹介しよう。これは，学習者の内発的動機づけを高める方法を考案するため，学習意欲を高める要因（自律性，有能性，関係性）と学習意欲（ここでは，英語学習への内発的動機づけ）の因果関係を検証している。これらの因果関係を検討することで，内発的動機づけに最も大きな影響を与えている要因を特定し，それに基づいて意欲を高める方法の考案を目的とする。本節では，構造方程式モデリングを使った量的研究と質的研究を比較することで，学習意欲を高める研究での質的研究の可能性について展望してみたい。

　調査協力者は大学生113名で，7件法による質問紙調査を行った。内発的動機づけの測定には，Academic Motivation Scaleを参考に，5項目で測定を行った（$a = .91$）。同様に，Basic Psychological Needs Scale を参考にした3欲求を測定する尺度を作成し，自律性（$a = .82$），有能性（$a = .89$），関係性（$a = .86$）の測定をそれぞれ4項目で行った。検証的因子分析によって，内発的動機づけ尺度（$\chi^2 =$

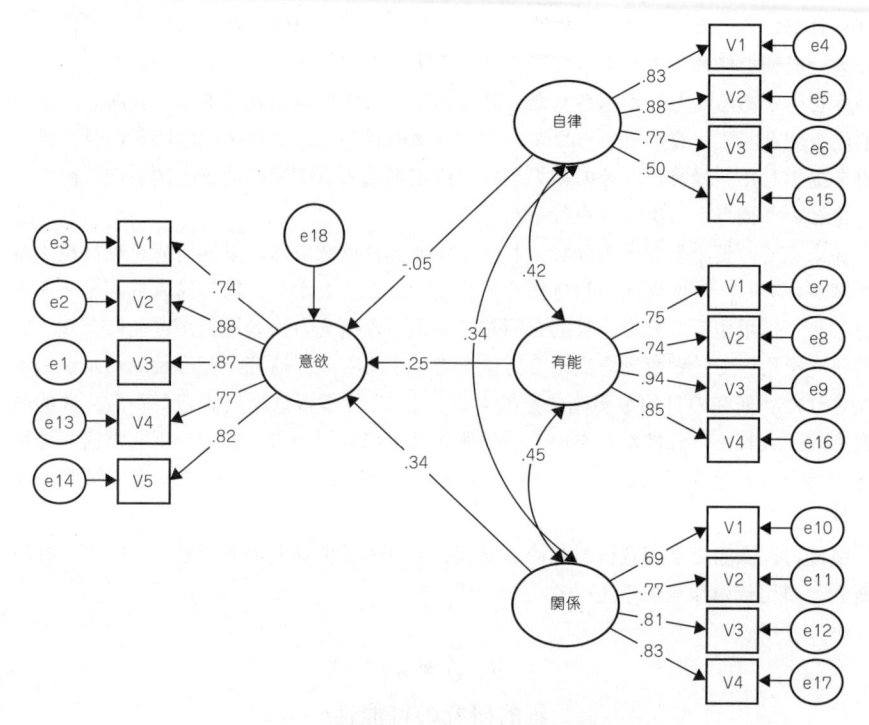

図Ⅱ-3-3　構造方程式のモデリングの結果

21.207, $df=5$, CFI = .956, IFI = .933, GFI = .924) と 3 欲求の尺度（$\chi^2 = 101.496$, $df = 51$, CFI = .931, IFI = .957, GFI = .879) の妥当性の確認を事前に行った。

　Amos 4.0による構造方程式モデリングを用いた因果分析の結果を，図Ⅱ-3-3に示している（$\chi^2 = 207.238$, $df = 113$, CFI = .918, IFI = .920, GFI = .840)。3 欲求から学習意欲へのパス係数（この図では，標準化変数を提示）を検討したところ，有能性（.25）と関係性（.34）が学習意欲に有意な影響を与えており，自律性（-.05）の影響は有意ではなかった。この結果から，この調査協力者の学習意欲を高めるには，有能性や関係性の欲求を刺激するはたらきかけが効果的である可能性が示された，と解釈できる。

　このような量的研究は，（質問紙調査という形で）数多くの調査協力者から比較的容易にデータを収集できる。また分析結果を数値という形で非常にコンパクト化して提示できる。特に，構造方程式モデリングであれば，自律性や有能性といった抽象概念を潜在変数として扱い，変数間の因果関係を推定できる。

　一方で，構造方程式モデリングを用いた量的研究は，教育現場で問題解決を行う

場合に不可欠な，解決方法の具体性が十分に高くない。つまり有能性と関係性を高めるはたらきかけといっても，具体的にどのようなはたらきかけを授業の中で行えばいいのかは，この分析からはわからない。たとえば，有能性の欲求を満たすはたらきかけといっても，誉めなどの肯定的フィードバックや，学習者のつまずきに対するヒントの提示のタイミングなど，多様な方法が考えられる。より具体的な方法を考案するには，さらなる調査が必要である。

　一方，本章で行った質的研究であれば，有能性の欲求を刺激するには，誉めによるフィードバックが有効であること，関係性の欲求を刺激するには，クラスに学び合う雰囲気を作ること，といったより具体的な意欲を高める方法が提示できた。このようなことから，教室で学習意欲を高める方法を考案する際は，具体性という観点からは，質的研究の方がより有効であると考えられる。

　ただし，ここで主張していることは，量的研究より質的研究の方が，どの点においても優れているということではない。あくまで，教室で学習意欲を高める方法を考案するという目的において，結果の具体性という観点からは質的研究の方が有利であるということだ。量的研究にも，質的研究にも，両方の利点があり，それらを研究目的に応じて柔軟に選択し，そして，より適切な結果が得られるように戦略的に選択することが重要である。

　また，研究目的によっては，量的研究と質的研究を組み合わせることがより有効なこともある。たとえば，本論のように，学習意欲を高める方法を考案する研究であれば，研究の第1段階として，ある教師が担当しているクラスの学習者を対象に量的研究を行い，学習意欲に影響を与える要因を因果分析によって事前に特定する。その結果，有能性の欲求を刺激することが，学習意欲上昇の鍵であったとする。その結果を踏まえて，研究の第2段階として，有能性の欲求を刺激できる具体的方法を探索する目的で質的研究を用いる。そして最後に，その考案された方法を取り入れた授業を行い，その方法の効果を学習意欲の変化という観点から量的に検証する。このような量的研究と質的研究を合わせたアプローチが1例として考えられる。このような量的研究と質的研究を組み合わせる方法も，構造構成主義というメタ理論に依拠することによって，認識論上の不整合が生じないという前提のうえに成立し得る。

4節
全体のまとめ

　以上のように，本章では構造構成主義というメタ理論を使うことで，量的研究と質的研究という従来は認識論上で対立していた2つの研究手法を，認識論レベルか

ら一元化し，関心相関的に選択可能であることを示した。特に，本章では教育に関連する現象と接する中で，研究者の前に立ち現れた教育現場の問題を具体化し，その解決策を考案する研究例を提示し，解決策の具体性という点では，質的研究が非常に有効なツールになり得ることを示した。ここで扱った問題は，英語学習の文脈における学習意欲であったが，構造構成主義の関心相関的選択を用いた一連の研究上の発想は，他の研究分野にも応用可能である。

　本章で提示した研究例の中で提示した研究方法は，ここでの研究目的に妥当だと著者が判断したものであり，より妥当な方法が存在するかもしれない。このような批判的議論も，関心相関性という軸を明確に意識化することで，建設的に進行させることができよう。

【註および文献】

[1] ここでの英語学習への意欲（英語学習への動機づけ）とは，ピントリッチ＆シャンク（以下）を参考に，何らかの目標に向かった学習行動を引き起こし，それを維持する過程と定義する。以降は，学習意欲と表記する場合は，英語学習への意欲をさす。ただ，内発的動機づけなどの固定した用語には，動機づけという言葉を用いる。

　　Pintrinch, P. R., & Schunk, D. H.　2002　*Motivation in education: Theory, research, and applications.*　Columbus: Merrill Prentice Hall.

[2] たとえば，以下の研究があげられる。

　　Schmidt, R., Boraie, D., & Kassabgy, O.　1996　Foreign language motivation : Internal structure and external connections.　In R. L. Oxford (Ed.) *Language learning motivation : Pathways to the new century.*　Honolulu : University of Hawaii Press. pp.9-70.

[3] たとえば，以下の研究があげられる。

　　Okada, M., Oxford, R. L., & Abo, S.　1996　Not all alike : Motivation and learning strategies among students of Japanese and Spanish in an exploratory study. In R. L. Oxford (Ed.) *Language learning motivation : Pathways to the new century.*　Honolulu : University of Hawaii Press.　pp.105-119.

[4] たとえば，以下の研究があげられる。

　　Gardner, R. C., Masgoret, A-M., Tennant, J., & Mihic, L.　2004　Integrative motivation : Changes during a year-long intermediate-level language course. *Language Learning,* 54, 1-34.

[5] たとえば，以下の研究があげられる。

Dörnyei, Z.　2001　*Motivational strategies in the language classroom.*　Cambridge : Cambridge University Press.
［6］たとえば，以下の研究があげられる。
　　　Gardner, R. C.　1985　*Social psychology and second language learning : The role of attitudes and motivation.*　London : Edward Arnold.
［7］たとえば，オカダらの研究があげられる（［3］を参照）。
［8］授業の中で学習者の動機づけを高め，維持する方法・テクニックは「動機づけを高める方略」(motivational strategies) とよばれている。この方略を授業の中に取り入れて，その効果を検証した研究として，田中（2005）や廣森と田中（2006）がある。
　　　田中博晃　2005　どのようにすれば学習者の動機づけは高められるのか？—学習者の動機づけを促進する方略の効果検証　*JLTA Journal,* **7**, 163-176.
　　　廣森友人・田中博晃　2006　英語学習における動機づけを高める授業実践—自己決定理論の視点から　*Language Education and Technology,* **43**, 111-126.
［9］ここでの質的研究は，木下に従って，データの形態と特性，収集方法，分析方法の3点から捉える。データの形態と特性に関しては，非数量的で言語的な形態をとり，ディテールが豊富という特性をもつ。収集方法は，面接と観察などが主となり，研究者の解釈による分析が行われる。
　　　木下康仁　2003　グラウンデッド・セオリー・アプローチの実践—質的研究への誘い　弘文堂
［10］無藤　隆　2004　研究における質 対 量—生成の視点　無藤　隆・やまだようこ・南　博文・麻生　武・サトウタツヤ（編）　質的心理学—創造的に活用するコツ　新曜社　pp.2-7.
［11］たとえば，岩井や佐野の指摘がある。
　　　岩井千秋　2000　第二言語使用におけるコミュニケーション方略　渓水社
　　　佐野正之　2000　資料収集の方法と場面　佐野正之（編）　アクション・リサーチのすすめ—新しい英語授業研究　大修館書店
［12］［10］を参照。
［13］［9］を参照。
［14］詳細は以下を参照。
　　　西條剛央　2005　構造構成主義とは何か—次世代人間科学の原理　北大路書房
［15］以下のp. 5を参照。
　　　西條剛央　2005　構造構成的発達研究法の理論と実践—縦断研究法の体系化に向けて　北大路書房

[16] 関心相関性と並んで相対主義を回避するのに重要なものが，構造化に至る軌跡である。
[17] [14] のp. 53を参照。
[18] 京極　真　2006　EBR (evidence-based rehabilitation) におけるエビデンスの科学論—構造構成主義アプローチ　総合リハビリテーション, 34, 473-478.
[19] Bandura, A., & Schunk, D. H.　1981　Cultivating competence, self-efficacy, and intrinsic interest through proximal self-evaluating. *Journal of personality and social psychology*, 41, 586-598.
[20] ここでさす理論とは，学習意欲に関連する現象を説明するための個別理論のことである。具体例として，自己決定理論や期待×価値理論などがあげられる。一方，メタ理論とは，さまざまな理論に妥当する理路を備えており，個別理論に対する理論という意味においてメタレベルの理論のこと。詳しくは，以下を参照。

　　池田清彦・西條剛央　2006　科学の剣 哲学の魔法—構造主義科学論から構造構成主義へ　北大路書房
[21] 半構造化面接では，調査協力者に質問する内容の大枠だけを事前に決定しておいて，協力者とのやり取りの中で柔軟な対話を行うことができる。
[22] ここでは，構造主義科学論の立場から，構造が現象をうまく説明可能になるほど，科学が深化していくと考える。調査協力者と面接者のやり取りを通して，面接者の「現象⇒シニフィエ」と調査協力者の「現象⇒シニフィエ」の間に平行性が成立することで，現象からシニフィエへの変換法則が同型になり，共通了解が可能になる。
[23] Glaser, B. G., & Straus, A. L.　1967　*The discovery of grounded theory: Strategies for qualitative research.* New York: Aldine Pub. Co.
[24] KJ法に関しては，以下を参照。

　　川喜田二郎　1967　発想法—創造性開発のために　中公新書

　　川喜田二郎　1970　続・発想法—KJ法の展開と応用　中公新書
[25] KJ法とグラウンデッド・セオリーの比較に関しては，以下を参照。

　　木下康仁　1999　グラウンデッド・セオリー・アプローチ　弘文堂
[26] ここで用いられたデータは田中と山西を，本章の趣旨に照らして，修正したものである。学習意欲の記述と学習意欲を高める方法を探索するために調査を行ったが，田中・山西論文では，学習意欲の記述のみを扱っている。

　　田中博晃・山西博之　2004　英語学習動機に対する質的解釈の試み—ある中学校1年生の少女の「語り」から見えてくるもの　日本教科教育学会誌, 26, 39-48.

[27] A型図解とは，先入観を廃し，あらかじめ何らかの分類の基準を設けることなく，得られたデータをデータ同士の関連性からグループ化し，それを図解したものである。
[28] A型図解の後にB型文章化を行うので，ここでのB型文章化とは，KJ図にまとめられた情報を，文章としてつないでいく作業をさす。
[29] 累積KJ法の詳細については，川喜田，1967［24］のp. 111を参照。
[30] 質的データを扱う場合，制限されたページ数内でデータの全体像を提示することは困難である。よってここでは面接で得られたデータの全体像をKJ図で示す。量的分析を行う場合は，平均値や標準偏差などの記述統計量を算出することで，データの全体像をコンパクトに提示可能である。
[31] 二重かぎ括弧は著者に対してLが発言した言葉を，そのまま引用していることを表している。
[32] 自己決定理論に関しては，以下を参照。
　　Deci, E. L., & Ryan, R. M. 1985 *Intrinsic motivation and self-determination in human behavior.* New York : Plenum Press.
　　Deci, E. L., & Ryan, R. M. (Eds.) 2002 *Handbook of self-determination research.* Rochester, NY : University of Rochester Press.
[33] Reeve, J., Deci, E. L., & Ryan, R. M. 2004 Self-determination theory : A dialectical framework for understanding sociocultural influences on student motivation. In D. M. McInerney & S. V. Etten (Eds.) *Big theories revisited.* Greenwich, CO: Information Publishing Press. pp. 31-60.
[34] Reeve, J. 2002 Self-determination theory applied educational settings. In E. L. Deci & R. M. Ryan (Eds.) *Handbook of self-determination research.* Rochester, NY : University of Rochester Press. pp.183-204.
[35] Blanck, P. D., Reis, H. T., & Jackson, L. 1984 The effects of verbal reinforcements on intrinsic motivation for sex-linked tasks. *Sex Roles,* **10**, 364-386.
[36] 廣森友人・山森光陽 2003 有能感を高める教室─学習者・教師・学級風土が作り出す相互作用 *Language education and technology,* **40**, 231-239.
[37] 三浦省五 1983 英語の学習意欲 大修館書店
[38] [36]を参照。

[謝辞]

学習意欲を高める研究に関して，熱心に指導して下さった広島大学の三浦省五教授に心より御礼申し上げます。また，本稿執筆にあたり，貴重なアドバイスを下さった山西博之先生に深く感謝いたします。

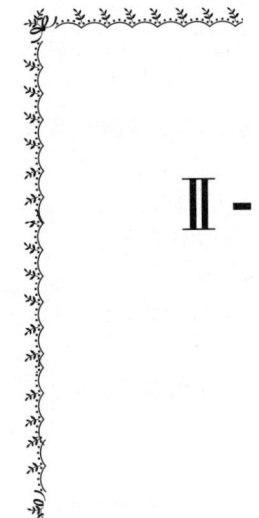

Ⅱ-4 構造構成的医療論の構想
――次世代医療の原理

京極 真

1節
問題提起

　多くの人々は,少なくとも1度ぐらいは医療とは何か？　健康とは何か？　人間とは何か？　などといった疑問を抱いた経験はあるだろう。このような医療に関連する諸々の疑問を探求する領域は「医療論」とよばれている。医療論は医療の中で展開される理論ではなく,医療を対象にした理論であることから,医療のメタ理論と考えられる。こうした医療論の歴史は古く,その源流はヒポクラテスの誓いに求められよう。

　現代の医療論は,モダン医療論とポストモダン医療論に大別される[1]。モダン医療論は従来からある医療論で,ポストモダン医療論は近年導入された医療論である[1]。つまり,ポストモダン医療論は最先端の医療論といえる。これらはその名が示す通り,モダン医療論はモダニズム,ポストモダン医療論はポストモダニズムを理論的基盤とする[1]。それゆえ,モダン医療論は客観性を,ポストモダン医療論は主観性を重視した医療論を展開している。

　しかし,よく知られているように,ポストモダニズムはモダニズムに対するアンチテーゼとして台頭してきた[2]。つまり,モダニズムとポストモダニズムは非連続であり,理論的に乖離していると考えられる。それゆえ,それらにディペンドしたモダン医療論とポストモダン医療論の理論的対立も避けられず,医療論という同一

領域内で相反し合う理論や実践が提起されることになる。

　たとえば，リッチ（Rich, B. A.）[3]はポストモダン医療論の立場から，モダン医療論の源流に位置づけられるヒポクラテスの誓いの脱構築を論じている。またモリス（Morris, D. B.）[4][5]は，ポストモダン医療論の立場から，疾病は生物学と文化の狭間で構築される精神的，情緒的，身体的な出来事であると論じ，疾病を客観的で普遍的な出来事と捉えるモダン医療論を批判している。加えてミューア・グレイ（Muir-Gray, J. A.）[6]は，近年モダニズム的な科学技術に対する信頼が低下したため，医療はモダン医療論からポストモダン医療論への適応を果たす必要があると主張している。

　こうしたポストモダン医療論によるモダン医療論批判に対し，ワッツ（Watts, T. L.）[7]はモダニズムの不十分さを認めつつも，ポストモダニズムも医療論の理論的基盤として十分ではないと指摘している。さらにカーニック（Kernick, D.）[8]は，既存の医療（モダン医療論）は複雑なシステムに対応しつつあるため，医療の複雑性を強調する「ポストモダン医療論はすでに死んでいる（Postmodern medicine is already dead）」と喝破している。

　医療論はこうした状況にあるが，その1分野である医学では西條が斎藤の人間科学的医学を構造構成主義によって基礎づけ，人間のモダニズム的側面とポストモダニズム的側面を包括した構造構成的医学を提案している[9]。構造構成的医学は，医学におけるモダニズムとポストモダニズムの理論的対立を乗り越えるメタ理論として有効であると考えられる。

　しかし，小川[1]がポストモダン医療論の立場から，人間の健康上の問題だけでなく，医療政策といった社会的問題にまで言及しているように，医療論の対象は医学よりも広範囲に渡るものである。つまり，構造構成的医学は医学を対象に素描された枠組みであり，医療領域全体を基礎づける理論として提起された枠組みではない。したがって，医療論としては，依然としてモダニズムとポストモダニズムが対立し合う状況にあり，そうした対立図式を構造上解消するような理路を構築する必要があるといえる。本論では，モダニズムとポストモダニズムの対立からもたらされるこうした問題を「医療論のパラドックス」と定式化しておく。

　江川[10]は「複数の理論が乱立・対立したままでいるのは，その研究分野の学問的水準の低さを示し，決して好ましいことではない。しかも，そうした状態は研究の発展の障害ともなりかねない」と鋭く指摘している。つまり，医療論のパラドックスは論理空間内で収まる問題ではなく，医療それ自体の発展を阻害する恐れがあると考えられる。それゆえ，医療論のパラドックスを解決した新たな医療論を構築する必要がある。

2節
目的

　第1の目的は，医療論のパラドックスについて詳細に検討し，具体的な問題を考察することである。第2の目的は，医療論のパラドックスを乗り越える方向性を検討することである。第3の目的は，医療論のパラドックスを解決する新たな医療論を構築することである。第4の目的は，新たな医療論の理論的射程と限界を論じることである。

3節
医療論のパラドックスとは何か

1．モダニズムとポストモダニズムの理論的対立

　リオタール（Lyotard, J. F.）[11]が指摘したように，ポストモダンとはモダンに対する不信感の表れである。モダンとは大きな物語に準拠する学問である。大きな物語とは，普遍的に統一された世界観の体系のことである。たとえば，物理学は，モダンの1つである客観主義に準拠した学問である。客観主義は，フッサール（Husserl, E.）[12]が指摘したように，経験的に自明な世界を基盤に客観的真理を明らかにするものである。つまり，客観主義は，絶対に正しい1つの真理によって統一された世界観（大きな物語）を作り出すのである。それゆえ，客観主義にディペンドする物理学も客観的な物理法則を体系的に提示する営みとなる。モダンは，客観主義の他にも，たとえば素朴実在論，実証主義，機械論，還元主義などといった認識論を仮定する思想的潮流を含むと考えられる。

　他方，ポストモダンとは，モダンを終焉させ，小さな物語を見いだすことである。高田[13]によれば，小さな物語とは普遍的に統一されない個別の物語であるという。たとえば，質的心理学は，ポストモダンの1つである社会的構築主義を理論的基盤に含む学問である[14]。社会的構築主義は，ガーゲン（Gergen, K. J.）[15]が言うように，世界は社会的に構築されるという考えである。つまり，社会的構築主義は，普遍的真理を排し，社会を媒介に個別の世界観（小さな物語）を作り出すのである。それゆえ，社会的構築主義にディペンドする質的心理学もローカルに構築された個々の事実を重視する営みになるといえる。ポストモダンは，社会的構築主義の他にも，たとえば社会生成主義，解釈学，文脈主義，全包括主義，物語論などといった認識論を仮定する思想的潮流を含むと考えられる。なお，モダンはモダニズム，ポストモダンはポストモダニズムとほぼ同義であると考えても支障はない。

こうしたモダニズムとポストモダニズムの関係は，デリダ（Derrida, J.）[16]が脱構築によってモダニズムの転倒を試みたことからもわかるように，理論的に相容れるものではない。なぜなら，ポストモダニズムのアイデンティティは，モダニズムに対するアンチテーゼという点にあり，それなくしてポストモダニズムの目的は達せられないからである。それゆえ，モダニズムとポストモダニズムはどこまでいっても理論的対立を超克することはできない。

言い換えれば，モダニズムとポストモダニズムは，クーン（Kuhn, T. S.）[17]が示しファイヤアーベント（Feyerabend, P. K.）[18]が精密に展開した共約不可能性という難問に陥る関係にあると考えられる。共約不可能性とは，異なるパラダイム間では両者を妥当に評価する共通の土俵はないという考え方である。たとえば，モダニズムでは統一的な世界観が支配的であるため，差異を強調するポストモダニズムの世界観の正当性は妥当に評価できない。それに対して，ポストモダニズムでは雑多な世界観を作り出そうとするため，整然とした世界観を追求するモダニズムの世界観を妥当に評価することはできない。つまり，どれだけ精密に議論しても，異なるパラダイムであるモダニズムとポストモダニズムの間には，必ずどこかで共約不可能なところが生じるのである。

それゆえ，菅村・春木[19]が指摘したように，モダニズムとポストモダニズムを理論的基盤にしたまま，両者を相補的に用いたり，使い分けたりすることは理論的には不可能ということになる。なぜなら，モダニズムとポストモダニズムは，共約不可能性という難問に絡め取られるからである。つまり，モダニズムとポストモダニズムの間でそうした問題がある以上，見かけ上は両者を車の両輪のように捉えて使い分けを主張したとしても，常に矛盾や対立を内包した営みとなるため，どこかで必ず破綻をきたすことになるといえる。

2．モダン医療論とポストモダン医療論の理論的対立

では，モダニズムとポストモダニズムの理論的対立は，医療論にどのような影響を与えることになるだろうか。結論からいえば，同じテーマに対して矛盾する見解や実践を提示することになるのである。その具体例を論じる前に，モダン医療論とポストモダン医療論の特徴について考察していこう。

小川[1]によれば，「モダン医療はヒトを臓器，組織，細胞，細胞内小器官の集合体と捉え，それらの生理機能，病理病態を分子レベルで解明して，健康と疾病の実態を解明してきた。そして，医療はそれらの病理病態を薬物投与や手術操作によって修飾し，あるいは消失させることを中心に据えてきた」という。ここでは，モダン医療論は現代における医療の発展を支えてきた医療論であると主張しているといえよう。また，モダン医療論は，人間の健康と疾病のコントロールに力点を置くと

論じていると思われる。モダン医療論の理論的基盤であるモダニズムは、客観的実在を前提に要素還元をツールに対象をコントロールしようという発想であるため[19]、それを理論的基盤にした医療論が健康と疾病のコントロールを目的とするのはいわば理論的必然である。

現代医療は「好コントロール装置」[20]と批判されるが、そのターゲットはモダン医療論であると考えられる。池田[20]によれば、好コントロール装置とは「世界のすみずみまで管理下に置きたいと欲するシステム」のことである。医療が好コントロール装置であるという場合、モダン医療論に依拠する医療従事者が医療システムの中で患者をコントロール下に置こうとすることと考えられる。そのため、好コントロール装置としての医療は必要以上に患者を医療漬けにし、医療費の過剰な増大や医原病を生み出す可能性があるといえよう。

他方、ポストモダン医療論は、小川[1]が「医療の世界でもポストモダンを主張したものもいる（モーリス）。しかし、『ポストモダン医療』は定着しなかった。そして、2005年9月の衆議院選挙後、わが国でも人々の思潮に大きな変化が起こり、医療も遅まきながらポストモダンの時代に突入した」と指摘したように、現状ではポストモダン医療論はまだ定着していないと思われる。また、ポストモダン医療論は近年になって本格的に始まったばかりであり、現時点ではモダン医療論のようにポストモダン医療論の全体像を描き出せるような状況には達していないと考えられる。

また、そうした問題だけでなく、ポストモダン医療論はポストモダニズムを理論的基盤にしていることから、モダン医療論のように全体像を描き出すような医療論に発展しない可能性も考えられる。なぜなら、ポストモダン医療論の全体像（大きな物語）を描き出そうという試み自体がモダニズムの発想であり、ポストモダニズムに依拠するポストモダン医療論には適さない発想と考えられるからである。

そこで、本論では、小川があげたポストモダン医療論が描き出す医療の方向性（小さな物語）を足がかりに議論していく。小川[1]が示した方向性は、患者意思の尊重、外部評価を重視する、統合医療の推進、先端医療への取り組み、終末期医療、在宅医療、産院での分娩の勧め、の7つである。一見するとこうした主張は新奇的にはみえない。しかし、小川が「ポストモダンの医療はモダン医療の継承ではあるが、連続であってはならない」と論じたように、医療の対象領域は継承するが、そこで描かれる世界観がモダン医療論とは異なるのである。なお、小川は、モダン医療論とポストモダン医療論の非連続性を強調しているが、これは先に指摘したモダニズムとポストモダニズムの共約不可能性の問題が反映されていると考えられる。

こうした、ポストモダン医療論は、ミューア・グレイ[6]が指摘したように個々人の価値観に根ざしたものになると考えられる。それゆえ、ポストモダン医療論の

実践論の１つにあげられるNarrative-based medicine（以下，NBM）の推進者の１人である斎藤[21]が「NBMは，医療における生物医学的方法論の過剰な重視への警鐘であるとともに，元来医療が本質的に持ち続けてきた『医のアート』の再認識と再発掘である」と論じたように，ポストモダン医療論は"医療のアート"を強調したものになると思われる。なぜなら，価値観を扱うには医療従事者の直感などといった患者が示す言外の事柄も読みとる技術が要求されるからである。したがって，ポストモダン医療論では，患者の感性や主観的癒しなどを重視した医療を展開することになると考えられる。それは，ポストモダニズムが生命論的な世界観を描き出す[19]ことと関係していると思われる。

以上論じてきたように，モダン医療論とポストモダン医療論はまったく異なる理論構造であるため，同一テーマに対して矛盾したり，対立する見解を提示することになる。たとえば，医療の専門性というテーマに対して，モダン医療論では医療従事者の高度な専門的知識と技術を強調するのに対し，ポストモダン医療論では患者は自分自身の専門家であり，医療従事者はそのサポーターであることを強調する。前者は，医療従事者中心の医療，後者は患者中心の医療といえ，同じ医療の専門性というテーマでもまったく異なる見解が示されるといえる。こうした見解の相違は，単なる理屈上の問題で済むものではなく，医療実践上の問題を引き起こす可能性がある。

3．医療論のパラドックスが実践に与える影響

たとえば，細田[22]によると，チーム医療の構成要素には専門性志向と患者志向があるという。専門性志向とは，医療従事者が高度な専門性を追求する側面を表すものであり，その背景にはモダン医療論があると考えられる。他方，患者志向とは，医療従事者ではなく患者の考えを尊重した医療を追求する側面を表すものであり，その背景にはポストモダン医療論があると考えられる。言い換えれば，チーム医療は，モダン医療論とポストモダン医療論という論理的には折衷不可能な理論を内在した実践形態であると考えられる。

そのためもあってか，細田[22]によれば，医療従事者の多くがチーム医療の重要性を認めつつも，その実践には困難さを感じているという。そして，その困難さの原因の１つが，専門性志向と患者志向の対立関係にあるという[23]。専門性志向と患者志向の対立は，両者がモダン医療論とポストモダン医療論を前提にしている以上，当然起こり得る論理的帰結であるが，それが実践面にも困難さをもたらしているのである。

では，どのような実践上の問題が生じるのか。少し長くなるが，細田の議論を追っていこう。細田[22]によれば，「『患者志向』でなく『専門性志向』だけが強調さ

れるとき，患者の病気は治ったが結局は寝たきりになった（ADL，QOLが低下した）などという皮肉な事態」を生み出す可能性があるという。他方，「『患者志向』があっても，『専門性志向』が欠けていたら，一見医療者と患者との関係性は良好に見えるかもしれないが，病気の治療という面で問題が残ることになる」という。これは，専門性志向と患者志向は共約不可能な関係であるため，両者を十分に機能させることができず，結果として不十分なチーム医療に陥ることを意味していると考えられる。

こうしたチーム医療の未熟さは，医療過誤の原因にもなり得る。たとえば，医療事故調査会によれば，医療過誤の約17パーセントがチーム医療の未熟性にあるという[24]。また，この割合は年々増加しているという。チーム医療の機能の1つが医療過誤の予防である[25]ことを踏まえれば，これはチーム医療の存在意義に関わる深刻な問題であることが理解できよう。

以上，細田の議論を追ってきたが，医療論のパラドックスとは論理空間内でおさまる難問ではなく，医療実践にも影響を与える現実的な問題である。もちろん，ここで取り上げたのはチーム医療の問題であるが，医療論のパラドックスの影響はそれにとどまるものではない。なぜなら，モダン医療論とポストモダン医療論は医療論のメタ理論であるため，この問題は医療に関連する全領域に波及する可能性を常に帯びているのである。

●●● 4 節 ●●●
問題解決の方向性

1．モダニズムとポストモダニズムの原理的破綻

医療論のパラドックスを解決する方向性を検討するためには，どこをどのように改善する必要があるのかを精査する必要がある。そのためには，既存の理論の根本問題を原理的に明らかにしなければならない。それゆえ，原理的思考を使って医療論を根底から基礎づけているモダニズムとポストモダニズムを検討し，改善ポイントを明らかにしていこう。

先に，医療論のパラドックスは，モダニズムとポストモダニズムの理論的対立から由来していると論じたが，言い換えれば，それはモダニズムとポストモダニズムのメタ理論としての機能が低いため生じたと指摘できよう。西條によれば，メタ理論とは「現象説明の個別理論ではなく，個別理論に対する理論という意味においてメタレベルの理論のこと。さまざまな理論に妥当する理路を備えている必要がある」[26]という。つまり，メタ理論としての機能が高ければ高いほど，その汎用性は高くなるといえる。それゆえ，もしモダニズムとポストモダニズムのメタ理論の機能

が高ければ，モダニズムがポストモダン医療論を，ポストモダニズムがモダン医療論を理論的に基礎づけることができると考えられる。しかし，上述してきたように，そうしたことは原理的に不可能な要請である。

では，その原理的不可能性の根本原因は何か。結論からいえば，根本原因は，モダニズムとポストモダニズムが根本仮説にディペンドした理論構造であるという点にある。西條[9]は，根本仮説を先験的な正しさを仮定した仮説のことであると論じている。つまり，根本仮説はあらかじめ定められた暗黙のルールといえ，それに馴染まない事柄は理論的に排外できる仕組みとして機能する。

それでは，モダニズムとポストモダニズムの根本仮説を確認していこう。モダニズムの根本仮説の１つは客観的真理であると考えられる。なぜなら，モダニズムはいわゆる普遍性を想定した思想的潮流であり，そうした想定が成立するためには客観的真理を先験的に仮定しなければならないからである。

それに対し，ポストモダニズムの根本仮説の１つは，社会や言語を媒介に事実は構築されるというものであると考えられる。なぜなら，ポストモダニズムはローカルな事実を想定しており，そうした想定が成立するためには各地点において事実が構築されることを先験的に仮定しなければならないからである。

これらの根本仮説を見ればわかるように，モダニズムとポストモダニズムは互いにまったく異なるルールに根ざして構築された理論であることが理解できる。それゆえ，モダニズムとポストモダニズムは，どこまでも矛盾し合う関係にあるといえる。つまり，モダニズムとポストモダニズムの理論的矛盾は理論構造上もたらされる必然的な結果なのである。

加えて，根本仮説を含むメタ理論は原理的に破綻せざるを得ない。まず，モダニズムの「客観的真理」であるが，客観的真理を考えているのが我々の主観である以上，それが純粋な客観的真理であることを保証する術はない。また，ポストモダニズムの「社会や言語を媒介に事実は構築される」という根本仮説は，「目の前にいるヒト」を社会や言語で構築されたと考えるのは難しいように，それらを特権化する最終根拠は認められない。つまり，これらの根本仮説は突き詰めて考えていけば，その成立を保証することは原理的に不可能であると考えられる。このように，根本仮説を根底に据えている以上，原理的にはいくらでも反駁が可能であり，結果として根本仮説を根底に据えたあらゆるメタ理論は原理的破綻を回避できないといえる。

2．解決の方向性

これまでの議論を踏まえれば，モダニズムとポストモダニズムの双方に妥当し，何らかの根本仮説にディペンドしないメタ理論によって医療論を基礎づけることが

できれば，この問題は解決できると考えられる。

加えて，菅村・春木[19]が「ある場合にはモダニズム，またある場合にはポストモダニズムの発想を用いるということが許されるのは，その選択の基準を明確にできる，それら2つのメタ理論のさらに一段上をいく『超メタ理論』とでもいうべき理論的次元が形成された後である」と指摘したように，なぜモダニズム，あるいはポストモダニズムを用いるかを明示化できる理路を保証する必要があると考えられる。なぜなら，モダニズムとポストモダニズムは，理論的対立を回避できないため，両者を繋ぐような理路を整備する必要があるためである。それにより，こうした問題を乗り越える理路は開かれると考えられる。

現在，そうした条件を満たす最も適した枠組みとして，西條の提唱した構造構成主義[9]をあげることができる。構造構成主義はまさにモダニズムとポストモダニズムを包括する理路であり，また疑おうとしても疑いきれない現象を出発点に理論構築していることから，根本仮説にディペンドしない理論構造となっていると判断できる。さらに，関心相関性を中核原理にすることで，モダニズムとポストモダニズムの選択基準を明示化する理路が保証されている[9]。本論で提示した条件をすべて満たすメタ理論は他にはないため，以下では構造構成主義の理路を適宜継承しつつ新しい医療論の再構築を試みる。

5節
構造構成的医療論の定式化

以下では，構造構成主義の立場から医療論のパラドックスを解明していくが，それにあたり障害構造論における医学モデルと社会モデルの理論的乖離という論理的パラドックスを構造構成主義の立場から根本解明した京極の理論構築の過程が参考になる[27]。なぜなら，京極は障害構造論をテーマに，異なるパラダイムに属する異なる理論体系を構造構成主義アプローチによって統合しており，その問題は本論で提起した医療論のパラドックスと構造上同型であると考えられるからである。それゆえ，以下では京極の理論構築の過程である①出発点としての現象，②構造概念による既存の理論の基礎づけ，③関心相関性を媒介とした理論的統合，④新しい理論の定式化の4段階方式を継承して医療論の再構築を行っていく。

1．最も根源的な出発点としての現象

医療論のパラドックスは，モダニズムとポストモダニズムが異なる根本仮説に依存した理論構造であるために生じていた。言い換えれば，あらかじめ決めた約束事を前提に理論を構築していたため，相互に排他的となり，理論的対立を避けられな

かったのである．本論のこれまでの議論から明らかなように，根本仮説に依存した理論構造では医療論のパラドックスを解決することは不可能である．

それに対し，構造構成主義は現象を出発点にしている．西條によれば，現象とは我々に立ち現れたすべての経験であり，それには夢や錯覚なども含まれる[9]．先に，根本仮説は疑おうとすればいくらでも疑えると論じたが，現象は池田[28]や西條[9]がいうように何かを経験しているという点において懐疑の余地はない．つまり，徹底した懐疑を行っても現象は破綻しないのである．それゆえ，現象は，疑おうと思えばいくらでも疑える根本仮説とはまったく異なる理論的次元にあるといえる．

このような，論理的に考える限り疑いようのない理路のことを，西條[9]は根本仮説と対比させて「原理」と定式化している．京極は構造構成的障害論を理論構築する過程で，「原理とは文脈（時間と空間）を超えた形式である」というテーゼを導いている[27]．それゆえ，原理である現象は論理的に考える限りにおいて，異なるパラダイム，または異なるパラダイムに属する異なる理論体系に共通する土台となり得る．なぜなら，現象には仮定がないため，どのような理論に導入しても矛盾や対立が生じる余地すらないからである[27]．したがって，現象は，モダニズムとポストモダニズムの壁をすり抜けて共通の土台となり，かつ両思想的潮流の理論的次元を超える理論的な出発点になると考えられる．

なお，現象を出発点にすることに対し，現象の背後には外部実在が存在するのではないか，と疑問をもつ人がいるかもしれない．たとえば，ラッセル（Russell, B.）[29]は我々に立ち現れた何らかの経験（現象）は絶対に疑えないことを論証した後で，現象の背後には外部実在が存在すると論じている．また，ラッセルは，そうした本能的信念に基づかなければいかなる知識も成立せず，それを否定すれば後には何も残らないと論じている．

しかし，西條[9]が指摘したように，我々は現象を通して外部実在の存在を確信しているのである．つまり，あたかも外部実在があるかのような経験を積み重ねることで，外部実在は存在すると深く信じ込むようになるのである．したがって，ラッセルのように現象の背後に外部実在があると想定する必要はなく，またそうした考えは原理的には破綻していると言わざるを得ないのである．

2．構造概念による基礎づけ

次に，構造構成主義の立場から，モダニズムとポストモダニズムを理論的に基礎づけていこう．結論からいえば，モダニズムとポストモダニズムは，構造構成主義によって多元論的に一元化される．

西條は，構造を広義の構造と狭義の構造に分類し，広義の構造を「関心相関的に立ち現れた何か」，狭義の構造を「『同一性と同一性の関係性とそれらの総体』と言

える存在論的な概念」と定義した。関心相関的とは関心相関性のことで，西條はそれを「存在・意味・価値は主体の身体・欲望・関心と相関的に規定される」と定義している[9]。また，同一性とはソシュール（Saussure, F. de.)[30]のいうシニフィエのことであり，シニフィエとは記号の意味内容（言葉）のことである。なお，以下では，狭義の構造のことを「構造」と表記し，広義の構造の場合は「広義の構造」と表記する。

さて，広義の構造と構造は何がどう違うのだろうか。まず，その点を整理しておこう。西條は広義の構造を関心相関的な立ち現れとしたが，言い換えれば広義の構造とは「現象のコントラスト化」ということができよう。たとえば，部屋の模様替えに関心があれば，それに応じて室内の色調に意味が見いだされる。その時，関心が部屋を「明るい色」にすることにあれば，それと同時に「暗い色」がコントラストされる。つまり，現象を関心相関的に「明るい色－暗い色」にコントラスト化したのである。

「他方，構造とはコントラスト化された現象（つまり広義の構造）を，より綿密に言葉でコード化したものである。たとえば，室内の色調をカーテンは赤色，ソファーは青色，テーブルは黄色というように何らかの同一性でコードし，その配置（関係性）を記述すればそれは構造といえる。つまり，現象を言葉と言葉の関係性として構造化したのである。

では，モダニズムとポストモダニズムはどちらの構造なのだろうか。結論をいってしまえば，モダニズムとポストモダニズムは，言葉と言葉の関係式によってコード化されるため（狭義の）構造と考えることができる。

たとえば，モダニズムは世界を普遍法則によって体系化することを基礎づける理論と説明されることが多いが，こうした説明それ自体が言葉と言葉の関係形式によって構造化されていることは疑いの余地がない。また，ポストモダニズムは，世界をローカルな知によって描き出すことを基礎づける理論であるが，これも言葉と言葉の関係形式によって構造化されたものであると判断できる。構造構成主義では，言葉と言葉の関係形式によって構造化したものは構造に他ならず，それゆえモダニズムとポストモダニズムは構造ということができる。

それはまた，モダニズムとポストモダニズムの科学性が同時に基礎づけられたことを意味する。西條[9]によれば，構造は厳密科学と非厳密科学の科学性を同時に保証する「構造主義科学論」[28]の構造概念と同義であるという。つまり，構造はメタ科学論としても機能するのである。

構造構成主義のメタ科学論の機能を使い，エビデンス（科学的根拠）としての量的研究と質的研究の科学性を同時に保証したメタ理論にstructure-construction evidence-based rehabilitation（SCEBR）がある[31]。量的研究はモダニズム，質的研

究はポストモダニズムに依拠した研究方法であるが，SCEBRではエビデンスを構造として基礎づけることで，両者の科学性を同時に保証する理路を開いている。

それと同様に，本論においても構造によってモダニズムとポストモダニズムの科学性を同時に基礎づけることが可能である。京極と西條[32]が指摘したように，医療は科学性を重視してきたため，広義の科学性を同時に保証する意義は極めて大きい。なぜなら，それにより知見の積み上げが保証され，さらに学知の発展が促進されるからである。また，従来のようにモダニズムは科学，ポストモダニズムはアートと捉えると，再びモダニズム VS ポストモダニズムという理論的対立に絡め取られるが，両者の科学性を同時に保証すればそうした問題も乗り越える可能性が開かれると考えられる。

このように，構造構成主義を導入すれば，モダニズムとポストモダニズムは構造概念を基軸に一元化することが可能となるが，それだけでなく，構造が言葉と言葉の関係性によって規定される以上，それは多元論を保証する理路としても機能する。なぜなら，西條[9]がいうように，シニフィエは言葉の恣意性を内包するため，その関係式である構造も恣意的となるからである。それゆえ，構造は多様性を基礎とする。したがって，構造としてのモダニズムとポストモダニズムは，理論的に対立したり矛盾するものではなく，並存可能な思想的潮流として位置づけられるのである。

以上，構造概念で基礎づけたモダニズムとポストモダニズムを，本論では『構造構成的モダニズム』，『構造構成的ポストモダニズム』と定式化しておく。また，構造構成的モダニズムに依拠した医療論は『構造構成的モダン医療論』，構造構成的ポストモダニズムに依拠した医療論は『構造構成的ポストモダン医療論』と定式化しておく。

こうした構造概念は既存の理論にのみ妥当するのではない。西條の示した構造は，その理路を論理的に検証する限り根本仮説性は極めて低く，構造概念は高い原理性を備えた理路であると考えられる。原理は文脈を超えて妥当する形式である[27]。つまり，構造は，既存の理論だけでなく，将来現れてくるかもしれない未知の理論に対しても開かれた概念であると考えられる。それゆえ，構造概念は，本論では取り扱っていない未知の思潮や医療論にも妥当するといえる。

以上，構造による基礎づけを行ってきたが，それでは広義の構造はどう継承するか。結論からいえば，広義の構造によって，患者や他の医療従事者といった他者存在を理論的に担保することができると考えられる。なぜなら，広義の構造は，他者の存在を担保する理路でもあるからである[33]。医療論が医療の考え方である以上，医療に関わる他者を理論的に基礎づける意味は大きいと考えられる。

もちろん，西條が示した広義の構造の理路も，論理的に検証する限り根本仮説的

性質は極めて低く，高い原理性を備えた理路であると判断できる。それゆえ，原理である広義の構造は文脈を超えて妥当する形式[27]として機能するといえる。したがって，広義の構造としての他者は，過去・現在・未来にまたがって医療と関わる（った）であろうすべての他者を原理的に基礎づける理路として機能すると考えられる。

3．関心相関性によるモダニズムとポストモダニズムの理論的統合

以上，現象を共通の土台としながら，モダニズムとポストモダニズムを構造概念によって基礎づけ，理論的対立から理論的並存へと理路を整備してきた。次に，理論的並存から理論的統合へと，さらに理路を展開させていこう。

繰り返しになるが，モダニズムでは，医療を医療従事者の手によって疾病をコントロールするものと捉え，ポストモダニズムでは医療を患者の価値観に根ざして展開するものと捉えてきた。それゆえ，両思想的潮流の間にはまったく理論的接点がなく，医療の捉え方の正当性を巡って解決不可能な理論的対立へと陥っていた。では，どうすればいいか。

要点をいえば，京極[27]が指摘したように，構造構成主義の中核原理である関心相関性を媒介にして異なる理論をつなげればいいのである。関心相関性を媒介にすると，従来の医療の捉え方の対立や矛盾は，医療に対する関心の違いという視点が隠されていたことが明示的になる。

たとえば，医療従事者の関心が患者の疾患をコントロールしたいというものであれば，それに応じてモダン医療論の価値や意味が立ち現れてくるし，医療従事者の関心が患者の主体性を尊重したいというものであれば，それに応じてポストモダン医療論の価値や意味が立ち現れてくると考えられる。その結果として，医療従事者にとって患者は医療でコントロールする対象のように見えたり，患者自身の能動性によって医療を展開する必要があるように思えるといえよう。

つまり，西條がいうように，構造構成主義では一見すると矛盾している理論や考えであっても，それは関心の相異から導かれた結果[9]であり，その正当性は適宜動的に規定される[32]ことになる。それゆえ，構造構成主義では，構造構成的モダニズムと構造構成的ポストモダニズムを理論的に並存させつつ，関心相関性を基軸に「ある時には構造構成的モダニズム，またある時には構造構成的ポストモダニズム，そのまたある時には構造構成的モダニズムと構造構成的ポストモダニズム」というように，従来医療を認識する根底にあったメタ理論を，医療従事者の関心に応じて組み合わせることが可能になるのである。

こうした認識の変容は，モダニズムとポストモダニズムを対置させ，理論的対立に陥ってきた従来の医療論とは根本的に異なると考えられる。なぜなら，従来はモ

ダニズムとポストモダニズムを根底に据えて，それらの理論的媒介項が欠如したまま議論を重ねてきたため対立を乗り越えることができなかったからである。しかし，構造構成主義を用いれば，現象と構造によってモダニズムとポストモダニズムの理論構造を変容させつつ，関心相関性を理論的媒介項に接続することが原理的に可能となるといえる。

また，従来はモダニズムとポストモダニズムが根底にあったため，なぜモダニズムとポストモダニズムを採用するのかを可視化する理路が整備されていなかった。しかし，関心相関性は価値や意味が立ち現れる理路を整備しているため，モダニズムとポストモダニズムが採用されるプロセスを明示することができる。それにより，西條がいう「認識論的多元主義」[9]を原理的に保証できると考えられる。

なお，先に構造は，将来立ち現れてくるであろう未知の医療論にも妥当すると論じたが，それは関心相関性にも該当する議論であると考えられる。なぜなら，関心相関性は高次の原理性を備えた理路であり，原理は文脈を超えて妥当する理路と考えられるからである[27]。つまり，今後，未知の思潮や医療論が出てきたとしても，関心相関性を基軸に柔軟に組み合わせて用いることができるといえる。

4．構造構成的医療論の提唱

本論では，構造構成主義を継承した医療論のことを「構造構成的医療論（Structure-construction health care; SCHC）」として定式化しておく（図Ⅱ-4-1）。以下では，図Ⅱ-4-1を中心に論じていく。なお，Structure-construction medicineではなく，Structure-construction health careと表現した理由は，medicineは医学のイメージが強く，医学以外の領域も含む医療論の理解を矮小化してしまう恐れがあるためである。それゆえ，より広義の意味で用いられるhealth careという用語を採用した。

図Ⅱ-4-1にある現象，関心相関性，構造概念は，構造構成主義のそれを継承している。それゆえ，SCHCでは方法論的懐疑にも耐え得る現象を第一義に尊重することになる。SCHCにおける現象は，医療に携わる人々が直接経験することであり，そこで立ち現れた経験にこそ最も確実な何かがあると考える。それゆえ，幻覚や妄想，霊体験なども立ち現れそれ自体は疑いようがないため現象に含まれると考える。こうした現象は文脈を超えた理論的基盤となる。

また，SCHCにおいて現象は絶え間なく変化すると考える。なぜなら，直接何かを経験する点に焦点化すればするほど，現象の刹那的な側面を疑えなくなるからである。そして，その刹那に流れる時間は，あらかじめ他者と同じであると保証することはできないため，SCHCでは現象に流れる時間は多様であるという立場をとる。

この理論では構造概念，思想的潮流や医療論の多様性，科学性，患者・家族や他の医療従事者という他者性が担保される。それにより，SCHCは多様性を保証しつ

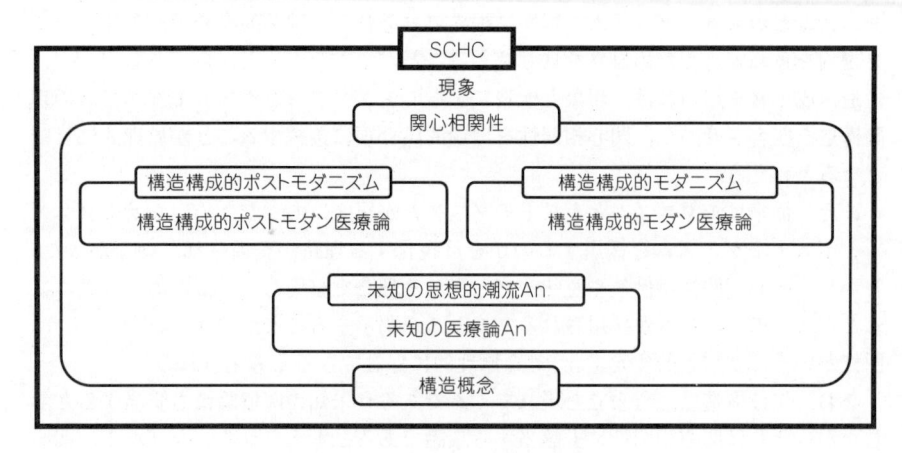

```
┌─────────────────────────────────────────────┐
│                  SCHC                       │
│                  現象                        │
│            ┌──関心相関性──┐                 │
│   ┌─構造構成的ポストモダニズム─┐ ┌─構造構成的モダニズム─┐ │
│   │ 構造構成的ポストモダン医療論 │ │ 構造構成的モダン医療論 │ │
│   └──────────────┘ └──────────┘ │
│         ┌──未知の思想的潮流An──┐              │
│         │   未知の医療論An    │              │
│         └──────────────┘              │
│              ┌─構造概念─┐                    │
│              └──────┘                    │
└─────────────────────────────────────────────┘

図Ⅱ-4-1　SCHCの構造モデル

つ，科学的営みを基礎づけ，医療の関わる人々の存在を理論的に担保することが可能になる。加えて，SCHCの構造概念には，未知の何かを構造化する理路が備わっている。このようにSCHCの構造概念には，未知の思想的潮流や医療論などにも妥当する機能があるといえる。

　SCHCにおいて関心相関性は，異なるパラダイムと，それに属する異なる理論体系を媒介し，それらを柔軟に用いる理路を開くものとして導入される。結果として，医療現場で生じるさまざまな対立を解消する可能性を開くことができる。また，上述した構造概念は関心相関性を媒介に構成されると考える。それにより，SCHCは変化に開かれたメタ理論として機能するといえる。加えて，SCHCの関心相関性は構造概念と同様に，未知の何かを媒介する機能が理論的に担保されている。このようにSCHCの関心相関性には，過去，現在，未来に至るまでさまざまな理論を媒介する機能があると考えられる。

　このようにSCHCでは，構造構成主義の諸原理を直接継承したが，そこに理論的な問題はないか。江川[10]がいうように，一般的に他領域の理論を転用する場合は，当該領域に応じて理論や概念の修正を行うべきである。しかし，構造構成主義のこれらの概念は論理的に考える限り納得せざるを得ないほどの理路となっているため，領域を超えて妥当すると考えられるため，大幅な理論的修正を行わなくても問題はないと考えられる。

　またSCHCは，現象，関心相関性，構造概念の他に，構造構成的モダニズム，構造構成的ポストモダニズム，未知の思想的潮流An，およびそれらにディペンドした各医療論から構築されている。構造構成的モダニズムとは，現象を構造化するた
```

めに意図的に客観的真理を仮定する思想的潮流である。構造構成的モダン医療論とは，構造構成的モダニズムに依拠した医療論であり，医療の諸テーマを考えるためにあえて客観的真理を仮定する医療論である。

構造構成的ポストモダニズムとは，現象を構造化するために意図的に現実は社会・言語・文化などによって構築されると仮定する思想的潮流である。構造構成的ポストモダン医療論とは，構造構成的ポストモダニズムに依拠した医療論であり，医療の諸テーマを考えるためにあえて社会・言語・文化などによって現実は構築されると仮定する医療論である。

従来のモダニズムとポストモダニズム，あるいはモダン医療論とポストモダン医療論は，無自覚にそうした根本仮説に依存してきたため理論的対立を回避できなかった。しかし，SCHCでは意図的に仮定していることを明示化することで，それぞれ主張を絶対化することを回避できる理路が保証されている。

なお，「未知の思想的潮流An」と表記したのは，今後構築されるかもしれない，あるいは本論では取り扱っていない何らかの思想的潮流，およびそれに依拠した医療論を射程に収めているためである。SCHCは，文脈を超えて妥当する諸原理から構築されるため，そうした未知の理論に対しても妥当するのである。

以上論じてきたように，SCHCは構造構成主義の諸原理を継承した医療論であり，すべての医療論に妥当するメタ理論であると考えられる。そして，SCHCは，論理的に考える限りにおいて，未知の何かに対しても理論的射程が保証されるという，変化に開かれた理論特性を有していると考えられる。

6節
構造構成的医療論の応用

次に，SCHCの意義を明らかにするために，SCHCの臨床応用可能性を示す。また，SCHCの立場から人間観，健康観を再構築していくことでその理路を展開していく。それにより，SCHCの応用可能性を読者に明示化したい。

1．SCHCの臨床応用可能性

先に，チーム医療における対立を論じたが，ここではSCHCを導入すればその問題がどのように解決されるかを考察しておく。

まず，先にあげた細田が，チーム医療における専門性志向と患者志向の対立をどのように解こうとしたのかを確認しておこう。細田[23]によれば「『患者志向』は，患者の必要性[needs]を把握して，患者にとって望ましい医療を目指すものだが，そのためには自己の専門性だけ主張するのではなく，他職種の専門性も考慮できる

という専門性の陶冶が必要不可欠になる。『専門性志向』が，他の職種の専門性を鑑み患者のためを第一に考えることができるものなら，『患者志向』と『専門性志向』は，相互排他的なものではなく相補的な関係として捉えかえすことができる」という。ここでは，専門性志向と患者志向の対立を解き放つキーワードとして，「他職種の専門性を考慮できる専門性」[23]が強調されていると考えられる。この専門性のことを細田は「コーディネータの役割」[22]と定式化し，ほとんどの医療従事者が何らかの形でその重要性を認めていると論じている。

では，コーディネータの役割とは具体的にはどのようなものか。中口[34]は「看護婦は，チームの中で，唯一24時間患者に接している，生活の場に存在するスタッフである。生活の場での，実際の食事場面からの情報を発信し，訓練室での情報を取り込み，活用し，広くさまざまな知識を身につけ，チーム内での実践的なコーディネータの役割を望まれていると考える」と論じている。言い換えれば，コーディネータの役割とは豊富な知識を背景に，自身のもつ情報を発信するだけでなく，他職種のもつ情報も活用することで，チームのメンバー間の関係を調整していくことであるとなろう。そうすることで，細田は他職種の専門性を鑑み，専門性志向と患者志向の対立を相補関係へと移行させられると考えていると思われる。

しかし，この議論の方向性自体はよいものの，これでは専門性志向と患者志向の対立を超克する理路を切り開いたとは言い難い。なぜなら，いかに多くの知識を身につけ，情報の交換を綿密に行ったとしても，異なるパラダイムに属する異なる理論体系を背景にしている限り，医療論のパラドックスは常に内在したままとなり，結果的に異なる医療論に立脚した医療行為を妥当に評価できない可能性を排除できないからである。

そうした問題を解決するためには，SCHCに導入した関心相関性を視点にすればよいと考えられる。それにより，たとえば「私が治療Aを価値があると考え，情報を発信し，また治療Bを価値があると考え情報を得ようとするのは，私の関心が○○にあったためであって，それが最良であるから価値があるわけではない。また，B先生が治療Cに価値を見いだし実践しているのは，B先生の関心が△△にあるからなのだろう」という認識構造に至る可能性が開ける。つまり，医療従事者が医療行為に対して抱く価値観や意味は医療行為にあらかじめ備わっているのではなく，医療従事者自身の医療への関心や目的によって異なってくることを意識化するのである。そして，医療従事者間の関心を意識化したうえで交流を重ねることより，チーム医療における医療従事者間の対立の調整が促進される可能性があると考えられる。

ところで，先にあげた細田の議論は，主に医療従事者の視点に軸足を置き，専門性志向と患者志向の対立を低減しようとしていた。しかし，医療の最小単位は患者

と医療従事者の二者関係から構築されるといえ，患者を含んだ状態で対立を超克できる理路を切り開かねばならないと考えられる。

こうした場合も，関心相関性を視点とすることで，患者と医療従事者間の対立を乗り越える可能性が開かれると考えられる。たとえば，医療従事者から見て手術が必要であると思われる患者が「死んでも手術はしたくない」と言った場合，従来であれば単に「扱いにくい患者」となるか，「専門性が発揮されず，必要な治療を行うことができない」というジレンマを抱えることになるだろう。また患者も，手術をすすめる医療従事者に対して，「自分の気持ちをわかってくれない」や「話を聞いてくれない」といったジレンマを抱くかもしれない。

しかし，関心相関性を視点にした医療従事者は「患者が手術を拒否するのは，患者自身が□□に関心があるためであって，絶対に手術が嫌だと拒否しているわけではないのではないか」という認識構造に至る可能性が開かれる。また，「私がこの患者に手術が必要だと考えるのは，私の関心が××にあるためで，そうした関心とは異なる立場から見れば手術の必要性はそれ程高くないのかもしれない」という認識構造に至る可能性が開かれる。

加えて，患者自身も関心相関性を視点にもてば，「ワテがこんなに手術を嫌だと思うのは，ワテが◎◎という関心があるからであって，別の角度から考えればそんなに嫌がる必要はないかもしれない」という認識構造に至る可能性が開かれる。つまり，患者が関心相関性を視点にすることで，その他の可能性を患者自身が検討できる筋道を開くことになると思われる。もし，患者に重度の認知障害や言語障害があれば，家族やその周囲の親しい人が関心相関性を機能させたうえで，医療従事者と交流を積み重ねればいいと考えられる。

もちろん，このように両者が世界観を予定調和的にわかりあえると素朴に仮定することはできない。なぜなら，どちらか一方，もしくは両者が自らの考えに固執する可能性もあるからである。しかしそうした場合でも，どちらか一方，もしくは第三者がSCHC的な視点で交流することで，対立が軽減される可能性が開かれるだろう。具体的には，「あなたは◇◇にこだわっているけども，それはどうしてなのだろうか」というように，相手が自らの関心を意識化できるよう促しながら交流していく方法が考えられる。このように，交流を重ねていくことにより，患者と医療従事者間で生じる対立を超克できる理路が開かれると考えられる。

もちろん，優れた医療従事者は，すでにこうした実践を行っていると考えられる。ここでの議論は，そうした経験的事実として行ってきた実践を否定するものでも，矛盾するものでもない。むしろ，SCHCによってそうした対立を超克する実践的営みを原理的に基礎づけ，定式化することによって，誰もが視点として意識的に活用しやすくしたのである。

2．構造構成的医療論における人間観

　機械論的世界観をもつモダン医療論は，人間を生理的，電気的，物理的存在等へと要素還元して捉えてきた[1]。つまり，モダン医療論の人間観は，人間を各部品からなる機械と同じように見立てるものであったといえよう。

　しかし，人間を部分に還元すると人間の全体像が見えなくなる。それゆえ，生命論的世界観をもつポストモダン医療論は全体性を強調し，人間を生きたシステムとして捉えてきた[1]。つまり，ポストモダン医療論の人間観は，人間を自己組織化する1つの系と見立てたものであるといえよう。

　こうした人間観の違いは，人間は本来的に部分からなるのか，生きたシステムなのかという医療論のパラドックスを引き起こすことになると考えられる。医療は人間を対象とするため，人間観における医療論のパラドックスは医療的営為の根幹に関わる問題であると考えられる。

　こうした問題に対し，SCHCでは人間をあらかじめ部分と全体に分けることはできないと考える。なぜなら，原理的思考を徹底すれば，人間をあらかじめ部分と全体に分けて，その境界を設定することはできないからである。

　その代わり，SCHCでは人間を構造として捉える。先に論じてきたように，SCHCでは構造の多様性を理論的に保証している。それゆえ，SCHCの人間観は，関心相関的に解釈し，構築するものとなり，構築された人間観は存在論的複数性が前提となる。

　したがって，人間の細部を理解したいという関心があれば，それに応じてモダン医療論的人間観が構築され，人間の全体性を理解したいという関心があれば，それに応じてポストモダン医療論的人間観が構築されることになる。もちろん，関心相関的に両者の視点を柔軟に組み合わすことも理論的には可能である。こうした認識位置は，人間は「部分からなるのか，全体からなるのか」という二項対立によって理解されるものではなく，部分も全体も関心相関的に構成された構造として理解されることを示している。

　そうして構成された人間観は構造であるため時間を含まず変化しない。しかし，主体には時間を含む現象としての人間が立ち現れるため，現象としての人間と照らしながら構造としての人間観は絶えず修正され続けていくことになる。SCHCでは，こうした理路を基礎づけることにより，人間観を巡る医療論のパラドックスを超克し，より妥当な人間観を構造化し続けるのである。なお，本論ではこうした人間観を「構造構成的人間論」と定式化しておく。

3．構造構成的医療論における健康観

それでは，SCHCでは人間の健康状態をどのように捉えるか。まず，従来の医療論における健康観を概観したうえでSCHCによる再構築を行う。

モダン医療論では，健康を正常と異常の二項対立で捉え，患者は医療によって異常から正常へと移行させていくものと考えてきた[1]。したがって，医療従事者の役割は，患者の疾病を特定し，それを除去することで苦痛を緩和することにあるとされてきた。

それに対し，ポストモダン医療論では，現代社会は慢性疾患や障害のように医療により完全に治療することが難しい患者が増加しているため，健康を正常と異常の二項対立では捉えることは困難であると考えてきた[1]。そのため，健康状態を一種のゆらぎ現象として捉え，正常でもなく異常でもない状態であっても幸福に生きる方法を模索しようとしてきた。

こうした健康観のズレは，健康を客観的に捉えようとするモダン医療論と，健康を主観的に捉えようとするポストモダン医療論の視点の違いによるものといえよう。それゆえ，"健康とは何か"を巡って医療論のパラドックスが生じると考えられる。

しかし，繰り返しになるが，原理的には異常と正常，客観的健康観と主観的健康観というように，あらかじめ二項対立的に境界を設定することは不可能である。それゆえ，仮に異常と正常，客観的健康観と主観的健康観の境界設定を行おうとすれば，健康観を巡る医療論のパラドックスは永遠に解決されなくなる。

そうした問題を超克するため，SCHCでは健康観を関心相関的に構成された構造であると位置づける。それゆえ，異常と正常，客観的健康観と主観的健康観などといった健康の構造化のありようは，「目の前にいる患者の健康状態をより上手に捉えるにはどうすればいいか」といった関心と相関的に規定されることになる。

構造としての健康観は，それが関心相関的に構成された構造であるがゆえに複数成立し得るし，また健康観を1つに絞り込む必要もない。多様な健康観を目の前にいる患者や他者と交流しながらその都度構築しつつ，より妥当と判断される健康観を構造化していけばいいと考えられる。それにより，「患者は異常か正常か」や「患者はゆらぎの健康状態か」といった前提にとらわれることなく，より妥当な医療を提供していく可能性が開かれるといえるだろう。

では，自他の健康状態の良悪はどう考えるか。まず，あらかじめ健康状態の良悪を境界設定することは原理的に不可能である。これを踏まえたうえで，自他で交流を積み重ねていくことで，そこで共有された健康状態に対する判断がその良悪（構造）を暫定的に規定していくことになる。もちろん，その過程で医学的知識も用いられるだろうが，SCHCにおいては医学的知識も構造の1つであり，絶対的に正し

い知識ではないと考える。それゆえ，自他に立ち現れた健康状態を鑑みつつ，適時交流を通して健康状態の判断を行い続ける必要があるといえる。

なお，SCHCによる健康観は，先述した好コントロール装置としての医療の問題を抑止するものとなる。なぜなら，SCHCによる健康観は，健康とは常に暫定的なものであり，コントロール可能な対象としてあらかじめ認識しないからである。本論ではこうした健康観のことを「構造構成的健康論」と定式化しておく。

●●● 7 節 ●●●
構造構成的医療論の意義と限界

本論では，医療論のパラドックスを乗り越えるべく，構造構成主義を継承した医療論の構想を論じてきた。構造構成主義は，深い原理性に支えられたメタ理論であるため，原理的にはあらゆる領域に妥当する可能性を持っている[9]。そのため，通常では相容れない思想的潮流を同時に基礎づけることができる。

そうした構造構成主義の理路を継承することで，SCHCでは医療全体を基礎づける理論的次元を整備することを試みた。それにより，医療論のパラドックスを超克しつつ，かつそれらの機能をより十分に発揮することが可能なメタ理論の構想を示しせたと考えられる。

しかし，モダン医療論からポストモダン医療論へという動向は近年になって本格的に始まったばかりであり，実際，ポストモダン医療論は，最新の医療論とされている。それゆえ，SCHCは，最先端の医療論であるポストモダン医療論のさらに先をいく医療論ということになり，悪くいえば時期尚早で理解されにくい可能性が考えられる。しかし，よくいえばSCHCは未来から書かれた医療論といえるかもしれない。したがって筆者は，SCHCを"次世代医療の原理"と位置づけておきたいと思う。

なお，限られた紙面上で医療全体に及ぶメタ理論を論じたことから，本論で示した理論には不十分な点も多数あると思われる。また，医療政策など医療論で論じられるべきテーマで議論していないものもあり，今後そうしたテーマで議論を重ねる必要がある。しかし，理論の未完成さに着目するよりも，あえて公表することによって少しでも学界の進展に貢献しようと思う。今後さまざまな角度からSCHCを検討，修正，継承し，より精密な理路の構築を行うことが期待される。

【文 献】

[1] 小川　龍　2005　ポストモダンの医療論―医学と哲学の接点　真興交易医書出版部
[2] 竹田青嗣　1992　現代思想の冒険　筑摩書房
[3] Rich, B. A. 1993 Postmodern medicine : Deconstructing the hippocratic Oath. *Fourum applied research and public policy,* **65** (1), 77-136.
[4] Morris, D. B. 1998 Illness and culture in the postmodern age. Berkeley: University of California Press.
[5] Morris, D. B. 2000 How to speak postmodern. Medicine, illness, and cultural change. *The hastings center report,* **30** (6), 7-16.
[6] Muir-Gray, J. A. 1999 Postmodern medicine. Lancet, 354 (9189), 1550-1553.
[7] Watts, T. L. 2000 After postmodernism. Lancet, 355 (9198), 149.
[8] Kernick, D. 2000 After postmodernism. Lancet, 355 (9198), 149.
[9] 西條剛央　2005　構造構成主義とは何か―次世代人間科学の原理　北大路書房
[10] 江川玟成　2002　経験科学における研究方略ガイドブック　論理性と創造性のブラシュアップ　ナカニシヤ出版
[11] Lyotard, J. F. 1979 *La condition postmoderne.* Paris : Minuit. 小林康夫（訳）1986　ポスト・モダンの条件―法・社会・言語ゲーム　書肆風の薔薇
[12] Husserl, E. 1954 *Die krisis der europaischen Wissenschaften und die transzendentale Phanomenologie : Eine einleitung in die phänomenologische philosophie.* Haag：Martinus. Nijhoff. 細谷恒夫・木田　元（訳）　1995　ヨーロッパ諸学の危機と超越論的現象学　中央公論新社
[13] 高田明典　2005　知った気でいるあなたのためのポストモダン再入門　夏目書房
[14] 無藤　隆・やまだようこ・南　博文・麻生　武・サトウタツヤ（編）　2004　質的心理学　創造的に活用するコツ　新曜社
[15] Gergen, K. J. 1994 *Realities and relationships : Soundings in soxial construction.* 永田素彦・深尾　誠（訳）　2004　社会構成主義の理論と実践―関係性が現実をつくる　ナカニシヤ出版
[16] Derrida, J. 1967 *La voix et le phenomene : Introduction au probleme du signe dans la phénoménologie de Husserl.* Paris : Presses Universitaires de France. 高橋允昭（訳）　1970　声と現象　理想社

[17] Kuhn, T. S. 1996 *The structure of scientific revolutions* 3rd ed. Chicago: University of Chicago Press.
[18] Feyerabend, P. K. 1975 *Against method : Outline of an anarchistic theory of knowledge.* London : New Left Books.
[19] 菅村玄二・春木 豊 2001 人間科学のメタ理論 ヒューマンサイエンスリサーチ, 10, 287-299.
[20] 池田清彦 2000 臓器移植 我, せずされず―反・脳死臓器移植の思想 小学館文庫
[21] 斉藤清二・岸本寛史 2003 ナラティブ・ベイスト・メディスンの実践 金剛出版
[22] 細田満和子 2003 「チーム医療」の理念と現実―看護に活かす医療社会学からのアプローチ 日本看護協会出版会
[23] 細田満和子 2002 チーム医療とは何か？ 鷹野和美（編） チーム医療論 医歯薬出版 pp. 1-10.
[24] Reference Net ClubのHP（http://www.reference.co.jp/jikocho/data.html）
[25] 岡本珠代 2002 チーム医療の倫理 鷹野和美（編） チーム医療論 医歯薬出版 pp. 25-35.
[26] 池田清彦・西條剛央 2006 科学の剣 哲学の魔法―構造主義科学論から構造構成主義へ 北大路書房
[27] 京極 真 2007 構造構成的障害論―ICFの発展的継承 西條剛央・京極真・池田清彦（編） 構造構成主義の展開―21世紀の思想のあり方 現代のエスプリ475 至文堂
[28] 池田清彦 1990 構造主義科学論の冒険 毎日新聞社
[29] Russell, B. 1912 *The problems of philosophy.* Oxford University Press. 高村夏輝（訳） 2005 哲学入門 筑摩書房
[30] Saussure, F. de. 1971 *Troisieme cours de linguistique generale : D' apres les chaiers d' Emile Constantin.* Pergamon Press. 相原奈津江・秋津 伶（訳） 2003 一般言語学第三回講義―コンスタンタンによる講義記録 エディット・パルク
[31] 京極 真 2006 EBR (evidence-based rehabilitation) におけるエビデンスの科学論―構造構成主義アプローチ, 総合リハビリテーション, 34 (5), 473-478.
[32] 京極 真・西條剛央 2006 Quality of Lifeの再構築―構造構成主義的見解 人間総合科学会誌, 2 (2), 51-58.
[33] 京極 真 2007 他者問題に対する構造構成主義的見解 西條剛央・菅村玄二・斎藤清二・京極 真・荒川 歩・松嶋秀明・黒須正明・無藤 隆・荘島宏

二郎・山森光陽・鈴木 平・岡本拡子・清水 武（編） エマージェンス人間科学―理論・方法・実践とその間から 北大路書房 pp.56-59.
[34] 中口恵子 1998 摂食・嚥下障害患者へのチームアプローチ―食事栄養管理と嚥下食の工夫・改善 看護技術, 44 (1), 60-66.

[謝辞]
医療従事者の立場からコメントを下さった京極久美氏に感謝します。

II-5 人間科学と工学の融合点
——ユーザ工学の定立とその周辺

黒須 正明

1節
独白

　工学というのは外部世界の実在性を問題にしていない。おそらく工学の研究者や技術者の99%以上は素朴に外部世界の実在を信じていると思う。構造主義科学論の立場からすれば，主体とは独立に存在する外部世界の実在性を仮定することなく，科学的営みを保証する，ということになるのだが，工学の立場からすれば外部実在を仮定したからといって，別に問題が起きるわけではない。「そんなことどうでもいいでしょう」というのが率直な考え方だろう。そこが科学的営みと工学的営みの違い，大いなる違いということかもしれない。

　もちろん工学にもさまざまなアプローチがあるが，そこに認識論的な議論が発生することはまずないといっていい。異なるアプローチの間における議論の焦点は，目的そのものの適切さや合目的性，そして論理的完結性であり，その実証形態としての可動性だ。動かないモノを作ったのでは誰も評価しない。逆にいえば動いてしまえばそれなりに評価されてしまう…それなりに，ではあり，そこに工学に特有の問題も発生するのではあるが。

　さらに工学のアプローチは基本的に「いいとこどり」の世界だ。「いいとこどり」というのは，いわゆる相対主義の「なんでもあり」とは違う。そこには合目的性という基準がある。いや，もちろん何を作ってもいい，しかし目的が明確であり，そ

の目的に適合した形で工学だけでなく関連諸科学のエッセンスを頂いてくるのが工学のスタンスだ。そして関連諸科学の中には人間科学や社会科学も含まれている。

「いいとこどり」をする工学で，しかしながら，強固な態度が形成されてしまっていて，そうでないアプローチを認めないという部分が1つだけあった。それは量的アプローチに対する過度な傾斜である。ただし，工学の中には多様な領域が含まれているが，その間で信念対立が発生していた訳ではない。基本的には工学はすべてその量的アプローチに染め抜かれており，それ以外が考えられないような状況にあったからだ。本章でも後述するように，こうしたアプローチや態度は，工学が新しい領域に展開しようとして，人間科学などの他分野との融合的研究を始めようとすると，その時に問題となってきたのだった。質的なアプローチに対する否定的な態度を克服し，適切なアプローチを使い分けること，それが「いいとこどり」を基本とする工学の最近の課題だったといえる。そして工学は，その貪欲なスタンスに基づいて，ようやくに質的なアプローチをも受け入れ始めている。その結果の1つがユーザ工学という領域の定立である。

「いいとこどり」のスタンスは，構造構成主義の言葉を使えば関心相関性ということになるだろう。しかし工学の世界で改めて関心相関性という言い方をする必要はなさそうだ。すでに述べたごとく，みな，しごく当然な姿勢でそうしたスタンスをとり続けてきたからだ。

工学は具体的な目的をもっている。だから関心の存在は当然のこと。そしてそれに関連した，つまり相関性の高い知識や技術を援用することも当然のこと。その意味で，工学は，量的アプローチへの過度な傾斜といった一部の例外を除き，構造構成主義を当初から実践していたと見ることもできる。しかし，それは主義ではなかった。むしろ工学の分野に集まった人たちの基本的了解事項であり，改めて足もとを確認しなければならない必要性を感じていなかったからだ，ともいえるだろう。だがそれは工学者が無反省な態度をとっていたということであり，したがって批判の対象とされるべきことなのだろうか。僕にはそうは思えない。むしろ自らの依拠する主義に拘泥し，見えるモノをも見えなくしてきた人間科学や社会科学のあり方のほうに大きな問題を感じている。

メタ主義が人間科学や社会科学の世界で必要とされたのは，工学にまたがって活動をしてきた僕の視点からは，人間科学や社会科学が具体的な目標を見失っていたからではないか，と思える。工学分野での経験もある筆者からすると，目標が具体的でかつ明確であれば，それに対してどのように取り組むべきかは，虚心に考えれば自ずと明らかになるはずだ。しかし目標が観念的であり理念的であるとすると，ある特定の立場に依拠することが「楽」であり，ものごとをすっきりと見させることにもなる。その快適さと安楽さが人間科学を堕落させてしまったのではないかと

思えるのだ。構造構成主義では信念対立というキーワードが重要な位置を占めているが，信念対立による弊害が澱のごとく溜まっていたのは人間科学や社会科学における特異な現象だったのではないだろうか。

僕の構造構成主義に対するスタンスを簡単に表現すると上記のようになる。僕の提唱しているユーザ工学は，人間科学と工学の融合領域である。その意味で，ユーザ工学の立場から人間科学に対していかに接近しているかを整理してみることには，それなりの意義があると考え，それを以下に展開することにする。本文では必ずしも構造構成主義の術語を多用していないが，賢明な読者は，その点について適切な読み替えをして下さることと期待している。

2節
はじめに

学際的（multidisciplinary）研究，異分野横断型研究，文理融合的研究というキーワードが流行るようになってから久しい。これらは，異なるディシプリンを融合させ，そこから創発的に新しい視座を構築しようという試みといえる。古代には哲学としてひとかたまりであった学問が徐々に細分化された結果，現在では極めて多数の研究分野が存在している。しかし，その動きは学問の専門的展開を進めたと同時に，細分化されたがゆえの視野の狭窄化や行き詰まりという結果をもたらしてきた。そうした結果として，改めて学際的なアプローチへの期待が高まっているのだろう。

実際に，学際的なアプローチに対する期待が高まっているだけではなく，そうしたやり方が必要であることは，いくつも成功したケースがあることからも確認できる。例として，都市防災のようなテーマについて，都市工学や建築学，交通工学，土木工学，電気工学，情報工学，社会心理学，人間工学などの専門家が集まり，それぞれの立場からテーマに関して議論をし，それを提言や報告書にまとめるような場合を考えてみよう。こうした場合，それぞれの専門家はそれぞれの専門分野から研究を行い，最終的にそれぞれのレポートが合体されて全体の報告書となる。もちろん，相互の意見交換や情報交換がないわけではないが，基本的には個別のスタンスからの検討が主体となる。いわば，並列的総合アプローチとでもいうようなものだ。

これに対し，ユビキタス情報社会のあり方を予測するような融合的研究，すなわち，異分野が相互に触発し合い，新しい課題に取り組もうとする場合は困難な事態が生じやすい。関連諸科学として，情報工学や通信工学，システム工学などが中心となることは容易に予想できるが，社会や人間に関連した研究領域としてどのよう

な分野の研究者を招けばよいかは，その研究プロジェクトのコンセプトによって決められる．社会学，経済学，経営学，法学，政治学，心理学，人類学など，多様な研究領域からのアプローチが期待できるが，あまりに多数の分野が集まってしまうとプロジェクトそのものの運営が難しくなる．数が少なくとも，異分野の研究者が融合的なアプローチを取ろうとすると，そこには語義の違い，発想の違い，研究を展開するプロセスの違い，重点の置き方の違いなど，さまざまな違いが出てくる．それらを統合し，新しい視座を構築するというのは「言うは易く行うは難い」のである．

もちろん，融合型の活動がいつも上首尾に完了できないということではない．少なくとも参加したメンバーは，いかに自分の研究領域が他の研究領域と違っているかを自覚し，他の研究領域の見方や考え方を理解することはできる．たいていの場合，その段階でプロジェクトの期限が完了してしまうことが多いのだが，それでも相互理解の第一歩を踏み出せる，という点では意義のあることだと思っている．

しかし，相互理解の第一歩が築けたことに満足しているだけでは意味がない．相互理解の上に立った融合型の成果を生み出すためには何が必要か，どのようなアプローチを取るべきかを考えねばならない．いや，そもそも融合型の研究がどうして必要なのか，単なる流行としてではなく，融合型の研究を行う本質的な必要性がどこにあるのか，その点についての確認も必要である．単なる相互理解という第一段階を越え，さらに有意義な成果を生み出す融合型の研究を行うにはどうしたらよいか．本章では，工学と人間科学（human science）の関係を取り上げて，工学の長所を取り入れながらも，その限界を超えた新たな学問領域を構築するための試みのあり方を考える．

いずれにせよ，こうした学際的ないし融合型の研究は工学の側から提起されることが多い．工学は常に新しいものを作り出そうとし，そのために必要と思われるものを貪欲に集め，それらを素材にして展開していく．これは前節で述べた「いいとこどり」のアプローチであり，構造構成主義の考え方に対応するものともいえる．こうした工学の積極的な姿勢と比較すると，人間科学は受動的なスタンスをもっている．問われれば説明し情報を提供するものの，自ら語り，自ら何かを作り出そうとする姿勢は極めて弱い．しかも，科学としての自意識が強く，単なる事実提供で終えようとはしない．そのため，いろいろなロジックをその主義主張から展開するが，工学者は必ずしもそうしたロジックを必要とはしていない．彼らにとって必要なのは，結果として得られた事実であり，それを得るロジックについては「ああそうですか」という姿勢になる．

このように，人間科学が受動的で自らの立ち位置に敏感である反面，工学関係者は人間科学の知見を入手することについては積極的な姿勢を取りつつも，その拠り

所となる主義主張にはあまり関心がない。さらに人間に関する知見を必要とする場合，自らの直観で対処してしまったり，表面的な理解に基づいて仮説を構築してしまったりする傾向もある。

しかし，工学が単なるモノ作りから，人間生活や社会に深く関わるようになってきた以上，より本質的なレベルでの人間に関する理解や相互作用が必要となる。人間科学においても，従来以上の現実世界への関与の仕方を考えねばならないだろう。その時，人間科学サイドの主義主張がどのような意味をもつのかについて，両者がともに考える姿勢をもつことが必要になるだろう。人間科学から「結果」としての事実を利用させてもらうのは容易なやり方ではあるが，人間科学においてはスタンスや方法がそこから得られた知見と密接に結びついていることも多い。したがって，工学と人間科学の間で円滑な連携や融合を行っていくためには，たとえ両者の間に信念対立が起きなくとも，人間科学の信念の由来やあり方について理解をもとうとする姿勢を工学サイドがもつことが必要である。

本章ではこうした側面について，筆者が提唱しているユーザ工学（user engineering）を事例として，両者の融合のあり方を考えてみたい。

3節
工学について

1．工学の定義

工学という言葉は「たくみのがく」と書くが，辞書的な定義としては，「基礎科学を工業生産に応用して生産力を向上させるための応用的科学技術の総称」（『広辞苑』）とか「役に立つ生産物を得るために，計画・設計・製造・検査の段階に基礎的科学を応用する技術の総称」（『岩波国語事典』）があり，「基礎科学」を「応用」して「生産」を行う「技術」のこととされている。平たくいえば，「ものごとについて知られていることを使って，何かを生み出す技」のことである。

英語でもengineeringについては，「The application of scientific and mathematical principles to practical ends such as the design, manufacture, and operation of efficient and economical structures, machines, processes, and systems.」（『American Heritage Dictionary』）といった定義が与えられており，ほぼ日本語と同様である。ちなみに，同じ辞書ではtechnologyについて，「The application of science, especially to industrial or commercial objectives.」と定義されており，engineeringとtechnologyの間に明確な区別はなされていない。

これは『広辞苑』でも同様で，技術に対しては「科学を実地に応用して自然の事物を改変・加工し，人間生活に役立てるわざ」となっていて，実質的には工学と同

じ意味になっている。

　日本語では，工学の方に「学」が使われているのに対し，英語ではtechnologyの方に「logos」が使われている。その意味では，英語の語彙への訳語決定に際して混乱があったようにも想像されるが，そもそもtechnologyとengineeringの間に明確な線引きがされてないため，訳語に混乱があっても仕方ないといえるだろう。

2．技術と工学

　本章では両者の間に便宜的な線引きをしておきたいと思う。技術も工学も，それが適用されるドメイン名を冠して，○○技術とか○○工学として使われることが多いが，そのドメインに適用可能な科学的知見を用いて，何らかの人工物を作ることに関わるという点では共通している。ここで人工物（artifact）とは，「人間が手を加えたもの」を意味し，特に「特定の目標を達成しようとして」という修飾句をつけることができるものとする。移動という目標達成のための自動車は人工物の典型であるが，それを効果的に走らせるための道路も，またトラブルなしに走らせるための交通規則も，さらにはそれを利用して物を運ぶ物流システムもみな人工物である。この意味で，無意識に地面に残された足あとは，人間が生み出したものではあるが，人工物とはよばないことにする。

　技術も工学も，その辞書的定義と同様に，まず科学的知見があることが前提となっている。しかし，その定義を『広辞苑』のように「体系的であり，経験的に実証可能な知識」としてしまうのは，いささか危険なように思われる。体系的知識をさすのはよいとして，経験的に実証可能とした場合，経験とか実証性という概念が何を意味しているかの解釈によって，極端な即物的姿勢や統計偏重などの傾向が生まれてしまうからである。自然科学の多くの領域についてはさておくとしても，特に社会科学や人間科学においては，経験とか実証性という概念の意味を明確に規定することは困難である。

　ある意味で，科学とは信念体系であるともいえる。体系であるなら，基礎ないし前提となるものがあり，知識はその上に体系的に組み立てられていく。しかし，そもそもの基礎や前提において，それが客観的事実といえるかどうかを疑い出すときりがなくなってしまうのだ。その部分について立場の違いというものがあり，異なる立場の間で信念の対立が起きているのが現実の科学の世界だといってもよい。その意味で，宗教と科学の間に明確な区別をすることを筆者はしていない。この2つは，ともに信念体系であり，その信念を基礎として知識の体系化を行っているという点で共通しているからだ。1回きりの霊的経験に基づいた信念体系があった場合を考えた時に，それを否定しつくそうとするのは，単なる立場の違いにすぎない，という反論を退けられない。逆に，数万サンプルに基づいた統計的知見があったと

しても，その調査のそもそもの前提が…，という議論をふっかけることも可能なのである。

こうした考え方に基づき，ここではまず科学を「ある立場にたってまとめられた知識の体系」と定義しておくことにする。言い換えれば，経験的実証性のあり方やその有無については特に問わない，ということである。また，バラバラの個別的情報は単なる知識として扱い，科学とは区別することにする。

このように，ある種の曖昧さを残した科学の定義をもとにして，技術や工学を定義できるのかと疑問を抱くかもしれないが，筆者はそれが可能であると考えている。むしろ，それしかできないだろうとすら感じている。極端にいえば，「似非科学」に基づいた似非技術や似非工学を，「真性科学」に基づいた真性技術や真性工学と峻別することはできないともいえる。筆者がそのような立場をとる理由の1つは，科学も技術も工学も，人々の世界認識に関わるものであり，世の中を統一的原理ですっきりと整理してしまうのは，「人の生き方」にとって，果たしてどれだけの意味があるか疑問だからである。もちろん，この立場も多様な立脚点の1つにすぎないのは言うまでもない。

次に，技術が来る。技術というのは「科学という体系的知識を現実世界における目標を達成するために応用するやり方」のことである。ちなみに，現実，という概念も「そこに自分が生きていると感じられる世界」という，一見曖昧な定義であるが，そのまま残しておいてよいと思う。

最後に，工学の定義は「複数の技術を複合化，もしくは体系化したもの」でよいだろう。複数の技術を体系化することにより，場面に応じた技術を適用することができる。技術と工学とは，必ずしも産業的な場面だけでなく，すべての人工物構築に関わる場面で，人間がその目標を達成するために科学を応用したものであり，それを適用する場面，つまりドメインごとに構築され得るもの，と考える。産業というのは，そのドメインの部分集合であり，それ以外のドメインの例としては，政治や福祉があげられる。ドメインを特定の目標に関わる人間の活動領域として捉えるなら，技術も工学も，それを支援する技や技の体系と考えることができる。

技術と工学をこのように定義した場合，どちらを取り上げても大きな差はないと思うが，その達成目標との関係を考えるには，工学を取り上げていく方がよいだろう。あるドメインで開発された技術を他のドメインで利用することもあるが，それは後者のドメインに関わる工学において，どのような目的でそれを利用しようとするかによるものであり，その方が達成目標との関連性がより明確になるからである。

3．工学の思想

前述のように，科学が信念体系であるということは，それを利用した工学も特定

の信念に基づいているといえる。工学と倫理との関係も，そのように多義的なものと考えられる。たとえば，原子爆弾や細菌爆弾の開発を倫理的にどう判断すべきかについては，その時代の政治的，社会的な風土の中で変化してしまうものだと思われる。それらが大量破壊兵器であり，非戦闘員を大量に殺戮するからいけないものだとする考え方は，その1つである。ただし，その1つであるとともに，その1つでしかないのである。その展開の先には，中量破壊兵器は，少量破壊兵器は，個別破壊兵器は許されるのか，という議論が起きてよいはずである。仮に戦闘員か非戦闘員の個別識別が可能だったとして，戦闘員であれば有無を言わせず殺してしまってよいのかどうか。このように考えると，工学と倫理の関係を単純に結びつけることの方が，むしろ危険であるともいえる。

　上記の例は極端な場合であるが，ユビキタス情報社会のあり方をどう方向づけるかという議論の中にも多様な信念が入り得る。しばしば指摘される例として，監視カメラとプライバシーの関係がある。ユビキタス情報社会になり，認識技術が高度な水準となり，インフラとしてのネットワークがさらに強力なものとなっていくと，現在街頭に設置されている監視カメラは，本来の目的以上の機能をもつことが可能となる。近い将来，すべての国民について，その行動をくまなくトレースしてその意味を解釈し記録し出すようになるかもしれない。こうした監視社会については，ある種の信念に基づくアレルギー反応が起きやすい。しかし感情的反発だけでなく，その達成目標の適切さをもっと議論すべきだろう。プライバシー意識の時代的変化や，個人情報の利用目的に対する社会的合意形成のあり方についても，もっと論じられるべきだと筆者は考えている。しかし，そうした議論が十分になされないまま，道路にはNシステムが設置され，寝たきり老人の監視介護システムの技術開発が進められている現状がある。このように，工学的な技術開発があらゆる方向にかなりの水準で可能となっている現在において，そもそも考えなくてはならないのは，そうして作られる人工物がどのような目標達成を目指したものであるかについてであり，まずはそれについての合意形成を目指す必要がある。

　もちろん合意形成というものも，その時代の社会的風土や文化風土の所産であり，地域や時代によって変動が生じ得るものである。その意味で，工学に関する思想というものは，特定の形で固定されるものではなく，柔軟に変化し得る余地を残したもの，さらには可能な限りトラックバック，すなわち元に戻すことができるものであるべきだろう。

4．工学と人間科学

　工学が人工物の作成に関わるものである以上，それは人間の広範で多様な生活と密接に関連したものである。また，そのような意識をもって研究される必要がある

ことを強調したい。その意味で，工学は自然科学だけでなく，人間の生活に関わる社会科学や人間科学との連携を密にして展開されなくてはならない。そもそも，工学の思想はそのような形で発展すべきものなのだ。しかしながら，現実には工学者の常識に基づいて展開されてしまっていることが多い。それはしばしば，世間の常識，あるいは社会科学や人間科学の考え方から乖離したものである。

蒸気機関の発明やフォード方式の発明など，技術開発の進展が，基本的には社会的に受け入れやすいものであった時代には，技術の開発が，そして工学の発展が，技術者や工学者の常識に基づいて行われていても，それほどの社会的齟齬は生じなかった。開発された技術を応用した機械やシステムは，ほとんどの場合，人々の生活に安楽さや利便性をもたらすものであった。その結果，技術者や工学者だけでなく一般生活者も含めた，あらゆる立場の人々はみな，技術開発に対してある種の盲信を抱いてしまうようになった。曰く「技術は生活を便利に，豊かにしてくれる」と。

信念体系というものは，いったん形ができあがってしまうと無反省に展開され，自動的に継承されてしまいやすい。技術の開発が我々の生活状況をほぼ飽和的に，豊かにしてくれた後も，同じようなスタンスで進んでいけばよいだろう，人々はこう考えるようになってしまった。技術開発は技術者や工学者に任せておけば大丈夫だろう，そういう無意識の考えが社会に広まってしまった。一部の社会科学者や人間科学者が警鐘を鳴らしても，それは思想的な関心でしか受け止められず，技術開発の現場や生産の現場，システム構築の現場にはほとんど届かなかった。

特に進展の著しいIT（Information Technology），もしくはICT（Information and Communication Technology）の分野では，その劇的な変化に追いつくのがやっとで，人々はその危険性を予知することも，いや，その方向性を真剣に議論することすらなく，その利用技術の習得に躍起となっていた。未だに「作る人」と「使う人」のギャップは大きく，作る人は使う人のことを十分に考えないまま作り続け，使う人は作る人に意見する暇もなく利用技術の習得に賢明になっている。

技術開発と人間との狭間を埋めるべく，人間工学（human factors engineering）という分野が生まれてきたのは，必ずしも使う人の生活や状況を考えてのことではなかった。その起源は，労働科学（ergonomics）にある。生産現場に配備された人間が効果的，かつ効率的に作業を行い，より生産性を向上させることを目的として，人間特性についての知見を集め，その現場的応用を図ったのだ。生産現場とは，工場のような典型的場面のみならず，オフィスのような知的生産場面も含んでいる。その意味で生産現場における人間は，生産システムの一部であり，より生産性をあげるための部品であったといえる。そのために，人間の身体的特性や生理的特性についての実験や調査が行われ，多量のデータが蓄積された。疲労やヒューマンエラ

ーという研究課題も，労働者自身のためというよりは，生産性を維持し，システムの運用を安定化するためという側面が強かった。

人間工学の時代になって，徐々に生産場面だけでなく，生活場面のあり方についても，その最適化が目指されるようになり，人工物の利用による目標達成という考え方のベースはできあがりつつあった。しかし，人々の精神的生活における満足といった考え方は薄く，まだ物質的生活における適合性が目標とされていた。

ICTの普及が始まった1980年代には，身体的・生理的側面だけでなく，認知的側面を重視する傾向が生まれてきた。コンピュータは知的な活動を増幅する人工物であり，そのわかりにくさが問題となったためである。そのために認知工学（cognitive engineering）という分野が興り，認知心理学の知見が応用され，どのようにしてわかりやすい人工物を設計するかが検討されるようになった。

1990年代に入ってから，人間工学や認知工学を統合し，新たな技術の開発を含めてユーザビリティ工学（usability engineering）という分野における活動が目立つようになってきた。ユーザビリティという概念は，簡単にいうと，使い勝手という概念に近く，ISOの規格の定義によると，有効さ（effectiveness）と効率（efficiency）と満足（satisfaction）という3つの下位概念から構成されるものである。その分野での活動は，人工物のあり方をユーザの立場に立って考えよう，という新たな観点を提起し，作り手中心主義から使い手中心主義へのパラダイムシフトを起こす，いわば，画期的な動きであった。

このような形で，工学における人的側面についての取り組みは徐々に発展してきた。

5．人間科学の実践と工学

ここで注意しなければならないのは，人間工学も認知工学もユーザビリティ工学も，いずれも工学と命名されている点である。工学が「科学という体系的知識を現実世界における目標を達成するために応用するやり方」を体系化したものであるとするなら，人間科学の体系的知識を応用していれば，それは人間に関わる工学である，ということも可能なのだが，実際には，それらの工学と人間科学，さらには社会科学との距離は依然として大きなままだった。

大学の学科としては，人間工学がいくつか存在するものの，認知工学やユーザビリティ工学の存在は単に教科としてしか扱われていないのが普通だった。しかも，工学という名称からか，それらの設置されている学部は工学系のものであり，文学部や人間科学部といった学部に設置されることは少なかった。

学会においても，人間科学系の学会で，それらの工学的領域の発表が行われることはまれだった。そうした分野の研究は，情報処理学会とか電子通信情報学会とい

った工学系の学会，もしくはヒューマンインタフェース学会のような融合系の学会において，その発表が行われてきた。日本心理学会のような人間科学系の学会では，応用とか産業というカテゴリーに一緒くたに放り込まれてしまい，身の置き所がないというのが実態であった。

　その大きな原因として，人間科学系の研究者や教員が，実際の人間生活の場面に関心をもつことが少なかったことが考えられる。実際の人間生活に関心をもっていれば，そこに流入してくるさまざまな人工物の影響を捉え，そのあり方を考えることができたはずである。また，そうすべきだったろう。この点は，人間科学における学的信念のあり方とも深く関係していると思われる。特に精神物理学（psychophysics）以来，その科学コンプレックスのゆえに，「科学たること」を目指してきた心理学は，科学的厳密さや定量的厳密さを重視し，そのために実験室という統制された環境で人間を捉えようとしてきた。もちろん，一部の発達心理学や社会心理学，臨床心理学などにおいては，現実の問題解決のために人間科学者が関与することもあったが，特に実験系の心理学においては「科学偏重」の傾向が顕著であり，それゆえに「現実遊離」の傾向をともなってしまっていた。さらにその科学の立場を強化するために理論武装をすることも多かった。その結果，しばしば無意味とすら思える信念対立が発生し，何のためか理解に苦しむ議論に時間が費やされるという現象が発生した。構造構成主義がメタ理論として提唱される必要性はここにあったといえるだろう。

　しかしながら，実験系の心理学が無意味な知的活動ばかりしていたというわけではない。現に，人間工学の時代には，感覚尺度の構成法などは人間を定量的に押さえることができるという意味で，工学者からその応用的側面を高く評価されていた。また，認知工学が活性化した時期には，作業記憶（working memory）に関する知見や問題解決（problem solving）に関する知見などが現場的に応用されることになった。

　さらにいえば，科学は科学であり，工学的応用だけを目指すべきではないともいえる。その意味での科学的展開はあってもよいとは思っている。したがって，実践を目指すものが有意義であり，そうでなければ無意味である，とはいえない。ただ，実践を志向する人間科学者があまりにも少なかったのだ。

　研究者や教員に実践的な志向性がなければ，学生たちの多くは，彼ら同様に実践志向の視点がないまま育ってしまうことになる。どのような形で現実生活にコミットすべきか，いや，どのようにコミットできる余地があるのかも知らされないまま，彼ら独自の閉鎖的な学的環境の中に生きていこうとすることになったのだ。

　人間科学がどのような場面で実践に関わり得るかについては後ほど述べるが，このような形で，工学という実践の現場においては人間に関する視点が必要とされて

いながら，現実にはそれが人間科学から十分に供給されずにいた。すなわち，ある意味ではやむを得ずという形で，工学者は自分たちの直感や聞きかじりの知識をもとに，ユーザの姿を想像しながら設計や開発を進めることとなったのだった。

4節
ユーザ工学とは何か

1．ユーザ工学の目標

　ユーザ工学（user engineering）は，人工物とユーザの関係を最適化することを目標とし，人工物の企画，設計や運用に関わる工学である。改めて言うが，工学であるからユーザ工学も「いいとこどり」のスタンスを取っている。後述する質的アプローチと量的アプローチの併用はその1つの現出である。

　従来の工学は技術的観点から，言い換えれば技術優先のシーズ指向的（seeds-oriented）な立場から，開発が行われることが多かった。しかし，それでは必ずしもユーザの特性や利用状況に適合した人工物を構築することができず，ユーザに十分な満足を与えることができない。そこで，人工物に関する従来の設計プロセスや運用プロセスに，できるだけユーザに関する情報を入れ込み，そこで文理融合的に人間科学や社会科学の視点を自然科学的な視点と組み合わせ，適用すべき技術を適切に選び，その適用の仕方を適切に考えることを目標とする。時には，その立場から新たな技術開発への提言も行う。

　したがってベースとなる科学は社会，人間のすべてを対象としたものであり，それを技術と融合的に組み立てる。設計開発や運用に利用される技術は，目標とする人工物の特性に関して，必要な技術すべてを援用するという「いいとこどり」のスタンスをとっている。ある意味で，従来のシーズ指向的な立場から，ニーズ指向的（needs-oriented）な利用者優先の立場への変換を目指したものであるといえる。さらに，できあがった人工物の利用を通して，ユーザの生活により高いレベルの満足を与えることを目指している。

　このようにユーザ工学は，まさに文理融合的アプローチの典型というべきものであり，人間科学や社会科学の知識を技術と融合しようとする。こうして作られ使われる人工物は，ユーザの目標達成にとって適合的なものであるはずであり，人工物設計の基本的方向性を明確に確立することができるはずでもある。

　当初，ユーザ工学では，ユーザと人工物の関係を重視していた。図Ⅱ-5-1は，第一接面（first interface）と第二接面（second interface）に関する佐伯[1]の図を基本としたものだが，その当時のインタフェース研究は，第一接面の関係を重視し，ソフトウェアのメニュー構成やリモコンのボタン配置などを問題にしていた。佐伯

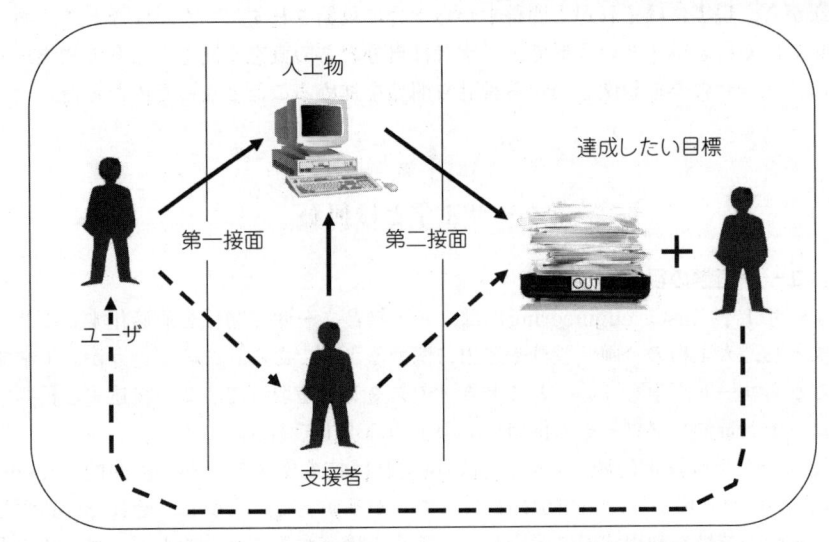

図Ⅱ-5-1 ユーザ工学におけるユーザと人工物の関係

の指摘は，接面の研究は目標を達成するためのものであり，人工物と目標の間にある第二接面と第一接面とを接近，ないしは透明化することが大切だ，というものだった．

　筆者はさらに図Ⅱ-5-1で，状況や場，環境というベースを導入した．接面は第一であろうと第二であろうと，状況に埋め込まれている．当然，ユーザも人工物も，そして目標もそうだ．そうした状況論的な見方を導入しつつも，人工物の概念をさらに拡張していくと，サービスのユーザビリティなどの場合には，支援者の存在が特に大きな役割を果たしていることがわかる．また，目標にも人工物とそれを利用する人間がいて，その人間からユーザへのフィードバックもあり得る．

　このような形でユーザと人工物の関係を捉えると，人と人の関係，さらに人の背後にある社会や文化の影響を考えることになる．また，それぞれの人の特性や状況を考えることにもなる．その意味で，いわゆる従来のインタフェース研究，そして多くのユーザビリティ工学の研究や実践活動は，かなり狭い視野でしか問題点を捉えていなかったことになる．言い換えれば，ユーザ工学はユーザに関するだけの工学ではない，ということである．関係する人工物を最適化することはもちろん，支援者の存在や達成目標と位置づけられた人間についてのあり方についても考える必要がある．こうした状況は，自治体ウェブサイトのあり方などの事例を考えてみれ

北大路書房の図書ご案内

教育・臨床心理学中辞典
小林利宣 編
A5判 504頁 3495円

教育現場の質的制度的変化や学問的な進歩に対応。約1400項目を,一般的な重要度により小項目と中項目とに分け,小辞典では不十分な内容を充実しながらコンパクトに設計。

発達心理学用語辞典
山本多喜司 監修
B6判上製 430頁 3592円

発達心理学の分野に焦点を絞った日本初の用語辞典。社会の変化,高齢化社会の現状にも対応する952項目を収録。「発達検査一覧」ほか付録も充実。活用度の高いハンディな一冊。

改訂新版 社会心理学用語辞典
小川一夫 監修
B6判上製 438頁 3700円

定評ある旧版の内容の整備・充実を図り,140項目を増補した改訂新版。人名索引も新たに整備したほか,中項目中心の記述方式を採用。授業・研究など幅広く,永く活用できる。

ちょっと変わった幼児学用語集
森 楙 監修
A5判 206頁 2500円

7つのカテゴリー,遊び,こころ,からだ,内容・方法,制度・政策,社会・文化,基礎概念に区分された基本的な用語と,人名項目,コラムを収録した[調べる][読む]用語集。

価格はすべて本体で表示しております。
ご購入時に,別途消費税分が加算されます。直接注文の際は,別に送料300円が必要です。

〒603-8303
京都市北区
紫野十二坊町12-8

北大路書房

☎ 075-431-0361
FAX 075-431-9393
振替 01050-4-2083

好評の新刊

心理学マニュアル 要因計画法
後藤宗理・大野木裕明・中澤 潤 編著
A5判 176頁 1500円

心理学の研究法としては一番オーソドックスな，実験の計画から統計処理までを扱う。単純か難解かに偏っていた従来の類書を克服した，実践的な内容となっている。

心理学マニュアル 面接法
保坂 亨・中澤 潤・大野木裕明 編著
A5判 198頁 1500円

カウンセリングに偏りがちだった面接法を「相談的面接」と「調査的面接」の2つに分け概観を紹介するとともに，具体的な手順を解説し，より応用範囲の広いものとしている。

トワイライト・サイコロジー
心のファイルx 恋と不思議を解く
中丸 茂 著
四六判 274頁 1800円

恋愛における非合理な心の動かし方や行動，また，超常現象，迷信等の非日常的な現象を信じること…そのような心理を解明をするとともに科学的なものの考え方を身につける。

マンガ『心の授業』
自分ってなんだろう
三森 創 著
A5判 136頁 1300円

心はフィーリングでつかむものではなく，一つひとつ知識としてつかむものである。95%マンガで書かれた，誰にでも読める心理学の本。「心の教育」の教材として最適。

記憶研究の最前線
太田信夫・多鹿秀継 編著
A5判 上製326頁 4000円

心理学における現在の記憶研究の最前線を，話題性のあるものに絞りわかりやすく紹介するとともにそのテーマの研究の今後の動向を簡潔にまとめ，研究への指針を提示。

ウソ発見
犯人と記憶のかけらを探して
平 伸二・中山 誠・桐生正幸・
足立浩平 編著
A5判 286頁 2200円

ウソとは何か？ 犯罪捜査での知見を中心に，そのメカニズムをわかりやすく科学的に解明する。「ポリグラフ鑑定」だけでなく，ウソに関するさまざまな疑問にも答える。

犯罪者プロファイリング
犯罪行動が明かす犯人像の断片
J.L.ジャクソン・D.A.ベカリアン 著
田村雅幸 監訳
A5判 248頁 2200円

マスコミ報道などによって広められた隔たったプロファイリングのイメージを払拭し，化学的手法によって行われている実際のプロファイリングの内容の「真実」を伝える。

インターネットの光と影
被害者・加害者にならないための情報倫理入門
情報教育学研究会・
情報倫理教育研究グループ 編
A5判 198頁 1600円

インターネットの利便性（光の部分）とプライバシーや知的所有権侵害・電子悪徳商法・有害情報・ネット犯罪等の影の部分を知り，ネット社会のトラブルから身を守るための本。

教育学―教科教育, 生徒指導・生活指導, 教育相談, 等

ケアする心を育む道徳教育
伝統的な倫理学を超えて
林　泰成　編著
A5判　224頁　2400円

N・ノディングズの「ケアリング」の概念を解説したうえでその概念を応用した授業実践例を挙げ、関係性の構築による心情面の育成に力点をおいた道徳教育のありかたを呈示。

続 道徳教育はこうすればおもしろい
コールバーグ理論の発展とモラルジレンマ授業
荒木紀幸　編著
A5判　282頁　2400円

大好評の前作より10年。この間、おおいに注目され、高い評価を得てきたコールバーグ理論に基づく道徳授業実践の、現段階での成果と今後の可能性についての集大成。

道徳的判断力をどう高めるか
コールバーグ理論における道徳教育の展開
櫻井育夫　著
A5判　286頁　3000円

道徳性発達理論とアイゼンバーグの向社会性発達理論を中心に、認知発達理論を実際の道徳授業と関連させながら説明し、理論に基づいた具体的な授業展開の仕方も紹介。

生きる力が育つ生徒指導
松田文子・高橋　超　編著
A5判　248頁　2500円

「現代社会における子ども」という視点を明確にしつつ、豊富な具体的資料やコラムを掲載し、読者が多次元的視点を身につけられるように編集。教師の役割を根本から考え直す。

図説 生徒指導と教育臨床
子どもの適応と健康のために
秋山俊夫　監修
高山　巖・松尾祐作　編
A5判　258頁　2427円

現場で生徒指導・教育相談に携わってきた著者陣により執筆された教育職員免許法必修科目の「生徒指導」、「教育相談」、および「進路指導」のためテキスト。

生き方の教育としての学校進路指導
生徒指導をふまえた実践と理論
内藤勇次　編著
A5判　244頁　2233円

生徒指導と進路指導は「いかに生きるかの指導」という面で一体化している。「入試のための進学指導」「就職斡旋のための職業指導」からの脱出を図ることをめざして書かれた。

あらためて登校拒否への教育的支援を考える
佐藤修策・黒田健次　著
A5判　246頁　1748円

本書では登校拒否を、子どもが大きくなっていく過程で起きる一種の挫折体験であるとし、これに子どもが立ち向かい、それを克服していくような「教育的支援」を強調。

学校教師のカウンセリング基本訓練
先生と生徒のコミュニケーション入門
上地安昭　著
A5判　198頁　1942円

教師自身にカウンセラーとしての資質・能力が要求される昨今。本書ではカウンセリングの理論学習に加え、その実践的技法の訓練を目的とし、演習問題と実習問題を収録。

心理学―社会心理，認知心理

姿勢としぐさの心理学
P.ブゥル 著
市河淳章・高橋 超 編訳
A5判 228頁 3000円

姿勢とジェスチャーは非言語的コミュニケーション研究分野では比較的無視されてきた。本書はこの現状の何らかの形での打開を意図し、有益な示唆やパースペクティブを与える。

[教科書] 社会心理学
小林 裕・飛田 操 編著
A5判 330頁 2500円

この領域の最新の知見と展開を盛り込んだ社会心理学の本格「教科書」。全章の構成を，個人→対人関係→集団・組織→社会へと配列，予備知識なしでも理解できるよう配慮。

対人社会動機検出法
「IF-THEN法」の原理と応用
寺岡 隆 著
A5判 248頁 4200円

対人社会動機検出の具体的方法として著者が開発し改良を重ねてきた「IF-THEN法」の総合解説書。対人反応傾向を量的に測定し新たな対人行動の研究領域の開拓をめざす。

偏見の社会心理学
R.ブラウン 著
橋口捷久・黒川正流 編訳
A5判上製 342頁 4500円

オールポートの偏見研究から40年―今なお続く偏見について，個人の知覚や情動，行為などの水準にも焦点を当て，研究のあらたな視点を提示し，多様な偏見の形態を分析。

人間の情報処理における聴覚言語イメージの果たす役割
その心理的リアリティを発達と障害の観点からとらえる
井上 智義 著
A5判上製箱入 114頁 7000円

従来ほとんど研究されることのなかった「聴覚言語イメージ」を，実験計画にのせて具体的に実施したものを紹介。聴覚障害者の言語処理や，言語教育も視野に入れる。

認知心理学から理科学習への提言
開かれた学びをめざして
湯澤正通 編著
A5判 2500円

理科学習は認知的にも，物理的・空間的にも社会的にも従来の枠を越えるべきとの問題意識から，心理学・教育学・社会・教育現場の多様な分野より，より具体的な提言を試みる。

音楽と感情
音楽の感情価と聴取者の感情的反応に関する認知心理学的研究
谷口高士 著
A5判上製 176頁 4200円

音楽のもつ感情性は私たちの行動にまで影響をもたらすが，それはどこまで一般化でき，普遍性をもつのか。これらの問題に認知心理学的な立場でアプローチを試みる。

授業が変わる
認知心理学と教育実践が手を結ぶとき
J.T.ブルーアー 著
松田文子・森 敏昭 監訳
A5判 304頁 3200円

今，社会から強く要求されている学力を身につけさせるために，認知心理学の成果を生かした新しい教育的手法を設計することを提案。認知心理学の専門用語の解説付。

心理学―教育心理, 臨床・医療心理

要説
発達・学習・教育臨床の心理学
内田照彦・増田公男　編著
A5判　264頁　2500円

従来の「発達・学習」領域に加え、教育臨床場面での「使える知識（いじめ、不登校、校内暴力等）」を多く組み入れて編集されたニュータイプ・テキスト。重要用語の解説つき。

学校教育相談心理学
中山 巌　編著
A5判　320頁　2600円

学校での教育相談はいかにあるべきか、子どもの問題行動をどのように理解して対応したらよいのかなど、教育相談の本来の意義と方法について考えることを目的として編集。

学校教育の心理学
北尾倫彦・林 多美・島田恭仁・
岡本真彦・岩下美穂・築地典絵　著
A5判　222頁　2000円

学校教育の実際場面に役立つ実践的内容にしぼった内容。最新の研究知見を中心に、いじめ、不登校、ＬＤ等学校現場が現在直面している諸問題への対応を重視した構成・記述。

オープニングアップ
秘密の告白と心身の健康
J.W.ペネベーカー　著
余語真夫　監訳
四六判　334頁　2400円

感情やトラウマティックな経験を抑制することの心身健康への有害性と、言語的開示をすることの心身健康への有益性や治療効果を実験心理学的裏づけのなかで明らかにする。

社会性と感情の教育
教育者のためのガイドライン39
M.J.イライアス他　著
小泉令三　編訳
A5判　260頁　2800円

社会性や感情（情動）を体系的に教育すること、「一人ひとりの子どもにスキルとして定着させること」の必要性を説き、教育現場で実施するための39のガイドラインを示す。

シングル・ペアレント・ファミリー
親はそこで何をどのように語ればよいのか
R.A.ガードナー　著
鑪幹八郎・青野篤子・児玉厚子　共訳
四六判　260頁　1900円

離婚・未婚出産件数が増加傾向にある現代、ひとり親家庭の子どもたちや親に生じるさまざまな問題に対し、精神科医である著者が具体例をあげつつ心の問題をサポート。

7つの能力で生きる力を育む
子どもの多様性の発見
A.B.スクローム　著
松原達哉 監訳　岩瀬章良 編訳
A5判　152頁　2200円

学力だけではなく、創造性・巧緻性・共感性・判断力・モチベーション・パーソナリティの面から子どもの能力を見いだすことの重要性を説き、さらに職業適性を論じる。

動作とイメージによる
ストレスマネジメント教育　基礎編・展開編
山中 寛・冨永良喜　編
基礎編　B5判　228頁　2700円
展開編　B5判　168頁　2300円

身体面、心理面、行動面にさまざまな影響が出てくる子どものストレス問題を、予防の観点から解説し、具体的な行動プログラムとその実践例、およびその効果を明らかにする。

教育学―家庭教育・社会教育，その他

家庭のなかのカウンセリング・マインド
親と子の「共育学」
小田 豊 著
B6判 182頁 1553円

今の「豊かさ」の意味を問いながら，「子どものいのちの輝き」を考える。子どものあるがままを受け入れ，子どもの心の流れにそうことから家庭教育の再考を提起する子育ての本。

「やる気」ではじまる子育て論
子どもはやりたいことをやる
山崎勝之・柏原栄子・皆川直凡・佐々木裕子・子どものこころ研究会 著
四六判 192頁 1602円

「間違った方向にいじられている子どもたちを守りたい！」そう願う著者らによって編集された新しい子育て論。内からのやる気をそこなわない子育てを追求する。

いま，子ども社会に何がおこっているか
日本子ども社会学会 編
A5判 246頁 2000円

子どもをめぐる社会・文化という「外にあらわれた姿」を手がかりに，多角的な視点から子どもの実態と本質を鋭くあぶり出す，第一級の研究者による力作。

学校で教わっていない人のためのインターネット講座
ネットワークリテラシーを身につける
有賀妙子・吉田智子 著
A5判 230頁 1800円

生活の道具になりつつあり，学校でも教えるようになってきた「インターネット」。その活用の技を磨き，ネットワークを介した問題解決力を身につけるためのガイドブック。

視聴覚メディアと教育方法
認知心理学とコンピュータ科学の応用実践のために
井上智義 編著
A5判 240頁 2400円

情報機器や新しい視聴覚メディアの教育現場での望ましい活用方法を示すとともに，そのような視聴覚メディアを利用した豊かな教育環境を整えるための適切な方向性を提示する。

京都発 平成の若草ものがたり
清水秩加 著
A5判 208頁 1500円

現在，競争，管理教育，いじめ等を体験した最初の世代が親になっている。育児を通して自らも成長するという視点で描かれた4人の子をもつ母親の子育てマンガ＋エッセイ。

質的研究法による授業研究
教育学／教育工学／心理学からのアプローチ
平山満義 編著
A5判 318頁 3200円

新しい時代の授業のあり方を求めて，3つの分野（教育学，教育工学，心理学）からアプローチする，質的研究法の最新の成果を生かした授業研究の書。

教科書でつづる近代日本教育制度史
平田宗史 著
A5判 280頁 2427円

教科書に関する基礎的な問題を歴史的に記述し「教科書とは自分にとって何であり，また，あったか」を考える啓蒙書。義務教育を終えた人ならだれでも理解できるよう配慮して執筆。

幼児教育，福祉学，その他

子どもはせんせい
新しい預かり保育実践から見えたもの
冨田ひさえ 著
四六判 176頁 1800円

社会的要請は強いものの，単なる「預かり」保育に終始していた延長保育に従来からの枠を超えたカリキュラムを導入した実践記録をドキュメントタッチで紹介。

レッジョ・エミリア保育実践入門
保育者はいま，何を求められているか
J．ヘンドリック 編
石垣恵美子・玉置哲淳 監訳
B5判 146頁 2300円

イタリアで実践され，世界的に注目を集めている保育実践の，アメリカでの入門書。ヴィゴツキー理論の新たな展開と，日本での実践可能性を示す。

一人ひとりを愛する保育
計画・実践，そして記録
飯田和也 著
A5判上製 146頁 1800円

保育の方法から保育の計画，また障害児の保育を含めて具体的な事例を中心にまとめ，さらに毎日の保育が終わった時に「何を記録すべきか」という評価，反省についても記述。

形成期の痴呆老人ケア
福祉社会学と
精神医療・看護・介護現場との対話
石倉康次 編著
A5判 262頁 2500円

20年にわたる介護現場や介護者家族の実践的な模索の過程をたどり，痴呆老人ケアの論理を考える。痴呆になっても普通に生きられることが実感できる環境づくりのために。

チビクロさんぽ
ヘレン・バナマン 原作
森まりも 翻訳（改作）
A5変形判 58頁 1200円

絶版になった原作のもつ長所をそのまま引き継ぎ，原作のもつ問題点を修正し，犬を主人公とした物語として改作。チビクロのさんぽ（散歩）のおもしろさ・楽しさを子ども達に。

チビクロひるね
森まりも 著
A5変形判 59頁 1300円

『チビクロさんぽ』の続編〜オリジナルの創作絵本。ユニークなキャラクターがいろいろなものに変身。「だじゃれ」を超越した言葉遊びのイマジネーションの世界。

目撃証言の研究
法と心理学の架け橋をもとめて
渡部保夫 監
一瀬敬一郎・厳島行雄・仲 真紀子・
浜田寿美男 編
A5判上製 590頁 6500円

「目撃証言」「目撃証人」の取り扱いについて，心理学・法律学双方の専門家からその研究成果を明らかにし，現在の裁判所の「事実認定」，「操作の方法の改革」について提言。

科学を考える
人工知能からカルチュラル・スタディーズまで14の視点
岡田 猛・田村 均・戸田山和久・
三輪和久 編著
A5判上製 402頁 3800円

科学的発見や科学研究の実像をとらえるために現在とられている多様なアプローチの全体像を具体的な研究例をあげることによって紹介。第一線科学者へのインタビューも収録。

心理学─基礎心理, 発達心理

ヴァーチャルインファント
言語獲得の謎を解く
須賀哲夫・久野雅樹 編著
A5判 176頁 2400円

いまだその具体的回答が得られない人間の「言語獲得」の問題について,コンピュータ上にプログラムという形でその獲得過程の再現を試み,その謎を解く画期的な書。

新 生理心理学 1巻
生理心理学の基礎
宮田 洋 監修
柿木昇治・山崎勝男・藤澤 清 編集
B5判 344頁 3500円

生理心理学最新の定番全3巻の1。本巻では,生理心理学のあり方・基礎理論を体系的に紹介する。1部─生理心理学とは 2部─脳と行動 3部─中枢神経系の活動 …等

新 生理心理学 2巻
生理心理学の応用分野
宮田 洋 監修
柿木昇治・山崎勝男・藤澤 清 編集
B5判 334頁 3500円

「現在の生理心理学」として定評を得ている応用分野のなかから認知心理学,睡眠心理学,臨床心理学,障害児心理学・教育,犯罪心理学,鑑識心理学への応用研究を紹介・解説。

新 生理心理学 3巻
新しい生理心理学の展望
宮田 洋 監修
柿木昇治・山崎勝男・藤澤 清 編集
B5判 324頁 3500円

「新しい生理心理学の展望」として,今後周辺各領域で発展・展開が期待できる斬新な分野・テーマの研究成果を集成。今後一層有用性が期待できる生理心理学研究の可能性を満載。

心理学のための実験マニュアル
入門から基礎・発展へ
利島 保・生和秀敏 編著
A5判 286頁 3689円

心理学を本格的に理解し,心理学の基礎的な研究法を体験し,「科学的報告」としてまとめ,心理学研究に必要な技術を修得するために。入門者必携の本格マニュアル書。

女性の生涯発達とアイデンティティ
個としての発達・かかわりの中での成熟
岡本祐子 編著
A5判上製 278頁 3500円

「かかわりの中での成熟」という女性の発達をめぐる問題意識の高まりの中,新しいアイデンティティ発達の視点を提供し女性のライフスタイルのあり方を捉え直す問題提起の書。

みるよむ生涯発達心理学
バリアフリー時代の課題と援助
塚野州一 編著
A5判 262頁 2500円

生涯発達を他者(外の世界)とのかかわりの広がりの中であらわれる人間の質的・量的な変化ととらえ,図表を中心に概観した,「みてわかる」「よんでわかる」平易なテキスト。

子どものパーソナリティと社会性の発達
測定尺度つき
堀野 緑・濱口佳和・宮下一博 編著
A5判 262頁 2600円

子どもの発達の中身を「自我発達」「達成動機」「道徳性」等の各領域的に区分してとらえ,その特性を明らかにするとともに,測定尺度をつけて実践的に取り組めるよう編集。

心理学―その他

クリティカルシンキング 入門編
あなたの思考をガイドする40の原則
E.B.ゼックミスタ・J.E.ジョンソン 著
宮元博章・道田泰司・谷口高士・菊池 聡 訳
四六判上製 250頁 1900円

現代をよりよく生きるために必要なものの考え方、すなわち「クリティカルシンキング」を系統的に学習するために。自ら考えようとする態度や習慣を身につけるためのガイド。

クリティカルシンキング 実践篇
あなたの思考をガイドするプラス50の原則
E.B.ゼックミスタ・J.E.ジョンソン 著
宮元博章・道田泰司・谷口高士・菊池 聡 訳
四六判 302頁 1900円

クリティカル思考とは、たんに懐疑のみでなく、自分の進むべき方向を決断し問題を解決する生産的な思考である。学習、問題解決、意志決定、議論の際の思考を身につける本。

クリティカル進化論(シンカー論)
『OL進化論』で学ぶ思考の技法
道田泰司・宮元博章 著 秋月りす まんが
A5判 222頁 1400円

クリティカル思考は、複雑化した現代社会に適応していく上で、必要な思考法である。本書では、ユーモアあふれる4コマ漫画を題材に、わかりやすく楽しく身につける。

自己開示の心理学的研究
榎本博明 著
A5判 270頁 2900円

臨床心理学者ジュラードに始まる自己開示の研究についてその現状を概説した本邦初の書。本書は言語的な自己開示に絞りその研究の概要を掲載。巻末に自己開示質問紙等を収録。

心理的時間
その広くて深いなぞ
松田文子・調枝孝治・甲村和三・
神宮英夫・山崎勝之・平 伸二 編著
A5判上製 552頁 5800円

不可解な「時間」のほんの一側面である「心理的時間」について、その多様性と複雑性にふれながら、わが国での研究とその周辺領域を紹介する。時間の心理学研究に刻される1冊。

心とは何か
心理学と諸科学との対話
足立自朗・渡辺恒夫・月本 洋・
石川幹人 編著
A5判上製 356頁 5200円

人間の心や意識をめぐる研究の様相は70年代以降大きく変換し、心理学についても方法論的基底の再検討が求められつつある。心の諸科学を展望しつつ根本的な問題を検討。

身体活動と行動医学
アクティブ・ライフスタイルをめざして
J.F.サリス・N.オーウェン
竹中晃二 監訳
B5判 166頁 2700円

超高齢化社会を間近に控える現在、日常の身体活動量を増加させ定期的な運動を行うことは疾病予防に大きな役割を果たす。行動変容を起こすための身体活動の効果を明確にする。

子どもを持たないこころ
少子化問題と福祉心理学
青木紀久代・神宮英夫 編著
四六判 174頁 1800円

少子化傾向は止まる兆しを見せない。面接調査をもとに子どもをもつことの意味、育てることの意味、そしてもたない心の深層を分析し、解決策の1つを福祉心理学の構築に求める。

教育学―原理・方法・歴史,教育学全般,学習指導

教育技術の構造
杉尾 宏 編著
B6判 248頁 2300円

上手・下手という教育技術の価値的側面を問う前に,教育の営み全体,すなわち公教育体制下の教育労働過程の中で,歴史・社会学的に明らかにするということをねらいとした書。

教師の日常世界
心やさしきストラテジー教師に捧ぐ
杉尾 宏 編著
B6判 220頁 1500円

現場教師各自が,学校教育の構造とその矛盾をつかみきるために,教師の日常世界に巣くう「自明視された教育行為」を見直し,現在の学校教育の病理現象を徹底解明する。

「協同」による総合学習の設計
グループ・プロジェクト入門
Y.シャラン・S.シャラン 著
石田裕久・杉江修治・伊藤 篤・
伊藤康児 訳
A5判 230頁 2300円

従来の競争社会への反省・否定の立場から欧米でも教育方法として重要性が認識されている協同学習理論。原理から主体的・有効に実践を作りあげるための具体的な情報を提供。

子どもが変わり学級が変わる
感性を磨く「読み聞かせ」
笹倉 剛 著
四六版 224頁 1900円

読書の足がかりとしての「読み聞かせ」の重要性と,その継続的な実践が子どもの想像力や自己判断力を培うことを説く,学校教育現場に焦点をあてた初の書。実践報告も紹介。

認知心理学からみた
授業過程の理解
多鹿秀継 編著
A5判 230頁 2300円

「教育の方法と技術」の内容を,生徒と教師の相互作用という認知心理学的方法でアプローチした書。従来からの行動主義心理学の成果も取り入れ,総合的にまとめながら紹介。

実践学としての授業方法学
生徒志向を読みとく
H.マイヤー 著
原田信之・寺尾慎一 訳
A5判 328頁 4200円

著者は現代ドイツの教育科学・学校教授学研究の第一人者で,この書はわが国のこれからの教育に求められる「自ら学び自ら考える力の育成」への道筋の構築の大きな指針となる。

授業づくりの基礎・基本
教師の意識改革を求めて
寺尾慎一 著
A5判 198頁 2427円

教育改革を推進,実行するのは各学校・教師であり,そうした改革に応える道は「授業づくり」の腕前を上げる以外にはないとの考えに基づき,その基礎・基本について論述。

子どもが生きている授業
吉川成司・木村健一郎・原田信之 編著
A5判 150頁 1942円

子どもの幸福のために行われる授業とは?子どもを全体として理解し,教師自身の内的世界を深く洞察する過程から,人間の本質や生きかたを浮き彫りにしようとする意欲作。

心理学―原理・方法・歴史, 心理学全般

試験にでる心理学 一般心理学編
心理系公務員試験対策／記述問題のトレーニング
高橋美保・山口陽弘 著
A5判 230頁 2600円

心理系公務員（主に国Ｉ・家庭裁判所・地方上級等）試験対策用の参考書／問題集。過去に出題された記述問題を多く集め，これに類題を加え一問一答の形式で解答・解説。

アメリカの心理学者 心理学教育を語る
授業実践と教科書執筆のためのTIPS
R.J.スターンバーグ 編著
道田泰司・宮元博章 訳編
A5判 256頁 3200円

大学の人気科目である心理学。が，その教育理念を検討し授業の組立や実用的アイデアを示した書は今まで日本にはなかった。すべての教員に有益なヒントを提供するエッセイ集。

本当にわかりやすい すごく大切なことが書いてある ごく初歩の統計の本
吉田寿夫 著
A5判 330頁 2500円

実際に研究を行う際の実用書としてよりも，社会科学を学ぶ人や統計を利用する必要性の高い職業に従事する人を対象とした（統計学ではなく）統計法のテキスト。

共分散構造分析［事例編］
構造方程式モデリング
豊田秀樹 編
A5判 224頁 3200円

1990年以降頻繁に使用され応用範囲も広い共分散構造分析。本書は特に実質科学的な解釈の興味深さという観点からモデル構成例と注意点，解釈・仮説の表現のコツ・工夫等を収録。

通史 日本の心理学
佐藤達哉・溝口 元 編著
A5判 640頁 4500円

日本の心理学の現状がなぜかくあり，今後どのような方向に行くのかを問う時，130年間にわたる日本心理学の道筋を省みることには大きな意義があろう。本邦初の通史編纂書。

心理学論の誕生
「心理学」のフィールドワーク
サトウタツヤ・渡邊芳之・尾見康博 著
A5判 240頁 2800円

心理学の研究について縦横無尽に語り尽くした鼎談＋関連論文で構成。日本の心理学研究における概念・方法・制度・歴史の捉え方に相対的な照射を果たしていく研究者必読の書。

思いやりと ホスピタリティの心理学
平井誠也 編著
A5判 264頁 2500円

一般心理学の事項を横糸に，本書のテーマ（「思いやり」「ホスピタリティ」）に沿った事項を縦糸に編集されたユニークな心理学入門書。医療・看護，福祉系の学生に最適。

自分理解の心理学
田口則良 編著
A5判 220頁 2300円

青年期の心理的特性や発達課題といった，自分の生き方にひきよせて考えられる知見について詳述した一般心理学入門テキスト。自分を理解し，強い精神力を養成するために。

教育・保育双書 全22巻

秋山和夫・成田錠一・山本多喜司 監修

❶教育原理
秋山和夫・森川直編　2233円

❷保育原理
田中亨胤編　2300円

❸養護原理
杉本一義編　2427円

❹社会福祉
片山義弘編　2500円

❺児童福祉
杉本一義編　2427円

❻発達心理学
今泉信人・南博文編　2427円

❼教育心理学
祐宗省三編　2427円

❽子どもの臨床心理
松山欣子・秋山俊夫編　2427円

❾小児保健
清水凡生編　2500円

❿精神保健
品川浩三編　2427円

⓫保育内容総論
秋山和夫編　2427円

⑫内容研究 養護
小林一・安藤和彦・枋尾勲編

⓭内容研究 領域健康
生田清衛門・秋山俊夫編　2427円

⑭内容研究 領域人間関係
小玉武俊編　2427円

⑮内容研究 領域環境
秋山和夫・成田錠一編

⓰内容研究 領域言葉
横山正幸編　2427円

⓱内容研究 領域表現
大塚忠剛編　2427円

⓲乳児保育
土山忠子編　2427円

⓳障害児保育
田口則良編　2427円

⑳児童文化
秋山和夫編

㉑保育実習
坂本敬・安藤和彦編　2233円

㉒教育実習
秋山和夫編　2300円

※白ヌキ数字は既刊

ば容易に理解できるだろう。

2．ユーザビリティという考え方

ユーザ工学は，その出自をユーザビリティ工学にもつ。ユーザビリティ工学は当初，評価手法によって使いやすさに関する問題点を発見することを目標としていた。そのため，認知工学の枠組みが多数援用された。プロトコル解析の手法やノーマン（Norman, D. A.)[2]の7段階モデルなどがその例である。

初期の段階で著名になったユーザビリティの定義に，ニールセン（Nielsen, J.)[3]のものがある。これは評価的アプローチから出てきたもので，要するに，わかりにくさや使いにくさといった問題がなく，エラーも少ないような人工物設計を目指そうというものであり，その意味でsmall usabilityとよばれることもある。

しかし，問題点を発見し，それを解決していくというnon-negativeな改善型のアプローチでは，人工物を最適化するには不十分である。機能性や性能というpositiveな側面も，その人工物のユーザビリティには関係している。その意味で，より上位レベルで効率と有効さをとりあげ，それをユーザビリティ概念の根幹としたISO9241-11[4]の定義が，big usabilityという名のもとに広まることになった。small usabilityがnon-negativeな側面に注目する，いわばマイナーな定義であったのに対し，big usabilityはpositiveな側面にも注目し，よりメジャーな定義となっている。ISO9241-11の定義では，有効さと効率と満足をユーザビリティの下位概念として定義しているが，筆者は満足を除き，有効さと効率がユーザビリティの内容であり，それらを目指して活動するのがユーザビリティ工学であると考えている。

3．満足という目標

ISO9241-11の定義における満足は，有効さや効率に対して相互排他的な概念になってはいない。そこには，ある種の従属関係が存在している。さらに，満足という概念は，図Ⅱ-5-2にあげたように，他の品質特性や，快適さ，審美性，愛着，動機づけ，価値体系など，ユーザのもつさまざまな主観的側面の影響を受けている。この満足はさらに，UX（User Experience），CS（Customer Satisfaction）やQOL（Quality of Life）といった概念にも関連しており，もはや，ユーザビリティとは別の，むしろその上位概念として捉えるべきものと考えられる。そこで筆者は，満足を独立させ，それをユーザ工学の目標概念と位置づけた。

こうした形でユーザ工学を捉えるならば，次のように再定義できる。ユーザ工学とは，人間の生き方に深く関わるものであり，ユーザとして人工物と接しながら，いかにしてより満ち足りた生活を送ることができるかを考える工学である。

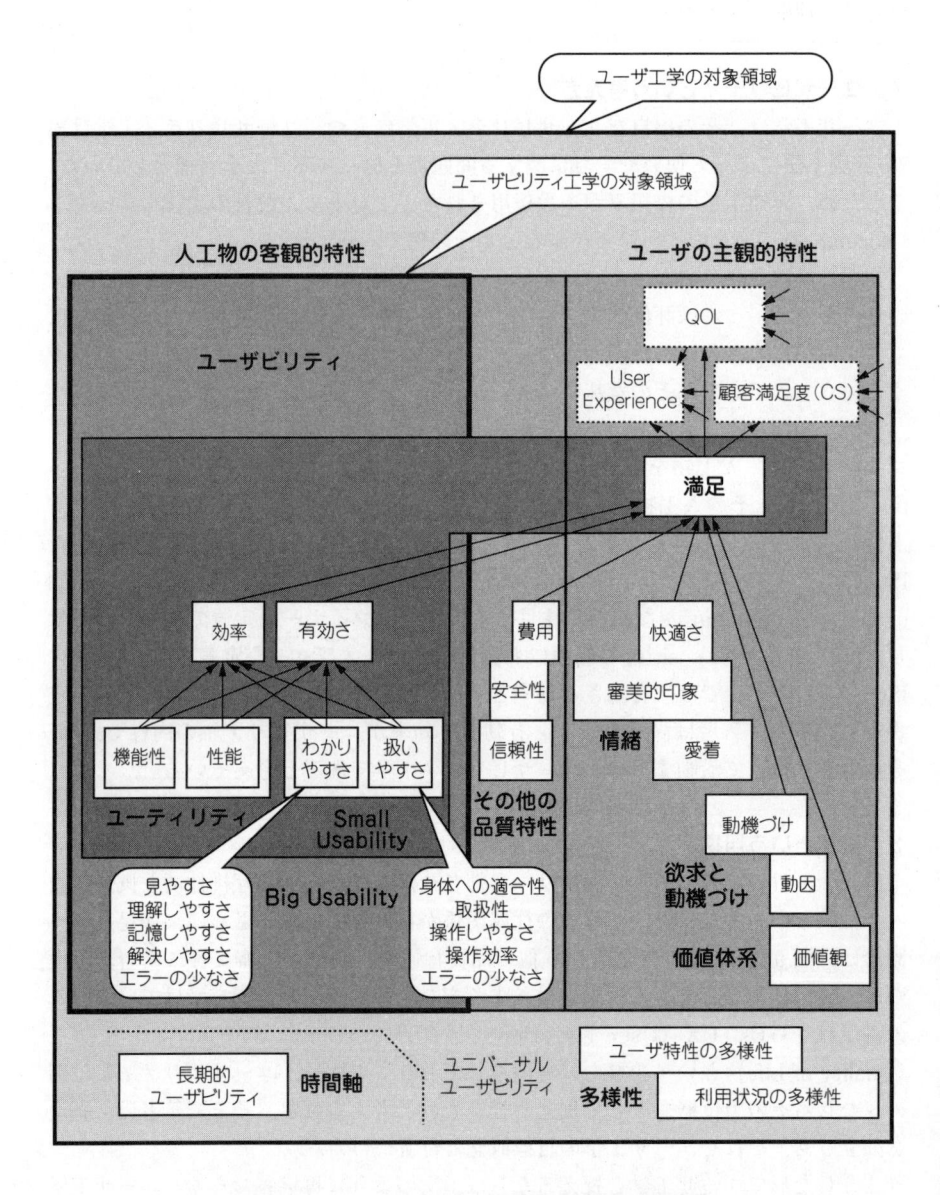

図Ⅱ-5-2 ユーザビリティと満足に関する概念構造

4. 多様性という観点

　ユーザ工学においては，基本的にすべての人を対象とする．その意味で，人間の多様性（diversity）をどのように捉えるかが大切になる．こうした人の多様性については，ユニバーサルデザイン（universal design）のアプローチが参考になる．ただ，ユニバーサルデザインは，その源泉がアクセシビリティ（accessibility）にあったため，ともすると障害者や高齢者の問題が中心に取り上げられやすい．もちろん，それらの問題も大切であるのだが，表Ⅱ-5-1にあるように，人間の多様性は多数の次元から構成されている．これらすべてに対応しつくすことは現実的には不可能である．

　しかしながら，こうした枠組みを頭に入れながら，設計や開発，運用にあたる必要がある．

表Ⅱ-5-1　人間の多様性

特性	状況	価値
年齢・世代（高齢者，壮年，若年，青少年，幼児）	ライフスタイル（ワーカホリック，LOHAS…）	個人的嗜好（多趣味，無趣味…）
性別（男性，女性，性同一障害）	経済的状況（収入水準，定期収入，不定期収入…）	政治的態度（左翼，右翼，中立…）
身体特性（上肢障害，下肢障害，半身障害，妊娠，怪我，利き手…）	緊急度（定常状態，緊急事態…）	宗教（無宗教，仏教，イスラム教，キリスト教，新興宗教…）
認知特性（視覚障害（全盲，弱視，低視力者，先天盲，後天盲，色盲…），聴覚障害，認知障害）	情緒的状態（安定状態，不安定状態，切迫状態…）	伝統（伝統遵守，革新，伝統無視…）
精神特性（精神病，神経症，人格障害，知能障害…）	身なり（重い荷物，大きい荷物…）	
教育的背景（大学・大学院卒，高卒，中卒）		
知識と技能（熟練者，初心者）		
言語（日本語，英語，ハングル，中国語…）		
文化（民族文化，国家文化，地域文化…）		
コミュニケーションスタイル（友好的，権威主義的…）		
認知スタイル（統合的認知，部分的認知…）		
学習スタイル（系統的学習，散発的学習…）		
地理的環境（大都市，小都市，山間地，僻地，離島…）		
社会的地位（給与生活者，自営業，フリーター…，持ち家…，管理職，作業担当者…）		
歴史的背景（歴史的背景の影響力…，支配的立場，非支配的立場，被抑圧の立場…）		

5．長期性という観点

　さらに，長期的利用という時間軸を導入することも必要である。これまでのユーザビリティ工学のアプローチでは，設計を終えた段階で評価をして，問題点を洗い出してきた。けれども，その評価は一時的なものであり，当該の機器やシステムを長期間使用したうえでの印象や満足度を調べるものではなかった。ある意味で，売り切りの製品を作っている製造業の立場が反映されていたともいえる。しかし，サービスのユーザビリティを考える時には，むしろ運用にこそ重点が置かれるべきである。

　その意味で，システムが開発されてからある程度長期間，たとえば，1年程度経過した段階で，人々がその人工物を中心にしてどのような活動を行うようになったか，また，その人工物に対してどのような満足を感じているか，いないのかを確認することの重要性を考えるに至った。ちなみにスウェーデンでは，Users Awardという認定システムがあり，使用開始から9か月以上たった段階でユーザの利用実態や満足度を調べ，それによってシステムのユーザビリティを認定している。

●◆● 5 節 ●◆●
ユーザ工学の方法

1．開発のプロセスという考え方

　ユーザ工学では，ユーザビリティ工学のように設計プロセスだけに注目しない。むしろ，機器やシステムのライフサイクル全体を対象とする。その意味で，設計プロセスに関して提唱されたISO13407[5]の枠組みを拡張し，図Ⅱ-5-3のようなプロセス図を考えている。

　ユーザビリティ工学は，評価プロセスを重視しているが，そこだけに注目していたのでは，ユーザの満足に値する目標達成は望めない。ISO13407では，図の右半分にあるような，利用状況の明確化や要求事項の整理，設計と評価の反復をその基本としていた。しかし，ユーザ工学では，企画から設計，開発，そして運用までを含め，トータルとしての人工物とユーザの関係性を捉え，ユーザの総合的満足を目指した。そのためには，他のプロセスを導入することが必要だった。

2．ユーザの調査

　図Ⅱ-5-3のプロセスの中で特に重視すべきは，上流に位置づけられているユーザや，その利用状況に関する実態の把握である。この段階で開発の方向性を見誤ると，人工物は役に立たないものとなってしまう。

　ユーザは何が欲しいかというイメージを明確に抱いていることもあるが，そうで

ないことも多い．こうしたものがあれば，という必要性を時に感じながら，いや，それは無理だろうと諦めていることもある．その意味で，ユーザの実態把握においては，フィールドワーク的な手法が重要となる．インタビューや観察という手法を現場主義，当事者主義の立場から実施し，ユーザが意識していること，意識していないことなど，さまざまな実態を現場でそのユーザの行動や発言からくみ上げるのだ．

この意味で，民族誌学（ethnography）などで用いられているフィールドワーク（fieldwork）の手法は，大変重要なものである．しかし，それらの手法は，人工物の設計開発を目指した実用的手法というよりは，対象となる人々を理解するための科学的手法であった．そこで筆者は，その部分を簡略化し，マイクロシナリオ法（Micro Scenario Method）とよばれる質的データの処理方法を考案した．

こうした設計の上流プロセスで，従来はマーケットリサーチの手法が適用されていた．そこから得られる典型的情報は業界の動向を示すマクロな数値であり，あるいは質問紙調査によって得られ多変量解析によって集約された数値データである．この点について，次項で少し詳しく触れることにする．

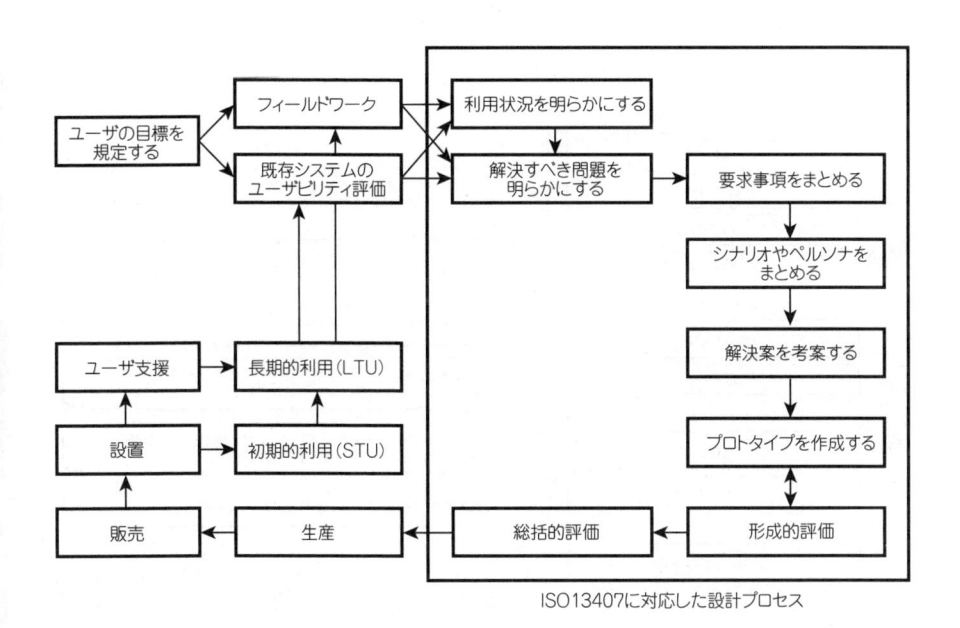

図Ⅱ-5-3　ユーザ工学で考える人工物の企画・設計・開発・運用プロセス

図Ⅱ-5-4　現場でのインタビュー調査

```
フィールドデータの取得
基本情報の記述
問題点の発見
問題マイクロシナリオ(pMS)の記述
タグ情報の記述
pMSをソート
問題点を集約
解決案を検討
解決マイクロシナリオ(sMS)の記述
タグ情報の記述
sMSへの加重
sMSのソート
適切なsMSを選択
```

- インフォーマントの基本属性やライフヒストリー，考え方の特徴など，共通な情報は基本情報としてマイクロシナリオとは別に記述しておく
- シナリオベーストデザインの問題シナリオの考え方にならって，ただし問題点を個別にコンパクトに記述する。これにより問題のマイクロ構造が明らかになる。GTAのオープンコーディングに近いが，問題点に特化して作成する
- pMSを表形式とし，各pMSについて，それがどのような側面に関係しているかのタグコーディングを行う
- MS Excelのソート機能を利用して，タグに関するソートを行う。これは実質的にKJ法を実施しているのと同じ
- 集約された問題点について解決案sMSを記述する
- QFDに近いやり方でsMSへの適用可能技術をタグとして付与し，さらにユーザにとっての魅力，コスト，技術の適用可能性や技術的難易度などについての情報を付与する

図Ⅱ-5-5　マイクロシナリオ法の流れ

3. 工学における数値重視の傾向と定性的アプローチの出現

　本章の冒頭，工学には特定の信念体系がないように書いたが，数値に対する素朴な信仰が存在していることは否定できない。そしてそれが時に工学のしなやかな発展を阻害してもいる。たとえば，品質管理においては品質特性を数値によって表現する。開発目標は定量的に表現し，プログラムのバグは定量的に管理される。これは数値のもっている利便性に過度に依存した状態といえる。

　こうした傾向が，ユーザインタフェースの分野にまで適用されるようになり，いろいろと問題が発生してきた。ユーザインタフェースにおいては，工学的所産を利用するのは人間であり，必ずしも数値的に表現し得ない側面でその利用状況を表現する必要がある。にもかかわらず，大胆に目の子によって引いた傾向線であってもよいから，何らかの形で定量的に開発成果の水準を表現することが求められるような傾向が，ユーザインタフェースの領域でも一般的になりつつあった。

　この傾向を助長してしまったのが心理学によって導入された精神物理学的測定法であり，多変量解析であり，統計的手法であった。これらの手法は人間に関する特性を数値によって表現できるため，工学における数値偏重の傾向に合致し，心理学は諸手をあげて歓迎された。こうした形でインタフェースの特徴や性能を定量的に表現する傾向が定着してしまった。この状況は工学と人間科学の信念対立ではなく，逆に結果的にみれば不適切な信念融合であり，信念強化であったといえるだろう。

　こうした傾向に楔を打ち込んだのが，インタフェースで発生するユーザのエラーの質的分析を重視したユーザビリティ工学であり，また前述のように，ユーザの利用状況についてフィールドワークの重要性を強調したユーザ工学であった。ユーザビリティ工学は，品質工学において使用性（usability）を単純な数値指標によって表現していた傾向に対し，具体的な問題点を解決するためにはユーザのエラーや逡巡の内容分析が重要であることを説いた。またユーザ工学は，質問紙調査で得られ，多変量解析で集約された定量的な情報だけではユーザの利用状況の実態はわからないものであることを主張し，フィールドワークの重要性を強調した。このようにして工学における定量的アプローチと定性的アプローチの対立は，特にユーザインタフェースに関わる領域で発生することとなった。

4. 利用状況に関する集約的アプローチ

　工学におけるこのような信念対立は，しかしながら定量的アプローチに対する傾斜が思想に基づいたものではなく，数値の利便性を拠り所とした功利的なスタンスであったため，根深いものとはならず，反旗を翻した定性的アプローチも結果的にはそれなりに受け入れられるようになった。もとより「いいとこどり」の工学であ

る。有効性が理解できれば，それまでの信念に反するものであっても受け入れてしまうのだ。

前述したように，利用状況に関する情報として，マーケットリサーチでは業界のマクロな動向や質問紙調査結果などが利用されてきたが，そうした情報が具体的な人工物の設計に対して有用な情報を提供してくれていないという不満は以前からもあった。もっと具体的な情報が欲しい，それが現場で設計を担当する人々の声だった。もとより質問紙調査は質問項目に設定した以上の情報を提供してくれない。その項目のポイントがズレていれば肝心な情報は得られない。回答用紙の丸印や集計用紙の数値からは，重要そうに思える情報をさらに具体的に突っ込んで知ることもできない。

そうした状況で登場したのがフィールドワークの手法だった。特に半構造化面接の手法が導入され，また面接に観察手法を融合させた文脈における質問（contextual inquiry）の手法が提案されて以来，それはユーザの調査における基本的な手法となった。ユーザの行動を現場で観察しながら，わからないことがあれば質問をするというこの手法は，設計の上流工程のあり方を大きく変えることになった。

現在，上流工程ではこうした形でのフィールドワークを行い，マイクロシナリオ法のような手法によってその情報を集約することがかなり一般的になっている。ただ，質的な手法では数値的な信頼度が低い。そのため，筆者は，文脈における質問などの質的手法を第1ステップとして仮説生成のための手法と位置づけ，それに基づいて質問項目を作成し，第2ステップとして質問紙調査による仮説検証を行うことを推奨している。

5．ユーザビリティの評価

いったん設計に入った段階で，その設計内容がまだ具体性に乏しい状態であっても，逐次ユーザの協力を得て，その目標達成との整合性を確認し，使いにくさ，わかりにくさといった問題点の把握を行うことが必要である。

ソフトウェアの開発であれば，ペーパープロトタイピング（paper prototyping）という簡便な手法を早期に適用し，問題点を芽の段階で摘むことができる。また，ユーザビリティテスト（usability test）という評価手法は，ユーザに課題を与え，その遂行状況を調べることで，どこにどのような問題点があるかを把握するものである。もちろん前述のように，長期的ユーザビリティを把握することも大切であり，質問紙法や面接法などを適宜併用しながら評価を行っていくことになる。

現在では，ユーザビリティテストにおいて定性的指標と定量的指標が総合的に利用されている。ユーザのエラーや逡巡の内容を確認することは，画面設計や操作手順の設計のどこを改善すべきかを具体的に示してくれるものとして，特に設計段階

図Ⅱ-5-6　ユーザビリティテストの状況

での形成的評価（formative evaluation）の面から重宝されており，またエラー率や作業達成時間はできあがった製品の使い勝手を比較可能な指標によって表現してくれるものとして，特に設計終了段階での総括的評価（summative evaluation）において多用されている．このように，初期のユーザ工学の取り組みにおいては，工学的アプローチと人間科学的アプローチの間に若干の齟齬が見られたが，現在では，両者は統合的に利用されている．こうした動きは構造構成主義の観点からすれば，1つの理想的事例といえるだろう．

6 節
ユーザ工学の実践

1. ユーザ工学のスタンス

　これまで見てきたように，ユーザ工学は，心理学や社会学，民族学などの人間科学と経営学などの社会科学，工業デザインやインタラクションデザイン，さらには品質工学やシステム工学などの基礎的な工学の知識を統合してきた．その際に，ドメイン固有の工学，たとえば情報工学や通信工学などを組み合わせた文理融合的スタンスをとっている．いや，もとからそうした文理融合的スタンスをとろうと考えていたのではなく，人工物とユーザおよびその周囲状況を最適化し，人間に満足を

もたらすための方法論を模索してきた結果, すなわち必要なものを組み合わせてきた結果そのような形となった, という方が正しい。

もちろん, 工学の1つであるから, それなりの信念体系に基づいてはいる。人間は満足や安定を求める存在である。可能な限り, 人工物との関係において, また人工物を媒介とした対人関係や社会関係において, そのような満足や安定をもたらすようにすべきだ, というのがユーザ工学の信念である。その信念を実現するためには, 多様なアプローチを統合的に組み込むこと, いわば「いいとこどり」のスタンスが必要となる。

こうした信念は, 筆者の個人的体験に基づいて徐々に構築されてきたものであり, 筆者の性格や生活歴が色濃く反映されてもいる。その経緯については, 『エマージェンス人間科学』[6]にまとめてある。筆者の個人史とユーザ工学の確立のプロセスを関連づけて書いてみた試みである。

2. ユーザ工学の適用範囲

ユーザ工学においては, 多様な人間の生活場面におけるすべての人工物が対象となるといってよい。多様な状況におかれ, 多様な特性をもち, 多様な価値観をもつ人々を, 個々人にとってそれなりに満足できる状態におくことは至難である。ユーザ工学は, ユーザビリティ工学がそうであったように, 製造業に関係するだけのものではない。産業界だけでなく, 政治や社会システムのあり方も含めた, すべての人工物を対象とする。冒頭での工学の定義で, 産業的応用という部分を切り捨てた理由はそこにある。

現在は, まだユーザビリティ工学との関係から, 製造業に関連した分野での実績が中心となっているが, 今後はその範囲は拡大していくはずである。また, 当然ながら, 産業界における利潤追求のための手段とすることを目指しているわけではない。むしろ, 産業界やその他の社会システムによって生み出された人工物を利用するユーザ, そしてそのユーザに関係する周囲の人々の状況を改善することを目指している。その意味では, 社会にある潜在的問題を顕在化し, その改善を目指すといってもよい。改善という場合には, 価値観の問題も絡んでくるが, 本節にあげる例は, 筆者の信念に基づいている。

筆者は, 思想の個人性ということを強く感じている。思想を提唱している人がどのような性格の持ち主であるか, どのようなライフヒストリーをもっているか, どのような転機を経てきたか, そうしたことが思想の確立に大きな役割を果たしていると考えている。その意味で, ユーザ工学として目指すところ, およびその取り組み方には, それを行う人の個性が色濃く反映されてしかるべきだと思っている。むしろ, 工学における思想性は, そのような形で特徴的に現出すべきものではないか,

とも思っている．したがって，ユーザ工学が継承されてゆく場合には，当然ながら，その人なりのユーザ工学となるだろうし，そうなるべきだろうと考えている．

以下にユーザ工学の適用範囲の例を紹介したい．

[改善型の取り組みケース：ATM] ユーザビリティ工学から発展してきたユーザ工学の場合，こうした機器やシステムに関連した事例が1番多い．ただ，多くのユーザビリティ工学的アプローチが第一接面に注目してしまうのに対し，ユーザ工学では，図Ⅱ-5-1に掲げたような包括的な見方をする．

　銀行やコンビニ，駅などにあるATMは，身近な人工物の1つである．お金を引き出したり，振込みをしたり，複数の機能がユーザの必要性に応じて組み込まれている．機器としてのATMの改善には，各メーカーとも相当な努力を図ってきた．わかりやすい操作，プライバシーの保護，取り忘れの防止，情報の確認，車いすでのアクセスや視覚障害者の利用など，機器操作に関連した部分についてはかなりの改善が行われてきた．

　しかし，こうした機器の場合，携帯電話も駅の券売機もそうだが，機器メーカーだけではどうしようもない部分がある．顧客が二重構造になっているという点である．機器メーカーにとっての直接の顧客は，ATMであれば銀行，携帯電話であればキャリア各社である．そうした構造上，二次顧客であるエンドユーザに対する配慮が欠如していた場合，いくら機器メーカーが努力しても，最終的にユーザが受け取るサービスの品質は低下してしまうことになる．たとえば，ATMでの取引が時間や日によって制限されているという点．これは，いつでもどこでもを目指すATM本来の目的から逸れたものであるが，銀行側がそれをサービスの重要なポイントと考えない限り，ユーザは不便や不満足を強いられることになる．こうした，一次顧客のマインド切替えを目指すべく活動することも，ユーザ工学の一環である．

[探索型の取り組みケース：喫煙] 最近はとみに喫煙者が減少しているが，それでも一定の数存在している．しかしながら，世間の風潮としては，喫煙は悪であり，できるだけそれを社会的な場から排除していこうとする傾向になってきた．

　もともと喫煙が他人に迷惑をかけるのは，副流煙による健康への影響と通行中の火傷，そして火災の危険性ということだろう．非喫煙者の立場からすれば，望まない煙を吸わされ，しかもそれが自分の健康を損ねる可能性が高いとなれば，それに対して否定的になるのは当然ともいえる．

　反対に，喫煙者の立場からすれば，最近，都内で歩行喫煙を禁止する場所が多くなり，喫煙場所を設けずに，歩行喫煙が禁止されるようになって不便を感じるよう

になっている。

　痴漢防止に関連した女性専用車両の問題もそうだが，社会がその方向性についてまだ模索段階にあり，試行錯誤を行っているようなケースもユーザ工学の対象となる．人間の多様性を可能な限り尊重するユーザ工学の立場からすれば，男性的な視点からだけでなく，女性の視点にも立ち，その必要性と運用のあり方を考えていくことが必要だろう。

　従来は問題がないと思われていた場面に対して，多様な人々の視点を導入することにより，新たな解決策を考えていくことが必要である．ただし，特定の立場だけを強調しすぎたり，過剰な制約を導入したりすることのないようにしていく配慮も必要である。

[設計型の取り組みケース:キャリアパスデザイン]　仕事をして対価を得る，という仕組みも人工物である．しかし，仕事というのは単に金を稼ぐだけではない．自己実現のための1つの手段でもある．その意味で，学校教育は本来，どのようなキャリアを積むのが自分にとって適切であり，満足できるものであるかを考えさせ，そのために必要なコンピタンスを備えさせる場としての役割ももっていたはずである。

　そこに，大学受験という関門がクローズアップされた結果，いわゆる教科学習だけが重んじられ，社会教育がなおざりになってしまっているのが現状といえる。

　そもそも，高校生や大学生たちは，世の中にどれほど多様な仕事があり，それぞれにどのような特徴があり，そのためにはどのようなコンピタンスが必要とされるのかを知らない．またそのことを知る機会すらない．ごく一部の職業についての，浅い知識の中で職業選択を行い，時には途中で転職をすることにもなる。

　こうしたキャリアパスのデザインも，人工物の1つとしてユーザ工学が扱わねばならない課題である．単なる就職指導としてではなく，人の人生をどのようにデザインしていくかという大きな課題として扱う必要があるのだ。

[新規の取り組みケース：親権]　現在の社会でそれなりに受け入れられてしまっていながら，そこに不合理があると考えられるシステムの場合，我々はそれに対する解を新たに模索する必要がある．親権に関する問題をその1つとしてあげる．欧州諸国では，法的にその運用が明確化されていることが多いが，日本においては不適切な行動に対する罰則規定もなく，ある意味では親権者のエゴが許されてしまうような状況となっている。

　本来，当事者として1番満足感を与えられるべきなのは子ども達である．それにもかかわらず，親権者のエゴがまかり通ってしまうという現状は，改善される必要がある。

　こうした問題は法律の問題として片づけてしまうことはできない．こうした場面

では，特定の学の立場から取り組むのでなく，関連した諸科学の知見を集め，トータルとして当事者としての子どもの幸福と満足を考えるようなアプローチが必要であり，そこにユーザ工学の必要性があると考えられる。

[クリティカルな取り組みケース：少年法，精神障害による責任能力]　ある種，そこに触れることがタブー視されてしまっているような課題に，少年法のあり方や精神障害の責任能力の問題などがあるが，人間の精神発達や精神障害という心の問題に関わるものである以上，こうした問題に対してはもっと人間科学者がその知見を提供し，論点を明らかにし，具体的な実践活動につなげてゆく必要がある。また責任能力があるから刑に服する，という考え方が本当に適切なものかどうかという点についても，異分野の融合的なアプローチがなされるべきである。この問題に対して，ユーザ工学は必ずしも十分な支援を行えないかもしれない。しかし，人間が法制度という人工物との関わりにおいて，満足できる状態に置かれているか否かという点において，そのアプローチはユーザ工学と共通している。

3．人間科学や社会科学との関係

このように，人工物とそこに関わる人間のあり方，その満足できる状態への希求を考える時，ユーザ工学がコミットすべき領域は，極めて広いといえる。特に，これまでの工学が扱ってこなかった社会的なシステムに関する問題は，さらにユーザ工学のスタンスから取り組む必要があるように思われる。

しかし，ユーザ工学の信念は，前述のように素朴なものである。素朴な信念が重要な場面もあるが，よりきめ細かい，論理的な詰めが必要な場面もある。そうした時，関連する人間科学や社会科学の研究者とのコラボレーションができなければ，単なる信念の唱和となってしまう。具体的，かつ実践的アプローチであるユーザ工学の姿勢を稔りあるものにするためには，関連諸科学の研究者が協力し合い，社会システムなどの人工物の現実世界におけるあり方に対して，問題意識をもち，積極的にその実践活動に関与する姿勢を示すことが必要と考えている。

●●● **7**節 ●●●

おわりに

本章では，工学の「いいとこどり」の傾向について述べ，構造構成主義の観点から，人間科学や社会科学とは異なる工学の特徴について触れた。さらに融合型のアプローチのあり方への検討から始まり，科学，技術，工学の概念定義，そしてそれらが関与する人工物構築という課題，さらには人工物構築への接近法としてのユーザ工学についての概説と，その展開の可能性について述べた。

また，特にユーザの利用状況の把握という場面で，工学が従来からもっていた数値偏重の定量的アプローチと，必要に迫られて新たに出現した定性的アプローチの相克が予想外に柔軟に終結したこと，そしてそれは工学の定量的姿勢が特定の思想を背景としておらず，工学が基本的に貪欲な「いいとこどり」の姿勢をもっていたからだったこと，を述べた。

　ユーザ工学は，人間を基本とする。世の中には実に多様な人々が暮らしている。彼らすべてを同じように満足させることは不可能であるにしても，可能な限りの満足を与えるように努力することはできる。問題はまだ山積状態にあるが，多少の具体的な取り組みによって改善できる余地は大きい。それを放置せず，社会人としての自己の責任感に基づいて積極的に関与する姿勢，既存の枠組みから脱出し，柔軟な姿勢で現実的な問題に取り組む姿勢が必要である。その姿勢は，単純に主義主張に拘泥するようなアームチェア的アプローチとは異なるユーザ工学の現場主義的原点ともいえる。

【文　献】

［１］佐伯　胖　1988　機械と人間の情報処理―認知工学序説　竹内　啓（編）　意味と情報　東京大学出版会　pp.21-54.

［２］Norman, D. A. 1988 *The Psychology of Everyday Things*. New York: Basic Books.　野島久雄（訳）　1990　誰のためのデザイン？―認知科学者のデザイン原論　新曜社

［３］Nielsen, J. 1994 *Usability Engineering*. San Francisco, Calif : Morgan Kaufmann.　三好かおる（訳）・篠原稔和（監訳）　2002　ユーザビリティエンジニアリング原論―ユーザーのためのインタフェースデザイン　第2版　東京電機大学出版局

［４］ISO9241-11　1998　Ergonomic requirements for office work with visual display terminals. Part 11 : Guidance on Usability　（JIS Z 8521：人間工学－視覚表示装置を用いるオフィス作業－使用性の手引き）

［５］ISO13407　1999　Human-centred design processes for interactive systems　（JIS Z-8530：インタラクティブシステムのための人間中心設計プロセス 2000）

［６］黒須正明　2007　ユーザ工学に至る道―僕の精神的遍歴を通して　西條剛央・菅村玄二・斎藤清二・京極　真・荒川　歩・松嶋秀明・黒須正明・無藤　隆・荘島宏二郎・山森光陽・鈴木　平・岡本拡子・清水　武（編）エマージ

ェンス人間科学―理論・方法・実践とその間から　北大路書房　pp.128-143.

Ⅱ-6 「心理学の統一理論」の構築に向けた哲学的論考
──構造構成主義の構想契機

西條 剛央

1節
心理学の危機

　現在，心理学は混迷の時代を迎えている。「心理学の哲学」における先駆者の1人である渡辺[1][2]は，「実験系と臨床系のますますの乖離ぶり，基礎的な実験分野が，神経科学や生物行動学や計算機工学など理工系の領域によって侵食されて心理学固有の領域が狭まる傾向，かつての行動主義的S-R学習理論に匹敵し得るグランドセオリーの不在と各下位分野での断片化の傾向」をあげ，心理学は百花繚乱の状況にあると指摘している。実際に，立場を異にする心理学者達は，たとえ同じテーマを扱っていたとしても，それらが存在しないかのように振る舞ったり，お互いの立脚点を理解することなく不毛な批判をしたりすることも珍しくない。
　このような状況は，フッサール（Husserl, E.）[3]が問題視した19世紀後半からヨーロッパで諸科学がおびただしい学説の対立によって混乱し，科学に対する人々の信頼が深刻な危機に陥った状況と酷似しているといえよう。したがって，心理学がこのような現状を，いつまでも打開できないでいるならば，心理学界内部の研究者のみならず，一般の人々の心理学に対する信頼が深刻な危機に陥る可能性を危惧せざるを得ない。

1. 方法論的統一

こうした中で，最近になりようやく心理学内の理論／実践，基礎／臨床，定量的／定性的といった二項対立図式と，それにともなう分裂的状況を，危機的状況と捉え，それらを克服しようとする試みも散見されるようになってきた。下山[4]は「臨床心理学の急激な拡大に対して，他の領域の心理学が反発し，対抗するといった対立構造が形成され」ており，「心理学全体の発展という点では危機的状況」にあると指摘している。そして，その「前近代的ともいえる対立」を，「日本の心理学の存亡の危機ともいえる深刻な事態」と位置づけて，分裂的事態の深刻さを訴えている。

下山[4]は『心理学の新しいかたち―方法への意識』の1章において，こうした状況を打開するために「実践-科学の循環図式」を提案している。その図式は，「実践活動を基軸とする実践的研究と研究活動を軸とする科学的研究の2種があり，その両者が循環的に連携することで心理学研究が統合的に構成される構造」を素描したものである。この図式が「心理学は，自然科学とは異なる在り方を示していかなければ，学問としての存在意義がなく」なるとの問題意識から提案された点は，評価されるべきと思われる。

しかし，現段階では，この図式は二項対立構造に根本的な解決を与えるものにならないであろう。なぜなら，基礎と実践の乖離の増大は，循環的に連携する基礎となる認識論的基盤が引き裂かれていることに起因するからだ。それを傍証するかのように，下山[4]は「実践にこそ，独自な意義を見い出すことができる」と述べ，「実践を基軸に据える心理学を構成することによって，心理学は，真の意味で社会に貢献できる」と主張している。この主張には，同書にて子安[5]が指摘するように，従来の基礎中心の心理学を，実践中心の心理学へと逆転しようとする態度が潜んでいることは否めず，前近代的対立の不毛性を指摘しながらも，その対立構図を超えることはできなかったといえよう。

先ほど触れたように，子安[5]はこの下山[4]の論調に「臨床心理学が心理学の中心ではなく周縁に置かれてきた」という「ルサンチマン」が潜んでいることを鋭く指摘し，以下のように述べている。

> しかし，基礎心理学が帝国で，臨床心理学が属州であり，中心と周縁を逆転しなければならないというアナロジーは正しいのでしょうか。そのような考え方からは，「心理学の新たな展開」は生じそうにないように私には思えます。この二項対立の克服こそが，心理学の発展にとって不可欠であり…（略）

この指摘は極めて妥当なものといえよう。そのうえで，子安[5]は「心理学の

『科学性』という観点から，ここでもう一度この問題を取り上げてみたい」と，二項対立の超克を試みている。その内実を検討してみると，まず「学派・流派を超えた心理学の『方法』についての議論」の成立を問題にしている。具体的には，「心理学の『方法』の基礎的な部分について再考」するために「共通理解をはかるための手だてとして，ここで取り上げる基本的な概念について，なるべく『大和言葉』に由来する言葉を用いる」というものである。そして，「よくみる（観察）」「かえりみる（省察とメタ分析）」「さしずする（教示）」「わける（分類）」「まとめる（データ・リダクション）」「野にでる（フィールド研究）」をあげ，心理学の方法について検討を加えている。

　これは心理学の基本的な方法を再考するという意味では，意義ある提言といえるだろう。しかしながら，ここでは子安[5]が重要と判断した「観察，省察とメタ分析，教示，分類，データ・リダクション，フィールド研究」といった基本的な「方法」に対して，大和言葉による装飾を施して再提示しているにすぎず，彼が目的とした「二項対立の克服」を可能とする理路にはなっていないと思われる。

　さらにいうならば，子安[5]は，最後に新しい成果を生み出す可能性について論じており，「その時に最も大切なことは，人間が生きている場で『イン・ヴィヴォ』（ここでは「フィールドでの生態観察研究」をさす）の研究をすることを忘れてはならない」〔（　）内は筆者が補完〕とその論考を締めくくっていることには注意を要する。二項対立の克服を目的とするならば，このように一方の立場を価値づけることで論考を終えることは有効な方略になるとは考えにくい。なぜなら，いずれかの立場の価値を高めることは，相対的にそれと反対の立場の価値を下げることに他ならず，その結果，減価値された方はそれに反発し，結果的に心理学内の分裂を助長することになりかねないためだ。

　以上概観してきた下山論と子安論の共通点は，心理学にはびこる二項対立図式を表層で解消しようと試みている点にある。こうしたやり方がうまくいかないことは半ば必然なのである。

　なぜなら，高橋[6]が方法論上の革命より認識論上の革命の方がより根底的であると指摘しているように，方法はあくまでも難問の表層にすぎず，難問の根は，その背後にある哲学的前提（認識論）にあるからだ。たとえば「心」をモノと同じような実体として認識するならば，自ずと物理学に代表される客観科学で用いられている方法を適用することになるように，「方法」は「事象の認識の仕方」（認識論）によって，暗黙裏に規定される側面がある。したがって下山や子安のように，方法論レベルの議論により，この種の二項対立を解消することは原理上不可能なのである。

2. 限定統一法

次に『認知行動科学―心と行動の統合科学をめざして』において「心理学の大統一理論は可能か」と問いを立てる西川の議論[7][8]を取り上げ，検討してみる。西川は二項対立図式の1つといえる「心身問題」を取り上げて次のように述べている。

> 認知論が「心」に言及していてもそれが基本的には物理過程（物理的事象）である記号システムのことである限り，行動論のよって立つ行動の制御変数である物理事象との間には何等の相違もないようにみえる。基盤は共通の物理事象であるからである（略）基本的に物理過程に説明の基盤をおくという点で，統一理論をあらためて求めるまでもなく，すでにそれは実現しているとさえいえよう。個々の個別の違いは，ようするにベクトルの向きの違いのごときもので，根は同じであるといってよい。

ここでは，認知か行動か（心か身体か）といった問題はベクトルの問題であり，「物理過程に説明の基盤をおくという点」で「根は同じである」としており，これは「物理還元主義」そのものといってよい。西川[7]は，その自覚の有無にかかわらず，独立自存する外部世界を先験的に前提とする「客観主義」に依拠しているともいえよう。そのため客観主義を認識論としない心理学は射程外となり，結果として，心理学の対象とする現象を限定することにより統一を試みる「限定統一法」となってしまっているのである。この「統一」は心理学の対象を行動と認知に限定されたものであり，ナラティブアプローチや臨床心理学，質的心理学，人間性心理学といった，心の主観的な側面を扱う諸領域は最初からその範疇に含まれていない。

行動／認知を物理事象に還元することで心理学全体を統一できるという西川の理路は，かつて行動主義が心理学の対象を行動に限定することによって心理学を統一したつもりになっていたのと構造上同じであることから，「心理学の大統一理論」には原理上なり得ない。むしろ，この限定により排除された領域の反発を招くことは容易に想像でき，その結果，心理学内の分裂を助長することにつながる危険性を孕んでいるといえよう。

3. 二項対立の根底

以上概観してきた3つの論考に共通しているのは，心理学における二項対立を問題として認識し，その超克を試みながらも，心理学の分裂を引き起こす構造を根本的に解消できなかった点といえよう。それでは，なぜこのような事態に陥ってしまうのであろうか。以下のウィトゲンシュタイン（Wittgenstein, L.）の言及は，こうした事態を考える際に重要な示唆を与えてくれる。

> 難問を深くつかまえるということは，むずかしい。というのも，浅くつかまえただけだと，難問はまさしく難問のままにとどまるからである。難問は，根から引きぬかなければならない。ということはつまり，新しいやり方でその問題を考えはじめなければならない。[9]

　二項対立の溝は想像以上に深い。渡辺[1]が主張するように，心理学において多パラダイム・諸理論が乱立している現状には，最も基本的な哲学的前提，認識論上の対立が，未解決であることがその根底にあることを，明確に認識しなければならないのだ。
　なお，このことはすでにヴィゴツキー（Vygotskii, L. S.）が1927年には完成していた『心理学の危機の歴史的意味―方法論的研究』[10]という未発表の草稿の中で，「すべての論争，すべての不一致，すべての混乱は，ひとえに認識論的な問題の明瞭かつ正確な提起の欠如に由来する」と指摘していたことは瞠目すべきといえよう。

> 二つの心理学―自然科学的・唯物論的心理学と唯心論的心理学―が存在するというテーゼは，多くの心理学が存在するというテーゼに比べて，より正確に危機の意味を表現している。まさに心理学は二つ存在する。つまり二つの相異なる和解しがたい科学のタイプ，二つの原理的に相異なる知識体系の構造が存在する。残りのすべては，見解，学派，仮説における違いである。（略）だが，争いは現実には，あらゆる流派の背後にあって活動している二つの傾向の間だけで行われている。[10]

　ヴィゴツキー[10]は「論者により呼び方がいかに異なろうとも」と前置きした上で，唯物論的心理学／唯心論的心理学というような2つのタイプの心理学に整理されていないことが心理学に不毛な混乱をもたらしていることを認識し，この危機的状況を打開するために，「その対比からはじめて心理学の現場ごとに切り口を入れ，それを異体でありながら誤って癒着してしまった二つの体へと正確にわけた」のである。
　さらに，そこでは，「われわれの課題は，過去の一般心理学的研究からわれわれの研究を分離することにあるのではなくて，心理学のあらゆる科学的研究とあわせてわれわれの研究を，何か新しい基礎の上に，1つの全体に統合することにある」といった将来的展望を示した。彼は，2タイプの心理学に整理した自らの仕事は，認識論的問題に起因する混乱の解消という彼の目的を達成するための一段階にすぎず，そのうえで再び1つの枠組みに統合しなければならないと考えていたといえよ

う。彼の洞察力と，その先見の明には驚嘆せざるを得ない。
　ただし，ヴィゴツキー[10]自身は「われわれが今問題にしているような心理学はまだ存在しない」と述べ，未来へその課題を託していることからもわかるように，その実現までは至らなかった。この意味で，本稿はヴィゴツキーの洞察を継承するものともいえよう。

4．主客の難問

　それでは次に，心理学における二項対立を引き起こす根本構造とは何かを見定めていく。渡辺[1] [2]は，「心理学を通じて最も基本的な，哲学的前提」が「主観性と客観性の対立軸」であり，実際に，その歴史を通じてこの対立軸が貫いていることが，心理学を諸科学の中でも独自のものにしていると，この根源を鋭く捉えている。そして主客問題は，デカルト（Descartes, R.），カント（Kant, I.），ヘーゲル（Hegel, G. W. F.），ニーチェ（Nietzsche, F. W.），フッサール等々，近代ヨーロッパ哲学が取り組んできた難問（アポリア）に他ならない[11]。そして，心理学はまさに客観と主観の狭間に位置するため，その根を依然として引きずっているのである。

5．確実な側面／曖昧な側面と説明／理解

　なお，渡辺[1] [2]は「心理学の歴史と将来展望をさらに立体的に把握するためには，主観的／客観的の対立軸だけではおそらくは十分ではな」く，「因果法則的説明／意味理解・解釈という，もうひとつの対立軸をこれに組み合わせることが有効と思われる」と提言している。それでは，説明／理解軸は二項対立の解消を目的とした際に必要不可欠なものか検討してみる。
　客観／主観の構図は，我々に立ち現れてくる現象の中でも「確実なもの」を対象とするか（として扱うか），「曖昧なもの」を対象とするか（として扱うか）という二項対立ということもできる。一般に物理的な現象は「確実なもの」といえるし，社会や人間がどうあるべきかといったことに関する意見（認識）などは「曖昧なもの」ということができ，我々の認識には，これらが同居しているのである[11]。そして，心理現象の解明に当たって，「確実なもの」を対象とする場合，説明（因果的法則的理解）を目指し，「曖昧なもの」を対象とする場合，了解（意味理解・解釈）を目指すようになることは，半ば必然といえるだろう。
　このように考えてみると，説明／理解軸とは，主客の難問の変奏（ヴァリエーション）といえることがわかる。心理学でいうならば，行動主義，精神物理学，精神生理学，精神免疫学，神経生物学，認知科学といった領域が「確実なもの」としての心理現象を「説明」する，いわゆるハードサイエンス的領域ということができるだろう。その一方，相対的にいえば，臨床心理学[12]や人間性心理学，質的心理学といった領域が心の曖

昧な側面の「理解」を志向する，いわゆるソフトサイエンス的領域ということができる。

このような二項対立を基盤とした心理学の分裂を，根底から超克するためには，これらの分裂の根源は，客観／主観問題にあるということを認識する必要があるのである。

6．目的

ここで本稿の目的をまとめておく。本論考では，心理学の分裂の根底にある客観／主観の二項対立を解明するための認識論基盤を確立する。そのうえで，心理学の「公理」を構築していくことによって，心理学を標榜する多様な領域全体を，特定の立場を排除することなく基礎づける理路を提供する。

2節
心理学を哲学するという方法

1．主客問題の超克の仕方

それではこの主客問題はどのようにして解明すれば良いのだろうか。方法論の工夫により，この種の難問を解明することができないのは先述した通りである。また，心理学者は，経験科学的知見（データ）の集積により解決する方法をあげるかもしれない。確かに心理学的知見が，解明のための道具として役立つことはあるだろう。しかしながら，この種の難問を，単なる科学的知見の集積により解決することは，原理的に不可能であるということに注意しなければならない。

その理由を，よく知られているゼノン（Zenon）の「アキレスと亀のパラドクス」をあげて説明してみる。このパラドクスは，経験的に追いこせないわけはないのに，論理的に考えればアキレスは亀を決して追いこせないというものである。すなわち，このパラドクスの要諦は，「このテーゼに基づくと，なぜか経験的（科学的）知と異なる事態になってしまう」という点にあることから，それを科学的知の集積により解こうとすることは背理になるのだ[13]。渡辺[1][2]が主張するように，そのようなことが可能であれば，心理学はとうに，「前パラダイム科学」「多パラダイム並存科学」と心理学史家に称される状態を脱していたであろう。言葉の謎は，言葉を媒介として哲学的に解明しなければならないのである。

2．心理学の哲学の意義

そして，前述したようにこの主客問題の謎は，ヨーロッパ哲学が長年解明しようと試みてきた言葉の謎に起因する哲学的な難問に他ならない。しかし一方で，「そ

うだとすれば，すでにこの謎は解明されているのではないか」という指摘もあるかもしれない。確かに，竹田[11]が指摘するように，この難問に対してほぼ完全なかたちで回答を与えたものとして，フッサール[3]現象学をあげることができる。それならばフッサール現象学を適用すれば，ただちに問題が解消するかといえば，事はそう簡単ではない。

　もちろん，根本的には同種の問題であることから，すでになされている解明の理路は，主客問題が解明されていない領域において，有効な示唆となり得る。しかし，難問の根本は同じ主客問題であっても，それは，それぞれ固有の歴史を経て，その領域における研究対象・概念・方法などを基軸とした独自の形態へと発展している。

　したがって，当該領域固有の難問を解明するためには，その領域の歴史的経緯を踏まえ，その領域の概念を用いて解明していく必要がある。これはたとえるならば，イギリスで起こった産業革命は，日本に直接輸入するだけでは十分ではなく，日本固有の文化の中で定着・発展していくためには，日本の風土や伝統になじむよう独自の工夫をし，また，日本語で広める必要があったことと構造上類似していると考えてよいだろう。

　単なる哲学ではなく，「心理学の哲学」が求められる理由はここにある。これらの議論をまとめれば，心理学の分裂をもたらしている主客の難問を，心理学の具体的問題として捉え，それを哲学的に解明する必要があるといえよう。したがってここでは「心理学を哲学する」という方法を採用する。それでは次に現代心理学において，主客問題はどのような形で立ち現れているのか概観していこう。

●◆● 3 節 ●◆●
現代心理学における主客問題

1．モダニズム／ポストモダニズム

　心理学は，客観／主観（説明／理解）を基軸とした2つの相容れない立場を無定型に揺れ動いてきたといえる[14]が，これを現代思想の文脈から見れば，従来の「モダニズム」に対する，「ポストモダニズム」の台頭といった図式として捉えることができる。モダニズムとは，要素還元主義，機械論的世界観に基づく思潮のことである[15]。その代表的認識論は，「我々とは独立して外部に1つの客観的世界がある」という客観主義といえることから，モダニズムが客観側に位置することは明らかだろう。

　一方，ポストモダニズムとは，文字通りモダニズムの"post-"，つまり「後」に来た思潮である[15][16]。そして，その代表的な認識論の1つとして社会的構築主義

(social constructionism)[17]をあげることができる。浅野[18]によれば，社会的構築主義の共通点は，「現実は客観的に存在するのではなく，言語をなかだちにした人々の行為を通して構成される」といったものとなる。この前提ゆえに，何でもアリの相対主義，独我論，主観主義といった批判をされることも多い[18][19][20][21][22][23]。このことから，ポストモダニズムは主観側に位置づけられることがわかるだろう。

2. 量的アプローチ／質的アプローチ

このモダニズムからポストモダニズムへの移行といった思想的動向は，現代心理学においては，伝統的な量的アプローチに対する質的アプローチの台頭といった方法論的動向として顕著に現れている。少なくともここ最近までの数十年の心理学は，モダニズム的な思潮に基づいており，数量化し，統計的な検定にかける「数量的アプローチ」が圧倒的な勢力を誇っていた[24][25]。それに対し，ポストモダニズム的思潮を背景に，「質的アプローチ」（質的研究法）と総称される新たな方法論が台頭しており，それらは対比的に論じられることも少なくない[26]。

したがってここでは主客問題を解明するために，モダニズム／ポストモダニズムの反映である量的／質的といった2つの代表的方法論の問題点を基軸に論を展開する。それによって，抽象的な哲学的難問を，心理学者にとって切実な方法論レベルの問題として解明することが可能になると考えられるからだ。

3. 方法論上の難問

これら2つの方法論の間に問題などあるのだろうか。双方のアプローチなどに固執する必要などなく，数量的・質的アプローチの双方の利点を柔軟に組み合わせればいいではないか，といった考えもあろう。

これは研究現場において現象を捉えようとしている研究者にとっては妥当なものともいえよう。実際に「質的データは質的データとして，数量的データは数量的データとしてそれぞれ最大限その長所を活用するしかたで結合し利用すべき」[27][28]といった方法論的折衷主義とでもいうべき立場は，多くの研究者に支持されている[5][29][30]。そして，実際にそういったスタンスの研究も行われている[31][32][33]。

しかし，事態はそう単純ではなく，この融和論とでもいうべきアプローチには，主客問題に起因する根本的難問が潜んでいるのである。この点に関して，以下西條[34]の議論を参照しつつ，概観していこう。

ホロウェイ（Holloway, I.）とウィーラー（Wheeler, S.）[35]は，融和論を踏まえながらも，「にもかかわらず，社会科学の実証主義的方法と解釈的方法は，対抗しかつ対立した思想がその根源にあるということを思い出さなければならない」と述

べている。相容れない認識論に依拠する方法論を，1つの研究において柔軟に折衷することは理論的に無理がある[15]。

またこれは，「トライアンギュレーション」とよばれている概念の限界とも関連してくる。トライアンギュレーションとは「1つの現象に関する研究で複数の方法（または複数のデータ源，複数の理論，複数の研究者）を用いる」[35]というものである。その限界は，異なる認識論間のトライアンギュレーションが行われ，双方の知見が矛盾した時に顕在化する。現状では，そのような場合，どちらかの認識論を中軸に据えることによって，どちらの知見が妥当であるかを決めねばならず，これを裏返せば，もう一方の知見の妥当性を不当に低めることを意味する。このため，現状において，トライアンギュレーションの有効性が十分に発揮されることはないのである。これは，相容れない認識論間をまたぐ方法論を採用する際に抱える根本的な難問といえる。

また同様の原理によって，相容れない認識論から生み出された知見をすり合わせ，心理学知を体系化することもできないことになる。したがって，この難問を解明しなければ，あらゆる心理現象を統一的に説明する，いわゆる「グランドセオリー」[36]も原理上生まれ得ないのである。心理学知の体系化やグランドセオリーを希求するならば，まずはその認識論的基盤から整備しなければならないだろう。

これまでの議論で，主客の難問が未解決な現状では，トライアンギュレーションといった方法論上の有効性が十全に発揮されず，体系的な心理学知を構築する筋道も原理上阻害されてしまうことが明らかにされたといえよう。

4．還元不可能性の難問

心理学における主客問題とは，言い換えれば相互に還元不可能なものをどのように統一するのかといった難問ということもできる。これは「説明／理解」が，相互に還元不可能な異質なものであり，現状では両者は相容れない立場である[14][37]とされるのと同じタイプの謎なのである[38]。そして，この還元不可能性の謎は，19世紀末に，ディルタイ（Dilthey, W.）[39]が，「われわれは自然を説明し，生を理解する」として，法則的因果的説明に基づく自然科学と，理解・解釈に基づく精神科学を大別した[1][2]ことにその起源の一端をみることができる。最近では，論理実証モードと物語モードの相互還元不可能性が唱えられている[40][41][42][43]ことに現れているように，その形態（呼称）を変容させつつも，この相互還元不可能性は，ディルタイの提言から1世紀以上経過した現在も，依然として未解決なままなのである。

4節
認識論的基盤の整備

1. 包括的枠組みとして求められる条件

　菅村と春木[15]は,「再三繰り返すが,相矛盾する2つのメタ理論の折衷論は,論理的に不可能である」としつつも,「ある場合にはモダニズム,またある場合にはポストモダニズムの発想を用いるということが許されるのは,それら2つのメタ理論の選択の基準を明確にできる,それら2つのメタ理論のさらに一段上をいく『超メタ理論』(以下超認識論とする) とでも言うべき理論的次元が形成された後である」〔(　) 内は筆者が加筆〕と,この難問解明の糸口を示唆した。
　これを敷衍すれば,客観主義と社会的構築主義といったものの還元不可能性を認めつつも,それと包括不可能性は別種の問題であり,還元できなくとも,それらを包括的に基礎づけることは可能なことにまで思考を押し進めることができよう。それではこの理論的次元を整備するにあたり,どのような条件を満たす必要があるかを検討するために,各認識論の問題点を概観してみる。
　客観主義は,外部に独立自存する客観的世界が1つ実在しているという前提に依拠するため,現象の曖昧な側面に有効な枠組みではなかった。一方,ポストモダニズムの代表的思潮である社会的構築主義の問題点は,「ある事象Xが客観的実在というより,言語を媒介として個人や社会によって構成されたものとして捉える」という前提ゆえに,現象の「確実な側面」(客観的側面) へアプローチするのに適した枠組みではなく,また理論上,相対主義へ陥る可能性を排除できない。
　このようなそれぞれの認識論の欠点を超克し得る,心理学の基底を為す認識論的基盤としては,①客観的実在を仮定せずに,②共通了解可能性を担保し,科学的営為を基礎づけることが求められる。
　そして,この条件を満たす具体的枠組みとして,池田[44]の提唱した「構造主義科学論」[45]をあげることができる。この構造主義科学論の要締を述べるならば,構造を基軸とすることにより,客観的実在を仮定せずに,科学的営為が可能であることを基礎づけた科学論ということができよう。
　西條[46]はこの科学論を,通常の認識論といわれる次元のさらにメタレベルの超認識論に位置づけることによって,人間科学全体を基礎づける認識論的基盤を整備した。なおその理論次元を「構造構成主義」と名づけて理路を押し進めた論文[34]に倣い,以後本論においてもその理論的枠組みを構造構成主義とよび議論を進める。

2. 超認識論としての構造構成主義

　構造構成主義は，哲学的基盤として「立ち現れ一元論」の立場をとる。「立ち現れ」とは，観念（言葉）を含み立ち現れているすべての「現象」をさす。客観的実在は疑うことが可能であるが，「立ち現れ（現象）」だけは，いくら疑っても疑い切ることはできない。疑っているという事象も立ち現れに他ならないからである。このように構造構成主義は，一切の前提に依拠することなく開始される理論的頑健性をもっている。かつてフッサールが哲学は一切の前提なしで始めなければならないといったように，これは原理的思考に基づく哲学にとっては，極めて重要なことである。

　そして，この立ち現れ（現象）一元論によって，客観主義・社会的構築主義・構成主義（constructivism）のいずれも，研究対象とする「現象」の実在は疑えないという構造構成主義の理路によって包括されていることがわかるだろう。クレイム申し立て活動を例にあげれば，客観主義はクレイム申し立て活動とは独立に存在するクレイム対象となる「実態」の存在を疑わず，厳格な社会的構築主義者は，「実態」の存在・当否は問わないが，「言説やクレイム申し立て活動」が存在することは疑わない[47]。このように構造構成主義の枠組みにおいては，研究対象の如何にかかわらず我々に立ち現れている「現象」は疑えないという意味において，いずれも認識論的に等価なのである。なお，構造構成主義における「現象」とは，構成主義でいうところの「現実（reality）」[48]と類似しているが，「現象」が方法論的懐疑に耐える原理的概念にまで鍛えられているのに対し，「現実」はそうではない分，原理性の深度が異なるといえよう。

　次に，モダニズム／ポストモダニズムといった各認識論的立場に，構造構成主義を位置づけることにより，その超認識論としての立場（意味）を明確化する。ここでは，ニーマイヤー（Neimeyer, R. A.）[48]が提示した客観主義と構成主義の対比表に加筆する形で，それを示すこととする（表II-6-1）。

　その第1の理由としては，この対比表は，客観主義と構成主義が対比的に提示されていることから，モダニズムとポストモダニズムの対比に重ねてみることが可能だからである[49]。第2の理由として，構造構成主義は構成主義と類似している部分があるため，それと差異化することには意味があると考えられるからだ。

　構造構成主義と構成主義は，①「知識の性質」・②「知識の有効性」においては，その意味するものは基本的に同じと考えてよいだろう。あえて，構造構成主義の観点から表現し直すとすれば，①「知識の性質」は，主体に立ち現れた現象を言葉によりコードしたものということになるだろう。また，②「知識の有効性」については，現象をより上手にコードできる理論（構造）が，より優れた理論（構造）ということになる。

表Ⅱ-6-1 客観主義と構成主義と構造構成主義との対比 [46]

仮定条件	認識論		
	客観主義	構成主義	構造構成主義
①知識の性質	実在世界のコピーや表象	主体の経験や行為による構成	構成主義とほぼ同じ；立ち現れた現象をコトバによりコードしたもの
②知識の有効性	真実と一致する理論；感覚を通じて立ち現れた実在世界と主張との知識の真実性のあるマッチング	真実に関する統一性のある理論；内的整合性と社会的同意を通した実行可能な知識の追求	構成主義とほぼ同じ；現象をより上手に説明できる理論が，より有効な理論ということになる
③真実の性質	単一で，普遍的で，歴史とは無関係で，増加するもの	複数で，文脈的で，歴史的で，系列関係的	客観主義と構成主義を包括；同一性と差異性が現れる「現象の構造本質」のこと
④科学の目的	統一主義者；普遍法則の発見	多元論者；ローカルな知識の創造	多元論的統一論者；個々の多様な現実を認めつつ統一的な知も追求する
⑤科学的方法	慣例的；量的測定や制御可能な実験を強調する	無政府主義；質的方法や物語の解釈学的分析を強調する	完全な方法論的多元主義；強調点はない。対象とする現象をより上手に構造化することが可能な方法が科学的方法である

　③「真実の性質」において，構造主義科学論は客観主義・構成主義双方の掲げる前提を包括するものになるだろう。表Ⅱ-6-1からもわかるように，「真実の性質」に対しては，客観主義は単一であるといい，構成主義は複数であると主張していることがわかるが，各人の観念世界が，単一か複数かといった問いは，観点の問題であって，いずれかが絶対的事実あるいは絶対的客観なのではない[50]。実際我々に立ち現れてくる現象には多様ともいえ，かつ一様ともいえる事態もあり得る。
　たとえば，指紋はすべての人間に共通して存在しているという意味では一様だが，1人として同じ指紋をもつ人間はいないという意味では限りなく多様である。そして，構造構成主義が目指すところは，まさに竹田[50]が，認識の問題において捉えられるべきは「同一性」と「差異性」という領域が現れる構造の本質であると主張したところの，「現象の構造本質」である。
　④「科学の目的」においても構造構成主義は客観主義・構成主義双方の掲げる前提を包括するものになるため，構成主義とは大きく立場を異にする。構成主義者は，

多元論者であり，知識をローカルなものとして捉える。それに対し，構造構成主義は多元論的統一論者といえるだろう。つまり，原理上知識はローカルなものとしながらも，それと同時に統一的な知を追求する態度も肯定する。ただし，その統一的な知も原理上複数性を前提とする。

⑤「科学的方法」に関しては，構成主義は，無政府主義の立場をとりつつも，質的方法や物語の解釈学的分析を強調する。それに対して構造構成主義は，完全な方法論的多元主義であり，絶対的な強調点はもたない。なぜなら，より優れた方法とは，その研究の対象・関心・目的と相関的に（応じて）規定されるものと考えるからだ。

このことは「認識論的多元主義」につながるため，次に構造構成主義を支える核心的観点としての「関心相関性」を中心に，この点について概説する。

3．関心相関性を基軸とした認識論的多元主義

「関心相関性」とは，丁寧にいえば「身体・欲望・関心相関的観点」ということになり，これは身体・欲望・関心に応じて（相関して），そこから「世界」の「存在（ありかた）」を受け取っている[51]という考え方である。したがって，研究（者）の関心・目的に応じて，従来は事象を認識する根底に位置づけられていた認識論を，メタ理論的枠組みとして柔軟に選択可能となるのである。すなわち，「心理的現象の曖昧な側面を捉えるために，戦略的に社会的構築主義的なメタ理論を採用し，心理的現象の確実な側面を捉えるために，戦略的に客観主義的なメタ理論を採用する」といったように体系化された「認識論的多元主義」として基礎づけることができたのである。

すなわち，ある心理的現象の曖昧な側面を捉えようとした場合，現実を社会的に構築されたものとして捉える社会的構築主義は，有効なメタ理論として機能し，一方でその確実な側面を捉えようとした場合，1つの外部的実在を仮定する客観主義は，有効なメタ理論として機能するのである。

この超認識論は従来の認識論の有効性を否定するものではない。そうではなく，それらの有効性は研究目的との相性に応じて（相関的に）決まるものであり，いずれが絶対的に優れた立場かといった問いを無効化するものであることがわかるだろう。さらには，この超認識論の枠組みにおいて用いられた社会的構築主義は，相対主義との批判を理論的に回避できるように，従来の認識論の機能をより十全に発揮することが可能となるのである。

4．構造一元論

構造構成主義は構造一元論の立場をとることになる。構造構成主義における「構

造」とは「2つ以上の同一性の関係性から成り立つもの」といえる。したがって，この定義によれば，「命題」「仮説」「理論」「物語」が，同じ「構造」として一元的に捉えることが可能となる[34]。

5．広義の科学性を保証

そして構造構成主義を基軸とすれば，数量的アプローチはいうまでもなく，質的アプローチにおいても，予測可能性，再現可能性，反証可能性，客観深化可能性といった広義の科学性を確保することが可能となる。これは具体的研究例（[52] - [53] - [54]）を通じて論証されており（詳細は [34] を参照），心理学が広義の科学性を放棄することなく，その立脚点を基礎づけるために適した枠組みといえるだろう。

以上をまとめると，構造構成主義とは，仮説-理論，命題-物語，客観主義-社会的構築主義のそれぞれを一元的枠組みにおいて扱うことを可能とし，広義の科学性を担保可能な認識論的基盤ということができる。これにより，心理学の分裂の根本となっていた主客の難問を解明可能な理路が提供されたといえよう。

さて次に，「心理学とは何か」という問いに答えるべくさらに議論を展開していく。なぜそれについて考える必要があるのか。これまで「心理学とは何か」という問いに対しては多様な立場があり，「多様な立場がある」と曖昧に答えるか，自分のやっていることを説明してその答えに代えるといったことが通常であった。後者はいってみれば，「我こそは心理学である」という素朴な信念に基づくものといえよう。しかし，こうした態度は，行動主義が心理学を席巻していた時代には「行動それのみが心理学の研究対象である」といった行動主義の定義が心理学の定義になったように，他の立場を排除することにつながる。たとえそのつもりがなくとも，その定義に当てはまらない領域は結果的に「心理学ではない」ということになってしまうからだ。したがって次に心理学の中核を見定めつつ，特定の領域を排除することなくすべての心理学を基礎づける理路を構築していく。

●●● 5 節 ●●●
心理学の公理の必要性

1．心理学とは何か？

心理学という学問を特徴づける要素として，認識論，方法論，研究対象などの多くの構成要素があげられるが，心理学はその中核をそのいずれに求めればよいのだろうか？　たとえば，客観主義であれば心理学といえるだろうか？　これは物理学や化学も客観主義に依拠しているため，心理学のアイデンティティにはなり得ない

ことがわかる。それでは，質問紙研究であれば心理学的研究と言えるのだろうか？アンケート等は異領域でも行われていることからこれも適切ではないだろう。それでは，「心」に関連すれば心理学なのだろうか？　心の描写という点では，優れた小説やドキュメンタリーにかなうべくもないことから，心に関連しているということだけでは心理学のアイデンティティになり得ない。

　実は，学問の中核を，学問を構成する要素に還元することは不可能なのであり，先にあげた問い自体が適切ではなかったのである。それではどうすればよいのか？学問の本質的性質を考える際には，その学問の「公理」を定めていくことが有効だと思われる。それでは公理とは何かを，その意義を踏まえつつ説明していく[55]。

2．公理とは何か？

　竹田[56] が述べるように，我々はさまざまな言葉を初めからもっていたのではなく，必ず間主観的な了解の構造（プロセス）を通してそれを倣い覚えたゆえに，言葉は人それぞれにさまざまな価値の多様性をもっていつつも，同時にある共通の「意味」（同一性）という側面をもっている。したがって，一方で人々が世界に対して抱いている価値はさまざまであり，そこから現れる「確信の像」も最終的に一致することはない。それゆえに，それをある程度「一致」させる方向にもっていくには，一定の「公理」が必要となるのである[56]。

　公理とは，簡潔にいえば「その領域においてより妥当で優れているものとは何かを判断するための基準（方向性）」といえるものである。橋爪[57]が指摘するように，「なにが『正しい』かは，公理（前提）をどう置くかによって決まる」といえよう。

　したがって，この公理を共有できなければ，言葉がいくら相互了解の契機を含んでいても，議論が「より妥当な」方向へ進行することは困難になる。なぜなら，その学範の中で共通了解された「より妥当で優れているものとは何かを判断する基準」がなければ，何でもアリの相対主義に行き着いてしまいかねないためである。

　たとえば，物理学，化学といったいわゆる自然科学の公理は，「いつでも誰でもが自然を人間のために最も効率的に利用できるように秩序としてそれを体系化する」という要請といえる[56]。自然科学の進歩と比較した時に，心理学の進歩があまりに遅いのは，心という多分に曖昧な側面を有する対象を扱っていることも理由の1つと考えられるが，公理を共有できなかったため，それを契機とした不要な対立構図が生じていたことも根本的な要因の1つといえよう。

　確かに，心的現象に必然的に含まれる曖昧さは，それを扱う心理学である限り直面せざるを得ない本質的な事柄である。したがって，その意味での曖昧さを排除していく方向性は行動主義へと逆戻りするだけである。しかし，公理の共有は心理学においても実現可能なことであり，そして，それは心理学の健全な進歩に資するも

のとなろう。

6節
心理学の公理の構築

1. 暫定公理の提示

　次に，心理学における公理構築の端緒を開くため，ライル（Ryle, G.）[58]の議論の一部を見てみよう。人々は心的な概念，すなわち「不安」「不注意」「幸福感」「楽しさ」「論理的思考」「気まぐれ」といった語の使い方に習熟している。そして，人々の心を動かす小説家は，その使い方，表現法に長じているということができるだろう。しかし，これらの概念の使い方を知っていることと，これらの概念を相互に関連づける仕方を知っていることは明らかに異なる。また人々の中には概念を用いてあれこれ語ることはできても，概念そのものについて語ることはできないことが多い。

　そしてここで，構造構成主義とは，構造主義科学論[44]を科学論として構築されたメタ理論であることを思い出してもらいたい。その原形となっている構造主義科学論[44]によれば，科学とは「現象を構造に変換する試みであり，現象をよりうまく説明する構造（理論）を追求していくという要請」ということができる。また，構造構成主義においては関心相関性を基軸とする認識論的・方法論的多元主義を基本とすることを踏まえつつ，公理を提起すれば，【目的に適した認識論や方法論を多元的に駆使し，心理的現象や概念を構造化する試みであり，心理的現象をよりうまく説明する構造を追求していくという要請】（暫定公理1）といえよう。

2. 信憑性

　従来の心理学のように，統計を使いさえすれば科学的・客観的であるといった誤解[24]に基づき，統計的に有意であることを示すアスタリスクがついた結果が心理的現象をよりうまく説明している，と考えることは適切ではない。それでは，客観性に代わる概念としてどのようなものが相応しいのだろうか。

　結論から先にいえば，構造構成主義の「信憑性（trustworthiness）」という概念になる[34]。この信憑性とは，現象学[11]の信憑に近い概念であり，意志の自由を超えて，つまり，「意識の恣意性をねじふせるように現れてくる『疑い難さ』」，あるいは「たしかにそうである」という感覚とともに立ち現れてくる確信ということができる[34]。

　これに対して，「信憑性などといったイイカゲンな概念が（広義の）科学性を満たす枠組みとして相応しいのか」と疑問を呈することは可能だろう。しかし，いく

ら統計的に有意であることが確認されたり，コンピュータシュミレーションにより再現されたり，共分散構造分析によって妥当なモデルが得られたり，あるいは厚い記述による質的に優れた描写がなされていていたとしても，それにより示された結果が極端な話「心霊現象や超能力といった神秘的な作用」といったものであったなら，多くの心理学者に「確かにそうである」と了解されることはないように思われる（直接そのような体験したことがある人は了解するかもしれないが）。

　原理的思考を徹底すれば，従来の心理学で重要な評価基軸となっていた統計的検定も，あるいはコンピュータ・シュミレーションや厚い記述も，読み手に信憑性（「確かにそうである」という確信の像）を取り憑かせるために有効なツールということができる。これは「真理」があるとすれば，それは「〈われわれ〉の彼方に存在するのではなく，ただ〈われわれ〉の相互的な納得を見い出すことにだけある」[56]ということに他ならない。

　また，どれほど興味深い知見であっても，どのようなプロセスを経て得られた知見かわからなければ，科学的知見として「確かにそうである」という信憑性が立ち現れることはないだろう。したがって，研究という営為において「信憑性」はその知見の内容（構造モデル）のみによって立ち現れるものではなく，構造モデルがどのようなプロセスを経て得られたものかその条件を開示していく必要がある。これを「構造化に至る軌跡（construction trail）」とよび，これは広義の科学性を担保するために必須の理路となる。

　以上の議論を加えれば，心理学の公理とは【目的に適した方法論を多元的に駆使し，心理的現象や概念を構造化する試みであり，<u>信憑性のある構造を追求していくという要請</u>】（暫定公理2：下線部を追加）となる。

3．心理学知の体系化に向けて

　次に，心理学知の体系化を念頭におき理論化を進める。心理学知の体系化のための理路を整備するためには，従来の「知の在り方」を見定め，場合によっては，その変更を行う必要がある。なぜなら「知の在り方」が，適切なものでないならば，心理学知の体系化が原理上困難になってしまうからだ。したがってまず，従来の知の在り方を定めるにあたって，「在り方（存在）」の意味を明確化していく。

　そのためには「存在とは何か」と問い直すことから始めなければならない。「存在」とは，「さまざまな『ある』という言葉で了解されているもののこと」[51]である。そして，「存在」は，一般的＝客観的に規定される（ように思われる）側面と同時に，関心相関的に規定される側面が同居している[50]。前者の，存在の客観的規定される側面を「存在的」といい，これは「その存在者の『何であるか』を事実関係として問題にする」視点のことである。また後者の側面を「存在論的」といい，

これは関心相関的に規定される存在視点のことである[51]。そして、「このような二様の存在規定の間の差異＝ズレを『存在論的差異』という」[50]のである。

　ハイデガー（Heidegger, M.）[59]は、「存在」の問いに対して、もっぱら「いかにあるか」を実証的、客観主義的に答えようとする伝統的な存在論を否定し、「存在的」にではなくて「存在論的に答えよ」と強調した[50]。これを「存在論的問いの優位」[51]という。すなわち原理的に、存在を問うためには、その関心により規定されるものとして存在論的に問う必要があるということである。

　これを踏まえたうえで「知の在り方」に話を戻そう。従来の存在的な（客観主義的な）「知の在り方」は、存在的なものとして問われていた。我々とは独立してどこかに実在している心的実体の事実関係としての「知」のことである。しかし、「知」とは非実体的な存在に他ならず、ゆえに存在論的に問われるべきものである。換言すれば、知の存在（ありかた）は、関心に応じて（相関的に）規定されるのである。

　したがって、心理学知の体系化を目的とするならば、それらが可能となるように、その知の在り方を存在論的に問い直さなければならないのである。すなわち、そうした目的（関心）と相関的に、心理学知の存在論的在り方を規定し直すことでその条件を整えればよいということになる。

4．継承対象の拡張

　そのために、ここでは「継承」という概念の拡張を行う。継承とは、西條[53]が提起した方法論的概念であり、主にその対象を仮説に限定するものであった。ここではそれに加え、「対象・テーマ・認識論・方法論・理論・概念」等の研究を構成するさまざまな要素を、継承対象とすることを提案する。それによって、さまざまな領域・立場における各研究を、ネットワーク状に連結していくものとして捉えることを可能とするのである。それぞれの研究を知のネットワークに位置づけて捉え直すことによって、心理学を、到達すべき客観的実在を仮定せずに、知識のローカル性に基づきつつも統一的な知を構築可能な学問体系として捉えることが可能となる。換言すれば、これは心理学知を、神経細胞と脳のアナロジーにおいて存在論的に再編しようという視点でもある。

　この継承対象の拡張に関して「言葉遊びに過ぎないのではないか」といった批判が提起されたとすれば、それはもはや哲学という営為に対する無理解に起因することは明らかだろう。ただし、「継承対象の拡張を提唱したところで、実際にそれを本文中に明記することは困難ではないか」といった疑問に対しては答えておく必要がある。確かに、従来の研究でも、「序論」や「問題」において、その研究と関連する「対象・認識論・方法論・理論・概念」についてはある程度言及されてきたで

あろうし，逆に継承対象の拡張を唱えたところで，従来の慣例に反して実際に論文にそれらを明記することは困難かもしれない。

しかし，先述したように，ここでのねらいは，具体的な方法論的枠組みとして有効に機能するというよりは，むしろ心理学知の体系化が可能となるように，各研究者の心理学知の捉え方・認識の仕方を変更することにある。これにより各領域やテーマを超えた心理学知を構築するためのイメージをもつことができれば，継承対象の拡張という目標は達成できたといえるだろう。

5．グランドセオリーのスケッチ

以上の理論化は，心理現象を統一的に説明可能なグランドセオリーを構築する理路が整備されたことも意味する。したがって，ここでグランドセオリーの新たなイメージをスケッチしておくことは意味のあることだろう。グランドセオリーとは，従来のような平面的なイメージで捉え得るスタティックな理論ではなく，アナロジカルにいうならば，ニューラルネットワークを基礎とした人間の脳のシステム，すなわち「立体的かつ有機的に組織化される動的な理論」として捉えられるだろう。

人間の脳が，何を目的としてどのような活動をするかによって，活性化する脳の部位が異なってくるように，心理学のグランドセオリーとは，対象とする心理現象によって，そのネットワークの特定の部位が説明したり，複数の部位が複合的に説明したりするといった動的に組織化される生きたシステムとして，その姿を現すかもしれない。なお，脳が個人ごとにあるように，原理的にはグランドセオリーは個人ごとに創発すると考えることができるため原理上，複数性を前提とすることになる。

以上の議論を踏まえれば，心理学の公理とは，【目的に適した方法論を多元的に駆使し，心理現象を構造化し，信憑性のある構造を追求し，心理学知を動的ネットワークとして構成し続けるという要請】（暫定公理3：下線部を追加）ということができる。

6．存在論的難問

さて，先述したように，心的対象は存在論的に問われるべきものであり，関心相関的に規定される。したがって，未だ現出していない潜在的な心的概念とその性質をあらかじめ規定しつくしておくことは原理的に不可能ということになる。逆にいえば，原理的には，心的概念は関わり方に応じて（関心の数だけ）増殖するということを意味する。仮に，現存する心的概念の構造を記述し，その構造間の関係性を明らかにし尽くすことができたとしても，検討すべき概念は次々と増殖することになるため，きりがないことになる。

これは，心的概念を対象とする心理学の抱える難問に他ならない。次に，この難問を解消しておくことで，心理学の公理の精緻化を進める。

7．アナロジー的思考による一般化の利用

この難問に対しては，西條[34]の提示した「アナロジーに基づく新たな一般化」を敷衍することにより解消可能な理路を提供できる。したがって次に西條[34]の議論を概観していく。

アナロジーとは，既知のパターンには簡単には一致しないような未知の状況に直面した場合，新奇の事態をすでに知っている事柄に置き換えて理解しようとする時の心の飛躍のことである。そしてアナロジーが機能するための原則は認知科学の知見として明らかにされている[60]。

西條[34]は，この原則を活用した新たな一般化の枠組みを整備し，具体的に提案した。まず，アナロジー利用の原則に基づく一般化を促進するテクストにするためには，アナロジーを行う妥当性を得るために，「類似性の制約」を満たす必要がある。そのためには，知見を得るまでのプロセスを明示的に残すことが必要である。このプロセスのことを先に触れた「構造化に至る軌跡」という。具体的にいえば数量的研究においては，方法部にデータ収集の状況等を記載する必要があり，一方，質的研究においては，十分に状況（文脈）を記述する「厚い記述」[61]が必要になる。いずれにしても，読み手がそれらの類似性を十分確認可能な程の豊かな情報を記述する必要がある。

次に，「構造の制約」を満たす必要がある。そのためには，なじみ深い領域（ベース）と新たに理解しようとする領域（ターゲット）の間に一貫した構造上の相似関係を見いだしやすいようにする必要がある[60]。具体的には，ベースとターゲット間のシステムレベルでの比較が行えるよう，知識を明示的に表象するのが有効である。特に実際構成された多くのアナロジーは図示されているという認知科学的知見[60]に注目すると，心的現象を構造化したモデルを，できる限り明示的に図示することが有効である。構造の制約は，構造を基軸とする枠組みに依拠するからこそ，満たされることに注意しなければならない。

以上が西條[34]の提起した「アナロジーによる一般化」の概要である。これに基づき類似性の制約と構造の制約を満たすテクスト（論文）にすることにより，新たな心的概念（問題）が提起されても，読み手が，過去に構造化された知見（構造）を元に類推しつつ現象を理解していくことが可能となろう。

なおこのアナロジーに基づく一般化は，演繹法と帰納法の狭間に位置する「アナロジー法」とでもいうべき第3の思考形式といえる。このアナロジー法によれば，異領域で明らかにされた知見を，活かすことも可能となる。たとえば，自己組織化

という現象は，複雑系の科学で明らかにされた知見（構造）であるが，これをアナロジカルに援用することにより，母子関係が自己組織化することを示した研究[62]がそれに当たるだろう。

8．間接的継承

　アナロジー法を，研究の問題設定へと敷衍すれば，心理学的研究の問題設定のありようを変更することにつながると考えられる。従来は，同一現象であることが存在的に了解されていない状況において，それらの間で構造仮説を継承することは，論理的に飛躍した類推ということになり，その継承起源を論文に記載することは容認されていなかった。たとえば，ある研究で明らかになった学級Aの構造が，他者からみて，一見まったく異なる現象a（たとえば未開の部族の話し合い等）に当てはまるといった発想の飛躍を含んだ類推に基づき研究を開始するための理路は，従来の枠組みでは担保されていなかった。なぜならこの種の思考様式は，厳密にいえば，帰納法にも演繹法にも該当しないからだ。

　しかし，歴史に残る多くの科学的発見がアナロジー的思考といった論理的飛躍を含んだ思考によって達成されてきたという事実[60]を踏まえると，発想の跳躍に基づく仮説の継承を可能とする理論的基盤の確立は，心理学知の飛躍的発展を支える可能性がある。

　ここでは，「アナロジーによる一般化」と「関心相関性」を組み合わせることによって，存在的には一見異質にみえる心的現象間において仮説を継承可能にする理路を提案する。具体的には，「Aとaは，一見すると存在的には異なる事象だが，Xという関心に基づけば『類似性の制約』と『構造の制約』を満たすことから，それらを存在論的に同じものとして見なすことができる」といった主旨を，論文の「問題」部に記載することにより継承のための筋道を確保できる。

　これによって「この構造は，あの現象にも当てはまる（コードできる）のではないか」といった思考の跳躍に基づく研究を，理論的に正当なものとして位置づけることが可能となるだろう。アナロジー法による問題設定の方法は，論理的に飛躍した思考をそのプロセスに含むことから「間接的継承」とよぶこともできる。これによって，発想の飛躍に基づく斬新な研究が量産されることにつながる可能性も期待できよう。

　なお，アナロジーが成功したか否かは，最終的にその推測が正確で有用なものであったかどうかに基づき判断されるべきである[60]。したがって，アナロジー法に基づく間接的継承を行った場合，個々人の経験レベルであれ，研究レベルであれ，その成否は，意味のある結果が得られたかといった有用性（有意味性）に基づき判断されるべきといえよう。

以上の議論も心理学公理へと反映させれば，【アナロジーの力を活用し，目的に適した方法論を多元的に駆使して心理現象を構造化し，信憑性のある構造を追求し，心理学知を動的ネットワークとして構成し続けるという要請】（本論の結論公理：下線部を追加）となろう。

7節
心理学の統一理論とその意義

1．哲学的解明の理論

本論では，構造構成主義を導入することで，心理学の分裂の根源となっていた主客問題を解明した。これにより，1世紀以上にわたり続いてきた客観的か主観的といった二項対立や，それによってもたらされていたパラダイム間の不毛な対立を調停可能な学的基盤を整えたといえるだろう。そのうえで，心理学知の体系化を基礎づけ，アナロジー法により心の存在論的難問を解明可能な公理を定めた，心理学を統一的に基礎づける哲学的解明の理論ということができる。

2．解明の意味確認

ここで，この理論は心理的現象に一貫した説明を与えるといった類の「現象説明のための個別理論」ではないことを確認しておこう。

問題の哲学的な「解明」とは，ある事態に一貫した説明体系を与えるという科学的営為とはまったく異質のものである[11]。難問の「解明」とは，この矛盾の必然性が十分了解でき，そのことによってパラドクスとして顕在化していた謎が奇妙に感じられなくなり，そこに探究すべき問題が残らない形でその問題が終わることを意味する[11]。

といってもこの解明の理論は従来の心理学的知見を否定し，それらの無用性を説くものではないことに注意しなければならない。そうではなく，本来的に多様なパラダイムや領域からなる心理学の特徴を欠点とするのではなく，"特長"とするべく基礎づけたものなのである。この意味において，本論で理論化された心理学の統一理論は，「哲学的解明のメタ理論」であり，現象説明のための個別理論ではないのである。後者として捉えてしまうと，本論の意義を認識することができないのでこの点には厳戒を要するといえよう。

3．モデル提示

この理論は哲学的解明のメタ理論であるため，それは「解明」という「プロセス」の形を取る。そのため理論化のプロセス，すなわち本論全体がこの理論そのものと

なる。もちろん，解明の理論とはいえ，構成された1つの構造モデルに他ならない。したがって今後，継承され，修正・洗練され続ける必要がある。

その際に，モデルとしてある程度実体化する形で提示されていなければ，具体的な検討を加えることが困難になると考えられる。したがって，本論において提起された心理学の公理に基づく心理学の定義を，以下に構造モデルとして提示する。

心理学とは，アナロジーの力を活用し①，目的に適した認識論（方法論）を多元的に駆使して心理現象を構造化し②，信憑性のある構造を追求し③，心理学知を動的ネットワークとして構成し続ける④という要請

下線部①：6節6．～8．
下線部②：4節1．～5．
下線部③：6節2．
下線部④：6節3．～5．

なお個別に検討することを可能にするため，公理の各部に対応する議論の箇所を明示的に示した。これは4つの暫定的公理の段階を経て導き出されたものである。したがって，検討する際には各段階ごとに精査していくことも有効であろう。ただし，哲学的解明の理論を検討するためには，科学的営為の観点から，「データがない」などといってもまったく意味はなく，その理路自体を検討していく必要がある。

4．公理構築の意義

従来，「心理学とは何か」といった疑問に対して，自分の依拠しているパラダイム・領域・理論こそが，心理学であるように説明するか，もしくは多様な立場があるといった曖昧な返答しかできなかった。この理路が一応の完成を見たことにより，多様な学範を有する心理学という営みを，特定の立場を排除することなく言い当てることが可能となったのである。

5．方法論的意義

次に，この理論の方法論レベルにおける理論的意義をまとめる。
(1) 構造構成主義を認識論的基盤とすることにより，認識論的・方法論的多元主義を基礎づける理路が整った。
(2) 「アナロジーに基づく一般化」という新たな一般化の筋道を整備した。これにより，新たな問題に対して，異領域で提起された知見を活用する理論的基盤が整

備された。

(3) アナロジー法に基づく間接的継承により，論理的連続性が一見確認できない，いわば飛躍した発想に基づき仮説を継承可能とする方法論的基盤を理論化することができた。

6．基礎-臨床一元論

またこの理論により，下山[4]の提案した「実践-科学の循環図式」が機能する認識論的基盤が整ったということができる。そして，構造を基軸とすることにより，基礎／臨床も一元論的に捉えることが可能となる。たとえば，構造一元論の立場からすれば，臨床心理学の事例研究は「心理的問題の解消プロセス」を構造化するものに他ならないことになる。また「構造構成的質的心理学」[34]を援用することによって，臨床的な事例研究においても，その有効性を損なうことなく広義の科学性を担保することができる。こうしたことから「基礎心理学」と「臨床心理学」の関係は相反するものではなく，相補的関係として捉えることができよう。

【註および文献】

[1] 渡辺恒夫　1999　心理学の哲学―その意義と課題　理論心理学研究，1，17-27．
[2] 渡辺恒夫　2002　心理学の哲学とは何か　渡辺恒夫・村田純一・高橋澪子（編）心理学の哲学　北大路書房　pp. 3-20．
[3] Husserl, E. 1936 *Die Krisis der europaischen Wissenschaften und die transzendentale Phnomenologie: Eine Einlitung in die phnomenologische Philosophie*. In E. Husserl 1954 *Husserliana* Bd. 6. Haag : M. Nijhoff. 細谷恒夫・木田　元（訳）1995　ヨーロッパ諸学の危機と超越論的現象学　中央公論社
[4] 下山晴彦　2002　心理学の新しいかたちを探る　下山晴彦・子安増生（編）心理学の新しいかたち―方法への意識　第1章　誠信書房　pp. 1-37．
[5] 子安増生　2002　心理学研究における二項対立を超えて　下山晴彦・子安増生（編）心理学の新しいかたち―方法への意識　第6章　誠信書房　pp. 213-255．
[6] 高橋澪子　1999　心の科学史―西洋心理学の源流と実験心理学の誕生　東北大学出版会
[7] 西川泰夫　2002　認知行動科学―心と行動の統合科学をめざして　放送大学

教育振興会
[8] なお，西川は2006年に改訂版を出しているが，基本的な立場は変わっていない。
[9] Wittgenstein, L. 1977 *Vermischte bemerkungen.* Frankfurt：Suhrkamp Verlag. 丘沢静也（訳）　1995　反哲学的断章　青土社
[10] Vygotskii, L. S. 1976 Собрние сочинений том1. Moscow：Pedagogika. 柴田義松・藤本　卓・森岡修一（訳）　1987　心理学の危機―歴史的意味と方法論の研究　明治図書
[11] 竹田青嗣　1989　現象学入門　NHKブックス
[12] 臨床心理学は，事例研究を重んじてきた姿勢などに顕れているように，基礎心理学と比較すれば基本的にソフトサイエンス側に依拠してきたといえるが，臨床心理学の中でも，心理学全体と自己相似的に主客問題を基軸とした二項対立的構図が認められる。精神分析やクライエント中心療法はより主観的な立場といえるだろうし，行動主義を背景とした行動療法，認知行動療法等はより客観的な立場だといえるだろう。そして最近では，ポストモダニズムの思潮を背景に，ナラティブセラピーといった主観色の強い立場が勢いを増しつつある。
[13] ちなみに，このパラドクスは「無限」や「有限」という抽象概念を「量的な表象」として実体的に扱うことによって作り出された仮象的な矛盾であり，この種の言語の謎は言葉が現実と厳密に一致するはずであるといった誤った前提に依拠しているのである（[50] を参照）。このように，問いの前提自体を問い直すことができるのが，哲学的営為の1つの意義といえよう。
[14] 岩崎康男　2000　心理学における理論構築を巡る問題について　理論心理学研究，2, 33-37.
[15] 菅村玄二・春木　豊　2001　人間科学のメタ理論　ヒューマンサイエンスリサーチ，10, 287-299.
[16] 東　浩紀　2001　動物化するポストモダン―オタクから見た日本社会　講談社
[17] 社会的構築主義にもさまざまな立場がある（[18] [19] [20] [21] を参照）ことを知らないわけではないが，本稿ではその立場を緩やかに定義して，議論を建設的に進める。
[18] 浅野智彦　2001　自己への物語論的接近　勁草書房
[19] Gergen, K. J.　1994　*Toward transformation in social knowledge* 2nd ed. New York：Springer Publishing Conmany. 杉万俊夫・矢守克也・渥美公秀（監訳）　1998　もう一つの社会心理学―社会行動の転換に向けて　ミネルヴァ書房

[20] 中河伸俊　1999　社会問題の社会学　世界思想社
[21] 上野千鶴子（編）　2001　構築主義とは何か　勁草書房
[22] 横山輝雄　1999　社会構成主義と相対主義―「サイエンス・ウォーズ」の哲学的問題　哲学雑誌, **114**, 130-143.
[23] 横山輝雄　2002　間奏曲―科学論の展開　渡辺恒夫・村田純一・高橋澪子（編）心理学の哲学　北大路書房　pp. 145-163.
[24] 尾見康博・川野健治　1994　心理学における統計手法再考―数字に対する"期待"と"不安"　性格心理学研究, **2**, 56-67.
[25] 尾見康博・川野健治　1996　納得の基準―心理学者がしていること　人文学報（東京都立大学）, **269**, 31-45.
[26] なお，数量化を行わないという意味での質的研究は心理学の設立当初から行われてきたともいえるが，現在，領域横断的に浸透しつつある「質的研究」は，ポストモダニズムといった思想的潮流の影響を受けつつ台頭してきたといってよいだろう（[34] を参照）．
[27] 山田洋子　1986　モデル構成をめざす現場心理学の方法論　愛知淑徳短期大学研究紀要, **25**, 31-51.
[28] やまだようこ　1997　モデル構成をめざす現場心理学の方法論　やまだようこ（編）現場心理学の発想　新曜社　pp.161-186.
[29] 鹿毛雅治　2002　フィールドに関わる「研究者／私」―実践心理学の可能性　下山晴彦・子安増生（編）心理学の新しいかたち―方法への意識　誠信書房　pp. 132-172.
[30] 佐藤達哉　2002　モードⅡ・現場心理学・質的研究―心理学にとっての起爆力　下山晴彦・子安増生（編）心理学の新しいかたち―方法への意識　誠信書房　pp. 173-212.
[31] 杉浦淳吉　2001　ゴミ分別収集がはじまるとき　やまだようこ・サトウタツヤ・南　博文（編）カタログ現場心理学　金子書房　pp.64-71.
[32] 高橋　直　2001　精神病院のリロケーション―行動場面の自然観察　やまだようこ・サトウタツヤ・南　博文（編）カタログ現場心理学　金子書房　pp.80-87.
[33] 矢守克也　2001　災害体験の記憶と伝達　やまだようこ・サトウタツヤ・南　博文（編）カタログ現場心理学　金子書房　pp. 112-119.
[34] 西條剛央　2003　「構造構成的質的心理学」の構築―モデル構成的現場心理学の発展的継承　質的心理学研究, **2**, 164-186.
[35] Holloway, I. & Wheeler, S. 1996 *Qualitative research for nurses.* Malden：Blackwell Science Ltd.　野口美和子（監訳）2000　ナースのための質的研究

入門―研究方法から論文作成まで　医学書院
[36] 本稿でいう統一理論とは，心理学を統一的に基礎づける理論という意味での「心理学の統一理論」である。一方「心理現象を統一的に説明可能な理論」という意味での「心理学の統一理論」もあるが，これと区別するために，本稿では，さしあたり後者を「グランドセオリー」とよぶこととする。
[37] 丸山高司　2002　人間科学の方法論争　渡辺恒夫・村田純一・高橋澪子（編）心理学の哲学　北大路書房　pp. 59-76.
[38] これは「存在の謎」といわれる難問であり，それは「世界の存在は『一』か『多』か，『同』か『不同』か，『動』か『不動』か，といった排他的な二者択一的問いを構成するが，論理的にはどちらの答えも相手を包括できる十全性をもてないために問題自体が決定不可能性を露呈するという形をとる」[50] といったものである。
[39] Dilthey, W. 1979 Einleitung in die geisteswissenschaften (Gesammelte Schriften, Bd. I).　山本英一・上田　武（訳）1979・1981　精神科学序説（上・下）　以文社
[40] Bruner, E. M. 1986 Actual minds, possible world. Cambridge. MA：Harvard University Press.　田中一郎（訳）1998　可能世界の心理　みすず書房
[41] やまだようこ　2000　人生を物語ることの意味―なぜライフストーリー研究か？　教育心理学年報, 39, 146-161.
[42] やまだようこ（編）2000　人生を物語る―生成のライフストーリー　ミネルヴァ書房
[43] 榎本博明　2000　語りのなかで変容していく〈わたし〉　発達, 21, 38-47.
[44] 池田清彦　1990　構造主義科学論の冒険　毎日新聞社
[45] 構造主義科学論とは，客観的外部実在を仮定せずとも，疑っても疑うことができない「私」，その私に立ち現れる「現象」（経験それ自体），そして私の考える「観念（同一性・コトバ）」といった3つの前提から，科学的営為が可能であることを「解明」したものである。
[46] 西條剛央　2002　人間科学の再構築Ⅰ―人間科学の危機　ヒューマンサイエンスリサーチ, 11, 175-194.
[47] 赤川　学　2001　言説分析と構築主義　上野千鶴子（編）構築主義とは何か　勁草書房　pp.63-83.
[48] Neimeyer, R. A. 1995 Constructivist psychotherapies : Features, foundations, and future directions. In R. A. Neimeyer, & M. J. Mahoney (Eds.), Constructivism in psychotherapy. Washington, D. C.：American Psychological Association. pp.11-38.

[49] 構成主義にもいくつかの流派があることを押さえておく必要がある。構成主義とは，その系譜をVico（1668-1744）にまで遡ることが可能であるため，厳密にいえばポストモダニズム的思潮に位置づけることはできないという立場もある（以下を参照）。しかし，質的心理学をして構成主義をメタ理論とせしめ得る（菅村，2002）のも事実であり，構成主義がポストモダニズムの潮流の中で，その価値が再認識されたと同時に，質的心理学を促進するメタ理論的枠組みとして機能したのは確かであろう。

　　菅村玄二　2002　クライエント中心療法における変化のプロセスの再考—構成主義の立場から　理論心理学研究, 4, 1-12.

　　菅村玄二　2003　構成主義，東洋思想，そして人間科学—知の縦列性から並列性へ　ヒューマンサイエンスリサーチ, 12, 29-48.

[50] 竹田青嗣　2001　言語論的思考へ—脱構築と現象学　径書房
[51] 竹田青嗣　1995　ハイデガー入門　講談社
[52] やまだようこ　2001　いのちと人生の物語—生死の境界と天気の語り　やまだようこ・サトウタツヤ・南　博文（編）カタログ現場心理学　金子書房　pp. 4-11.
[53] 西條剛央　2002　生死の境界と「自然・天気・季節」の語り—「仮説継承型ライフストーリー研究」のモデル提示　質的心理学研究, 1, 55-69.
[54] やまだようこ　2002　なぜ生死の境界で明るい天空や天気が語られるのか？—質的研究における仮説構成とデータ分析の生成継承的サイクル　質的心理学研究, 1, 70-87.
[55] 本稿で使っている「公理」とはユークリッド幾何学における「公理」とは別のものである。吉永によれば，後者は，「共通概念」の意味であり，たとえば「同じものに等しいものは互いに相等しい」とか，「全体は部分より大きい」など，一般的な量関係についての「自明な命題」を表している。

　　吉永良正　1992　ゲーデル・不完全性定理—"理性の限界"の発見　講談社

[56] 竹田青嗣　1987　現代思想の冒険　毎日新聞社
[57] 橋爪大三郎　1988　はじめての構造主義　講談社
[58] Ryle, G. 1949 *The concept of mind.* London : Hutchinson. 坂本百大・井上治子・服部裕幸（訳）1987　心の概念　みすず書房
[59] Heidegger, M. 1927 *Sein und Zeit.* Halle a. d. S : Niemeyer. 細谷貞雄・亀井裕・船橋　弘（訳）1963-64　存在と時間（上・下）筑摩書房
[60] Holyoak, K. J., & Thagard, P. 1995 *Mental leaps : Analogy in creative thought.* London : M IT. 鈴木宏昭・河原哲雄（監訳）1998　アナロジーの力—認知科学の新しい探究　新曜社

[61] Geertz, C. 1973 *The interpretation of cultures.* New York：Basic Books. 吉田偵吾・柳川啓一・中牧弘允・板橋作美（訳） 1987 文化の解釈学（1・2） 岩波書店
[62] 西條剛央 2002 母子間の「横抱き」から「縦抱き」への移行に関する縦断的研究—ダイナミックシステムズアプローチの適用 発達心理学研究, 13, 97-108.

補完解説

　本論は，構造構成主義の最初の原型となった論文である。この論文は，2001年度中にまとめて某心理系学術誌に投稿したものだが，2名の評者の意見は是非に割れたため，第3査読者に廻ったが見事に不採択（リジェクト）となった。とはいえ特に腹が立つわけでもなく，心理学における二項対立を解消することを企図した理論も二項対立の壁に阻まれるという事実から本論の意義を再確認した。
　実は，出版社からは出版のオファーは頂いていたのだが，なぜ学術誌に投稿したかといえば，無名の大学院生が体系化した理論が研究者に了解されるためには，査読つきの学術誌に掲載されることは少なからぬ意味をもつと考えていたためである（実際『構造構成主義とは何か』（北大路書房）[63]は9本の査読つき学術誌（学会誌）に掲載された論文によって支えられている）。
　しかし紙面的制約の厳しい学会誌という媒体は，新たな理論を体系的に提示するには不向きである。また，人文系・社会科学系に限っていえば，学問の飛躍的発展は，学会誌論文によってではなく著書によってもたらされることが多い。いろいろな立場の人にこの理論を活用してもらうためにも，構造構成主義を体系的に提示する理論書は必要であった。だから，やはり本に書いてしまおうと決めた。そうして生まれたのが『構造構成主義とは何か』である。
　その後も研究に没頭しているうちに，この論文をお蔵入りにしてしまったことすら忘れ去っていたのだが，本書を編纂している際に，編者の京極真氏から「この本は構造構成主義の記念碑的編著になるから，あの論文（この論文のこと）を投稿してみてはどうか」といった提案を受けた。今回の特集が「メタ理論の継承」であることを勘案すると，構造構成主義の原型となった論文を投稿することにも意味があるというのだ。だいぶ以前のことになるが，京極氏に「そういえばお蔵入りした論文にこういうこと書いたことあるよ」といって個人的に送ったことがあったのである。
　最初その提案を受けたときは，すでにお蔵入りを決めた後であったし，今更昔の

論文を掲載するなど恥ずかしすぎてムリだと思ったのだが，読み返してみると存外まともなものであった。もちろん紙面的制約やそれ以上に実力不足から議論に粗い部分は認められる。そして『構造構成主義とは何か』で提示されている構造構成主義の方が，理路としての完成度（原理性の深度）は高いことはいうまでもない。しかし，哲学的議論として不足している部分は，すでに『構造構成主義とは何か』が公刊されている現在，それを踏まえて読めば，補完的に理解していくことができるだろうと考えた。したがって，形式的な修正に留めて投稿させていただくことにした。

　本論では西條論文[46] [34]を引用しながら構造構成主義が導入されているが，構造構成主義の構想契機となった論文に構造構成主義が導入されているというのは，奇異な感じがすると思われる。この点について若干説明すると，ここで導入されている西條論文[46] [34]は，本論文を投稿した後に投稿したものなのだが，迅速な査読を受けることができたため，本論が他誌の査読過程ですったもんだしている間に掲載されてしまったのである。要するに後から書いたものが，先に掲載されてしまったわけだが，掲載された以上社会的なオリジナリティはその論文に付与されるため引用しないわけにはいかない。ということで，逆輸入されるような形で本論に組み込むという形をとることになったのである。

　なお，この論文はお蔵入りしてしまっていたこともあり，その後，『構造構成主義とは何か』をはじめとして，いくつかの論文に本論における議論が断片的に導入されているが，自分の中でのオリジナリティはこちらにある。もちろん社会的には，学術的オリジナリティは先に公刊されたものにあり，それに異論を挟むものではない。

　次にこの時点での構造構成主義と，『構造構成主義とは何か』で体系的に提示されている「構造構成主義」との相違点について簡単に述べておこう。論文題から明らかなように，この論文は「心理学」をターゲット領域としており，ここで提示される理論は「統一理論」として位置づけられていた。その後，自分は認め合える原理を作りたかったということを明確に認識するに至り，統一理論の提示といった拙い野望から，認め合うための原理（メタ理論）へと理論構築の方向性は大きく転換することになったのだが，本論はそうした認識変容が起きる前に書かれたものである。そのために本論では所々で「統一」という言明が見られるし，また後に信念対立解消のための認識ツールであり，中核原理とされる関心相関性については，本論では比較的周辺的位置づけになっている。

　とはいえ，この論文で主客問題から派生する二項対立の解消を企図していたのは明らかである。本論では，その根を認識論の二項対立と捉え，それを超克する原理として関心相関性を措定しており，共約不可能性の難問を解消している。この時点

で「超認識論」という呼称を用いているのはこのことに関連する。

　また，構造構成主義と異なる理路として「公理」を構築していくプロセスを明示している点が特徴的である。本論で公理を提示した意図は，特定の領域を排除することなく現存するあらゆる心理学を基礎づけることが可能な「心理学とは何か」に対する答え（定義）を提起する点にあった。これは言ってみれば「我こそは心理学である」と強弁することによって結果として他の領域を排除してしまう定義ではなく，多様な学派や領域を包含したまま心理学という学問を再定義する試みだったのである。

[編集委員付記]
　なお，本特集が「メタ理論の継承」ということもあり，本論の査読は，構造構成主義の理論的発展のプロセスを垣間見ることができるよう行った。そのため当時の理路をそのまま活かしつつ，その内容が適切に伝わるよう文章表現などを中心にコメントし，洗練してもらった。また読者が混乱せぬよう，補完解説を付けてもらった。（査読者：京極真）

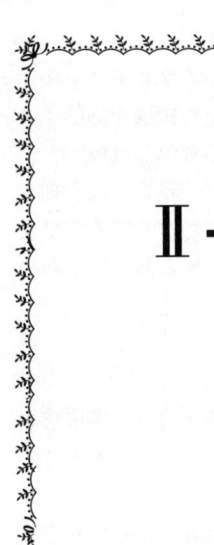

II-7 認識の構成と科学システム
──構造構成主義と人間科学の基礎づけに関する一考察

圓岡 偉男

1節 はじめに

我々の認識は，差異化とともに始まる。それは意識的であろうと意識的でなかろうと変わりない。差異化なしに何も始まることはない。我々は日常生活において，さまざまなものを認識する。しかし，それが，すべてなのだろうか？　我々は，いったい何を見ているのだろうか？　もしかしたら，その背後に，まだ何かがあるかもしれない！　その背後を知るためには，さらなる「差異」が必要となる。新たな発見，それは新たな差異の発見といっていいのかもしれない。以下の議論は，認識とは差異化によって構成されるものであるという立場を出発点とする。そして，この「差異」にこだわりつつ「学的営為としての認識システム」について，その基本的メカニズムを考察し，そこから構造構成主義の可能性の再考を試みるものである。

2節 始源

周知のごとく，これまで，人間を主題にした学問的成果は，哲学，生物学，心理学，社会学，文化人類学などさまざまな角度から多種多様に産出されている。この人間に対する多種多様な視点の存在，それは取りも直さず，人間という対象の複合

的な側面を現しているといえよう。そのような意味で,「人間」の理解,それは,このような複合的認識のうえに成り立っているともいえる。

　ここでは,人間を複数のシステムからなる複合体として捉え,このような理解のもとに,認識論的な基礎づけを求めるべく検討を試みるものである。それは,諸学の中で構築されている個別的な人間理解に対して単なる交点を求めるというよりも,その根源的考察を目指しているがゆえ,ひとつの消尽点を求める試みであるといった方が妥当かもしれない。したがって,ここでの議論は人間を対象とした個々の学問領域を架橋する理論の基礎構築を目指したものであるともいえよう。

　人間に関する諸学の展開は,それぞれの分野において専門分化をもって,その進展を見せている。この専門分化とは,いわば学問自身の深化であり,そこには細分化という様相を呈することになる。しかも,そこにはその専門性,あるいはその特殊性がゆえに同一領域においてさえ接近を拒むような状況をもたらしていることもある。

　その一方で,既成の学問の範疇に収まりきれない事態も存在する。個々の学問は,それぞれの固有の成果を産出しているわけであるが,この固有の成果も時として自らの専門領域の範疇を踏み越え,他の領域の学的成果を援用するなど,構造的にカップリングするような複合的構造をもった視座をもって初めて解明できる事態も決してまれなことではない。

　「人間」を学的対象とした人間科学にとって,その全体とは「人間」に他ならない。しかし,人間のもつ諸特性は,人間に関する学問を分化することになる。たとえば,人間の生命体としての側面,心的側面,社会的側面などという特性に対応させるならば,そこには,生物学,心理学,社会学などとして個々の学問が成立することになる。人間科学のもつ方向性は,人間の個体としての内部から外部へとその領域を包含してゆく様子を見いだすことができる。そこには,個々の学問における学的体系を見いだせると同時に,その理解より,対象となる人間に対する個々の学問の視座からの人間の体系性を見いだすこともできる。たとえば,生物学にとっては生体システムとして,心理学にとっては心的システムとして,そして社会学にとっては社会システムとして,対象としての人間を理解することができよう。ドイツの社会学者ルーマン(Luhmann, N.)は,自己産出システムを表現するオートポイエシスティック・システムを,生命システム・心的システム・社会システムに類型化する[1]。この自己産出を意味するオートポイエーシス(Autopoiesis)という概念は,生物学者マットラーナ(Maturana, H. R.)とヴァレラ(Varela, F. J.)によって提唱されたものである。このオートポイエーシスは,生命システムを説明する概念として考案されたが,近年,認知科学,社会科学を初めとする諸科学で新たなシステム理論として援用されている。しかし,この概念は従来のシステムの概念を

大幅に変更するものであったことや，その内容の特異性からか十全な理解を得られなかった。この概念が大きく注目されるのは，先のドイツの社会学者，ルーマンによる社会システム理論への応用が1つの契機となる。そのような意味でオートポイエーシスへの関心への高まりは，当初ドイツを中心とするヨーロッパ諸国においてであった[2]。そして，現在このオートポイエーシスの考え方は，システム理論と認知科学の1つの学際的学派とよんでよいであろう「ラディカル構成主義」の中心的な位置を占めている[3]。

現在，さまざまな視座のもとで，人間の理解が存在するが，ここでは，人間というものを複数のシステムからなる「複合的システム」として理解することを端緒としたい。このような複合的システムとしての人間を理解することにより，人間というものに対して，その学的体系の可能性を探ることを試みる。複合システムとして人間を捉えることは，ひとつの人間理解にすぎない。だが，システムという共通項を用いることによって，一貫した流れの中に人間科学というものを理解することが可能となるであろう。

これについては，以下でさらに詳しく言及することになるが，ここでの議論は，あくまでも「認識の構成」について焦点が与えられることになる。特に認識の自己産出的側面としてオートポイエーシスの概念の援用をもってそれが説明されることになるであろう。そして，その中で構造構成主義の可能性が検討されることになる。

3節
複合システムとしての人間理解

人間のもつ多面性は，人間に関するさまざまな学問を形成発展させてきた。学問の主題として人間が取り扱われる時，その対象化は，分析を行う学問の特定の視座に負っている。この時，ある学問において対象化される事実の認識とは，ア・プリオリなものではなく，ア・ポステオリなものであり，その学問における固有の差異に基づいた，創出的性質をもつものであるといえよう。すなわち，我々は，現前する世界から特定の現象を切り取ることによって，対象を創出している。この現象を対象化するとき，個々の学問の性質が端緒として反映されることになる[4]。

そして，この学問的/科学的方法に則った手続きのもとで対象化されるところに，客観性の契機が求められる。哲学者フッサール（Husserl, E.）の次の指摘は示唆的である。彼は，時間の問題を集中的に分析した講義録『内的時間意識の現象学に関する諸講義』[5]の中で「現象学的に言うならば，客観性というものは，〈一次的〉内容ではなく，統握の特徴やその特徴の本質に属する原則の類の中で構成されるのである。そして，これを完全に根底から見抜き，そして明確に理解をもたらすこと

が，まさに現象学的認識論である」と指摘する[6]。彼の指摘する統握の特徴やその特徴の本質に属する原則とは，まさに先の学問的手続きと同義に捉えることができよう。もちろん，手続きをもってのみ認識の客観性を考える事はできない。

　フッサールは先の議論に先立って，「対象には持続があり，現象には変動がある」と指摘する[7]。つまり，彼は，この特徴を踏まえ，時間と客観性を問うのである。そして，このフッサールの指摘する対象の持続性とは対象の同一性の保持に他ならない。

　その一方で，我々の認識の活動は，連続する時間地平の中で行われることになる。それは変動し続ける地平の中での行いであるといえる。我々は，この可変可能性をもつ連続体としての時間地平の中から，ある特定の対象を選び出すことによって，1つの認識を構成する。それは，特定の差異に基づく差異化であり，1つの選択であるといえよう。また，それは連続する世界の切断でもある[8]。いずれにせよ，それは観察者による恣意的な差異化であり，しかも，そこには何をどのような差異をもって差異化するのかという問題が孕まれることになる[9]。

　人間を対象にした学の成立は，人間という存在がその多面的な側面をもっているがゆえに，その側面ごとのアプローチが固有の学の形成に至らしめている。それらの学の成立は，その視座の固有性によって区分されていると同時にその固有性がその視座を規定しているといえる。人間科学にとってその学的立場の明確化は，その学的体系自身における自律性に求めることができる。ここでいう自律性とは1つの方法論のもとに1つの体系を特徴づけるということを意味してはいない。むしろ，さまざまな方法論のうえに立った，総合的なパースペクティブのうえに初めて成立するものであるといえる。それはさらにいえば，収斂されて1つの完結体を形成するというよりも，組織化されて1つの体系群を形成するといえる。

　人間というものを科学する時，生物として人間を対象化するならば，生物の特性をもって，生物体としての側面と他の人間のもつ側面とを差異化することができる。この差異化は生命体としての個体性のうえに成立している差異であり，生物的存在としての人間を特徴づけることになる。すなわち生物という差異のもとに生命体である人間とそれではないものという差異化によって人間が主題化されるといえよう。さらに，人間は生物的個体としての存在がある一方で社会的個体としての人間があることもまた事実である。人間は他者との共同をもって自己の存在を維持しているという側面を持つのである。すなわち，生物的な個体性を維持するために，人間はさまざまな外的環境に依存しているが，その1つとして他者との関係がある。そして，他者との関係は人間の形成にとって大きな影響を及ぼすことになる。人間の社会性を特徴づけるのはまさに他者との関わりに依っている。他者との関係化は1つの社会を形成することによって，さらなる機能の拡張を図ることが可能となる。

そして，この社会の中で人間はその生を営むことになるのである。この時，他者との関係の場としての社会は人間の発達にとって不可避な存在であり，人間形成にとって，社会は必要不可欠なものとなる。

人間は生物的存在であり，そして，社会的存在である。しかし，同時に個々の人間には意志があり，感情を備えた存在であることも加えねばならない。それは心というカテゴリーをもて，特徴づけられる事態であるといえる。それらは個体としての人間に向けられた情報に対する内的反応の1つとして特徴づけられる。そして，その内的反応の結果としての行動として表出する。

人間に対する諸様相はここに内向的パースペクティブのもとに生物的側面が，そして，外向的パースペクティブのもとに社会的側面が特徴づけられ，さらに，この内と外を媒介するかたちで心的側面が特徴づけられる。これらは分析視角の差異化のもとに，それぞれが人間を特徴づける。もちろん，この他にも人間のもつ側面を指摘することもできようが，少なくとも人間の基本的な特性をここに見いだすことは容易であろう。

いずれにせよ，これらは個々が固有の人間性を表現しており，これらの複合体として人間が特徴づけられるのである。それは，それぞれが部分をなしているというのではなく，それぞれの視座において全体を表しているのである。それぞれは独立した体系をもっており，そのなかにおいて完結性を保持している。人間は確かに1つの統一体として存在を提示している。しかし，その人間のもつさまざまな様相は人間の複合性を如実に表しているといえよう。

先にあげた生物的，心的，社会的様相は，それぞれ固有の作動と固有の影響をもたらす。それらは1つの閉鎖系として機能しており，その特性をそれぞれ1つの自律したシステムとしてみることが可能である。すなわち，生体システム，心的システム，そして社会システムの視座がそれぞれに対応する。そして，このような理解に立つならば，人間というものを個々のシステムからなる複合体として，あるいは全体システムとして捉えることが可能となる。

対象は対象を特徴づける差異化によって，他とは異なった存在として区分される。それは1つの統一体として主題化される事態を意味する。この事態はシステムとして人間を理解するとき，大きな意味をもつ。すなわち，そのシステムとしての統一性は特定の差異化のもとにおける1つの区分として規定されることを意味し，このことから，1つの全体としての統一体はその統一という閉鎖性がゆえに，外部への開放性を獲得することになるからである。システムにとってこの外部は一般に環境世界とよばれる。

しかし，この環境世界というものは，システムに先立て存在するということを意味しない。ここで強調されるのは，環境世界とは，当該システムにとっての外部で

あるこということである。すなわち，システムの環境世界とは，ア・プリオリに存在するのではなく，いわば，システムの閉鎖性によって創出される外部なのである。そのような意味で，システムは独自の作動によって特徴づけられるだけではなく，その作動によって自己を閉鎖し，その閉鎖によって創出された外部としての環境世界によっても特徴づけられるのである。この理解における先駆的研究が，生物学者ユクスキュル（von Uexkull, J.）による環境世界論であろう。ユクスキュルは，さまざまな生物を観察し固有の環境世界の存在を分析したのである。また，社会システム論の観点からは，ルーマンの議論も示唆的である。ルーマンは，システム／環境世界という差異から，社会システムを理解するのである。そして，フッサールの生活世界の議論も見逃すことはできない。本稿での環境世界の理解は，彼らの議論に多くを負っている[10]。

　我々は日常的に，環境という言葉を使う。そして，そこに意味されているのは，人間にとっての環境であったり，生物一般に対する環境であったりするのである。しかし，このように考えるならば，個々の人間にとってもその環境世界は異なるのである。たとえば，同じ場に居合わせたとしても，子どもの環境世界と大人の環境世界は，重複する部分もあるが明らかに異なっているのである。

　そして，人間を複合システムと考える時も同様であり，そこには各システムに対する環境世界が対応的に存在することになる。すなわち，システムは固有の環境世界をもつという理解に立つならば，先にあげた人間の3つのシステム，すなわち，生体システム，心的システム，社会システムはそれぞれ固有の環境世界のもとで差異化されることを意味する。1つの差異化によって，1つのシステムが固有の環境世界をともなって構成される。その内部に生体システム，心的システム，社会システムを見いだす人間という全体システムは個々のシステムがもつ環境世界を視野に収めなければならない。人間という統一体は複数のシステムを包含するがゆえに複数の環境世界に対応しなければならないのである。人間はその閉鎖性ゆえに固有の外部を創出することになるが，外部の複雑性は，外部の特性に基づくのみならず，複合システムとしての人間の固有性にも基づいているのである。

　いずれにせよ，システムという視座もとに固有の作動を理解する時，その環境世界との関係は不可避な事実として存在すると同時に，システム自身を特徴づけるのである。人間にはさまざまな側面があるが，その諸側面は人間の多様性として顕在化する。システム／環境世界という視座は，人間のもつ多様性を理解する際の重要なメルクマールといえよう。

4節
システムと要素／関係の差異

　人間というものを複合的なシステムという観点から観察する時，人間のもつ多様性はその性質を表出する諸システムによって特徴づけられる。そして，この諸システムは他とは区別される1つの統一体として位置づけられることになる。この時，人間に向けられた学的営為はいかなる方向をもって，遂行することができるのであろうか。近代科学において，その趨勢は厳密さを追求するという名のもとに細分化的な傾向をもって対象を分析して，そこに特定の因果メカニズムを解明することを課題としてきたといえよう。それは，ミクロ的な現象のみならず，マクロ的な現象においても同様であったといえよう。そして，そこに専門分化という事態が生じている。それは先に指摘したように，専門分化は，時として，外部の侵入を阻む1つの排他的事態へと至っている。もちろん，そこから多くの知見が産出され，我々の理解を拡大してきたことは事実であろう。

　個々の要素は何らかの意味のもとに要素としての統一性をもっている。そして，要素は独立した統一体としての要素として存在するのではなく何らかの関係のもとでの要素であるにすぎない。しかし，問題とされるべきは，分割ではなく関係づけであり，その関係とは何らかの作用のメカニズムを特徴づけるものであるといえよう。ここでは，特定のシステムにおける，そこに生起する作用を特に「機能」とよぶことにする。この時，要素とはある機能を遂行するために関わる限りで，要素としての資格を得ることになる。その一方で，その要素は別の要素と関係することで別の機能を有することもある。その時，その要素は別のシステムの要素として位置づけられることになる。すなわち1つの要素を複数のシステムが共有するという事態である。システムのもつ固有の機能はシステムを特徴づける。しかし，それは，要素によってもたらされるものではなく，システムによってもたらされるものなのである。

　この時，要素は，そのシステムにとって分解不可能な1つの統一体として存在している。それは要素がシステムの中でその要素固有のはたらきをしているという意味で分解不可能なのである。つまり，要素は1つの単位ではあるが，必ずしも究極の単位であるとは限らないのである。あるシステムにおける要素は1つの統一体としてのまとまりをもったものとして位置づけられているが，別次元で観察した場合，統一体としての要素はさらなる複数の別の要素によって構成されている場合もある。

　この時，その要素は1つのシステムとして存在していることを意味している。す

なわち，1つの要素が別の要素群によって構成されている時，その要素は1つのシステムをなしているといえる。このように，システムの構成は1つのハイアラーキーとして，理解することも可能である。すなわち，システムが要素という名のシステムによって構成されているという事態である。これは1つの統一体に対する階層的理解であるといえ，システムの内部にさらに別のシステムを見ているといえる[11]。

人間というシステムは複数のシステムによって特徴づけられていたが，その個々のシステムはさらに別のシステムによって構成されているという複合的なシステムとして理解されよう。そして，人間に対する理解が単一的なものとして理解されないのはシステムの多様性によっているというよりもシステムの複合性によっているといえよう。システムの複合性は単純な因果関係の理解を拒むことになる。この時明らかに，部分と全体という区分は単なる相対的理解のものであるにすぎなくなる。そして，部分と全体とはその全体のもつ作動との機能関係のもとにおいてのみ部分となり得るのである。すなわち，要素は部分であると同時に全体でもあり得る場合もあるわけである。先にも触れたとおり，要素は特定のシステムにおいてその要素足り得るのである。要素をさらに要素に分解する時，そこでは，いかなる関係のもとにさらなる要素を見いだすのかが問題となる。そこに見いだされる要素をいかにある機能に関与する1つの独立した統一体そして見いだすのかが問題となる。要素単位への分解は単なる分割とは区別され「還元」とよばれることになる。そして，還元とは新たな関係化の可能性のもとに分割を見るものである。つまり，ある対象が「複合的なシステム」であるとか，それを構成する要素がさらなる「複合システム」であるというような区分が存在するという指摘が重要なのではない。如何なる差異をもってそれが区分されたのか，そして，そこには如何なる関係が存在するのかが重要なのである[12]。

還元された要素は，その要素が関与してシステムにおける要素であると同時に別のシステムの要素ともなり得る可能性を潜在させる。要素はそれが関わるシステムにおける作動を担い，その機能を特徴づける固有の機能をもたらす。しかし，別様の関係化の可能性を秘めていたとしても，その要素にとって，その関係化は関係化以外の何ものでもないのである。

新たな関係化はその要素を新たに特徴づけ，その限りにおいて，さらなる理解がもたらされるのである。還元された要素に対して，新たな関係化の成立はその要素のもつ可能性に依存している。それはその要素のもつ多面的側面であり，そのことが要素の性質を特徴づけるのである。複合的なシステムはその還元によって，複雑性の度合いを低減する。しかし，この時，複合性は，関係化の限定と関係化の拡大可能性を経験するのである。

新たな関係化の可能性の創出は総合という新たなシステム形成の契機をもたら

す。「総合」とは「関係の成立」であり，すなわち1つの「閉鎖系の形成」なのである。総合は総合されるべき要素を前提としており，その限りで要素と全体は機能連関のもとに閉鎖系を形成しているのである。総合は複数の要素を各要素のもつ関係化の可能性に基づいて，別様の関係化の体系を見いだす。それに対して還元は還元される全体を前提としており，その限りで全体を構成する要素は要素となり得たのである。要素の関係化という機能連関のもとに形成された閉鎖系において，還元はその要素のもつ関係化の可能性をクローズアップすることになる。

　還元と総合はその方向性において，正反対のプロセスをもたらすことになるが，しかし，その機能は，関係化の可能性が表出されるところにおいて，同一の機能を有しているのである。そして，これらは差異化の運動に他ならないのである。閉鎖系における差異化は開放性を関係化のもとに特徴づけるといえる。還元にしろ，総合にしろ，そこには複数の要素が前提とされている。そこに見られるものは，むやみな分解や寄せ集めを意味しているものではない。それらは関係という意味連関のもとにおいて遂行される営為であり，いずれもシステムを志向している1つの観察形式であるといえる。そして，これらは虚構や，想像ではなく，実在する実体に向けられたものであるとしても，観察者の選択によって構成された1つの「認識形式」であるということもまた事実なのである。すなわち，「認識の構造構成」がここにある。

　人間を特徴づける諸システムはそれぞれにおいて複合的なシステムとして理解可能であり，この理解に立つ限りにおいて，固有の特徴を見いだすことができるのである。この時，還元や総合という関係化に基づく差異化はその理解に1つの視座を与えてくれる。これらは1つの機能連関のもとに1つのメカニズムを提示してくれる。しかし，そこに見られるメカニズムは固有のものであるかもしれないが，唯一のものであるという保証はどこにもない。要素のもつ関係化の可能性は他の因果連鎖をもたらす源泉となる。このことは，特定の機能を遂行するメカニズムにおいても同様である。別様のメカニズムにもかかわらず同一の機能を遂行することを否定することはできないのである。つまり，別様のメカニズムであっても機能的に等価である事態を否定することはできないのである。

　複合的なシステムのもとに表出する1つの現象は唯一の因果をもつというような単純な理解を拒否する。このようなシステムを学的営為の対象とする時，学の固有性はシステムの特殊性にその決定をゆだねることになる。限定的な理解ではあるが，これまで見てきた人間を特徴づける，生体システム，心的システム，社会システムはその個々において複合的なシステムであり，同時に人間というこれらシステムを包含するシステムにおいてはその複合性の度合いは極めて上昇することになる。還元や総合という観察形式はこのような複合的なシステムに対して1つの理解をもた

らしてくれるが，それはあくまでも1つの観察視座における理解にすぎない。しかし，このような視座は全体理解に向けられた有効な端緒として機能するといえる。そして，その観察が観察された時，その観察視座は初めてその観察の意味を獲得することになるといえよう。

5節
認識システムとしての科学

現代において，「科学」という概念は，日常生活に浸透した概念となった。しかし，その結果，そこには，ある種の自明性が見られる一方，少なからず曖昧さを保持することになった[13]。もちろん，少なくとも科学というものが，某かの知見であり，その知見の創出であるということを認めることに多くの困難はないであろう。すなわち，科学の本質的な機能を認識，および新たな認識の創出に見るということに。

たとえば，哲学者ロムバッハ（Rombach, H.）は，科学を「存在するものの性質，構成，関係，発生についての客観的，普遍妥当的，検証可能的な認識の総体」と特徴づける[14]。このように，科学の機能を認識の創出にみた場合，それは，自然科学，社会科学など，その対象を異にする科学においても，共通する機能の1つであり，それゆえに，科学における成果は，「認識の枠組み」として機能するものであるといえよう。そして，この「認識の枠組み」が体系化されたとき，「知識」とよばれることになる。科学は最終的に体系化された「認識の枠組み」としての「知識」の創造にあるといえるかもしれない[15]。いずれにせよ，知識の本質は認識への貢献にそれを見ることができる。この時，科学とは特定の対象を差異化し，認識を構成する認識システムとして固有の機能を有しているといえる。認識を構成するという事態は，これまでの議論より，差異化に基づく構成であるということは明らかであろう。それは，時として対象の構造の，時として対象の機能の差異化となる。さらに，それは状態の，あるいは因果の差異化となる。認識とは他との区分にその本質を見ることができる。科学というその一連の運動は，その固有の機能のもと1つの統一をなした認識システムとして見なすことができる。すなわち，科学システムは事実の追究を目指した知の創出をその機能にもったシステムとして，である[16]。

科学はその対象をさまざまな分野に見いだすが，その対象の特殊性にかかわらず，知という認識枠組みの創出という点においては，その固有性をもっているといえる。先に見てきた要素と関係という視座からのシステム理解に基づく時，科学を1つのシステムと見なすならば，それは1つの閉鎖系として理解される。この時，科学システムはその内部に複数のサブシステムを包含していると同時に環境世界にさまざ

まなシステムを見ることになる。システムはその閉鎖性ゆえに他のシステムについて観察することや他のシステムについてコミュニケーションすることはあっても他のシステムと直接コミュニケーションすることはない。もし，あるシステムとあるシステムが直接コミュニケーションすることがあるならば，それらは同一のシステム内の出来事として理解されねばならない。つまり，異なったシステムと見なされた2つのシステムは1つのシステムにおける要素として理解されなければならないのである。

システムの閉鎖性はシステムを孤立させるのではなく特殊化する。それは他ではない固有のシステムとしてその存立を提示するのである。そして，閉鎖系のシステムを特徴づけるのはシステムの自己準拠性にあるといえる。そして，この自己準拠性こそがシステムの自律性を保証するのである。

科学システムにとってこの自己準拠性は顕著なものである。すなわち，科学システムは自らが産出した結果をもとに新たな結果を追求している自己準拠的システムなのである。それは自らが産出した規範に自らを従わせることを意味している。準拠する結果の妥当性はシステムの機能の遂行状況によって決定される。すなわち，機能が遂行される限りでシステムはその存立を許されるのである。そして，科学システムにとってこのことは事実の妥当性を意味しているのである。

科学における真理とは科学システムにおける機能遂行の如何によっているのである。つまり，真理の正当性はシステムの安定性の上に基づいた機能遂行の信頼性によっているのである。そして，システムに矛盾が，すなわちパラドキシカルな事態が発生した時，真理の正当性は揺らぐことになる。システムにとってパラドキシカルな事態の発生はその存立に関わる重大な問題となる。この時，システムは脱パラドクス化に向かうべく運動しなければならない。

パラドクスに直面するときシステムはその存立を問われることになるが，その一方でパラドクス回避の運動はシステムに変化を強要する。このことはシステムに進化の可能性をもたらすものでもある。システムの安定はトートロジカルに，システムの変化はパラドキシカルに展開されるといえよう。いずれにせよ，システムはその自己準拠的運動を通してその存立を維持しているのである。

自己準拠的システムにとって，自らを規定するがゆえに自己の把握は不可欠な前提である。自己の把握は自己観察によってもたらされる。それゆえ自己観察は自己準拠の端緒であるといえる。観察とは1つの差異化であり，1つの限定である。観察者は観察者自身を自己相対化することなしに観察することはできない。すなわち，自己相対化なしに観察者は自己の行っている観察に対して自身が自身の盲点として存在していることに気がつかない。盲点として，自らを見いだせない観察者は，自らの観察によって，自らの位置を確認することが必要となる。観察者の観察は，観

察の指向性を観察するといえる。観察者の観察とはいわば「観察の観察」に他ならない。いずれにせよ、そこでは、「観察」が1つの観察対象となることを意味する。ここに、新たな差異化が行われる。すなわち、観察の意味が構成されるのである。その一方でこの差異化によって、新たな関係の創出をみることもできる。観察の観察は観察の方向性を把握すると同時に、観察を強化する端緒をもたらす。そして、このことが科学を発展させる契機の1つとなる。

　人間を対象とした科学はその諸性質に基づく個々の学問の発展をみている。科学は真理の追究を目指した営為であるというよりも真理を産出する営為であるといえる。真理はア・プリオリに存在するものではなくア・ポステオリに構成されるものではないだろうか。その構成にとって、観察とはその根底に位置する営為であり、科学の方向性を決定している。観察の観察は、自己を発展させるための自己反省であると同時に、一方で、自己主題化に他ならない。人間科学という体系のもとに、個々の学問は専門化してゆくと同時に、人間を科学する体系として、いかに自己主題化かするのかということがその存立に大きな影響をもたらす。自己主題化、それは1つの差異化であり、いかなる差異化を施すか否かによってその意義は自ずと異なってくる。個々の学問のもつ専門性とその成果は否定できない。しかし、人間というカテゴリーのもつ特殊性は何らかの差異を我々に与えてくれるのではないだろうか？

6節
認識の認識

　認識システムは、対象を構成的に同定し、それに対して意味付与を行い、理解を構成するという一連の機能をもっている。そこでは認識が認識を産出するという、自己産出的なシステムとして特徴づけることができる。この時、認識システムにおいて認識は1つの構成要素であり、構成要素が構成要素を産出しているシステムとして、この認識システムを特徴づけることができる。そのような意味で、認識システムはオートポイエティック・システムとして、そこに1つの自律性をもった自己準拠的なシステムとして特徴づけられることが可能であろう。

　そして、認識システムとしての科学を1つのオートポイエティック・システムとして捉える時、明らかな閉鎖系がそこにある。すなわち、そこでは1つの系の中で自律したシステムとして科学の存立意義を認めることができるのである。科学は新たな認識を産出する。それは新たな事実の産出とよべるものである。しかし、このことはあくまでも科学という体系の閉鎖によってもたらされるということに注意が必要であろう。つまり、この閉鎖系が維持される限りで開放性が生まれてくるので

ある。それは，科学の内的機能が作動する限りにおいて，科学はその外的機能，すなわち知識の産出に寄与できることを意味している。科学の開放性は内的作動で産出された認識の知識への体系化によって外部に認知される形態へと変換される。そして，これをいかなるかたちで受容するのかが科学の外部にとっての問題となる。

　しかし，科学の外部にとって，科学の成果を受容する時，それは科学との直接的な結合を意味するものではない。もし，そのような事態であるならば，それは，科学と外部の一体化を意味することになるからである。すなわち，もし，このような事態にあるならば，受容するものは科学の外部という状態にないことになる。科学とその外部との差異はその非連続性にある。科学の外部はこの非連続性を前提に科学を受容することになる。この場合，非連続性を前提に受容するとは「観察」に基づいた営為にあるといえる。そして観察とは対象に結合することなく準拠する方法であるといえる。観察者は，観察対象に結合せずに，観察対象を内在化するのである。いずれにせよ，科学という閉鎖系に対して，その外部はそれを観察することができるのみなのである。しかし，それは科学の閉鎖性ゆえにその開放性がもたらされるのであり，開放性はその閉鎖性なしにはあり得ない事態なのである。この関係の典型が科学と科学技術の例であろう[17]。そして，科学の成果の受容とはその成果の内在化であり，それは時として社会化に他ならないのである。

　その一方で，科学の側から開放性を考える時，それは外部への観察対象の提示にあるといえる。それは，すなわち1つの情報の提示であるといえよう。そのような意味で，科学の開放性とは知識の社会化を可能にしており，情報の外化を可能にするものであるといえよう。ここに，科学の開放性を社会化と情報化のもとに意味づけることができる。そして，認知システムとしての科学の閉鎖性とコミュニケーション的な作動の源としての科学の開放性をここに見ることができる。

　認識システムとしての科学における開放性と閉鎖性とは，システムの構成としての内的機能に関わる閉鎖性とシステムの外的機能に関わる開放性としての意味をもっていることがここに示された。科学はオートポイエティック・システムのもつ固有の性質を表していると同時にコミュニケーション機能という側面を包括したものとして複合的に機能している。科学にとってこの2つの機能はいずれも双方の機能を補完するという意味でその存立にとって欠くことのできないものである。

　しかし，この科学が社会の中にある1つのサブシステムである時，その存立が科学の側のみにないということは極めて重要なことである。科学が産出する知識がいかなる正当性を有していたとしても，社会的認知がなされない時，その知識はその存在を否定されることになる。すなわち，科学と社会の間にコミュニケーションが成立しない時，科学はその一部にせよその機能を失うことになる。また，ひとたび社会的に認知された知識もその存立を普遍的に保証されるわけではない。知識は外

部からの要求に応えられる限りでその存立を保っているのである．つまり，知識は外部からの要求に応えられなくなった時その存立を否定されることになる[18]。

　科学において，その開放性はまさに自身の存立を保つための極めて重要な性質なのである．科学と社会を結びつけているものがこの開放性にあるわけであるが，この開放性を保証しているのはその閉鎖性そのものなのである．科学は確かにその外部である社会に影響を及ぼす，そして，社会は確かに科学に影響を及ぼす．科学はその客観性のもとにその妥当性を獲得する．しかし，それは恣意的な選択に基づいた，特定の視座のもとにおける特定の見解であり，そして実践としての科学の応用，すなわち科学技術もまた同様に恣意的な選択に基づいている．しかも，この恣意性は，社会によって方向づけられていると同時に，そこから方向づけられた認識や知識は，新たに社会を方向付けるのである．科学と社会はこの循環的関係の中に存在しているのである．それは創り続けられる関係にあり，まさにオートポイエティックな世界がそこにある．科学の実践，それは１つの到達点を求める運動なのかもしれない．しかし，その到達点に達するや否や，それは新たなる出発点として，すなわち新たな運動の源へと変化することになる．

　我々の生活は絶えざる運動の中に存在する．そして，我々の価値や規範についても，その絶えざる運動の中にある．そこでは，もはや絶対的な価値も絶対的な規範も存在し得ない．可変の可能性を内在した状態の中に我々は存在する．科学の実践は，このような事態を前提にした絶えざる運動であるといえよう．我々は，観察し，理解し，そして判断する．しかし，それは常に可変の可能性を抱えた条件づけられた中での営為なのである．

7節
構造構成主義の可能性

　論理実証主義の立場に立つ哲学者カルナップ（Carnap, R.）の「理論」に関する見解は，一瞥に値するものがある[19]。彼のこの議論は，科学的な営為において，極めて自明なものとして映るかもしれない．いや，おそらく自明なのであろう．しかし，そこには理論を考える上での基本的な端緒がある．カルナップは，直接的な観察可能性と不可能性という観点から「経験法則」と「理論法則」を区別し，科学的な認識を整理する．彼は，「理論法則は経験法則より一般的である．しかし，経験法則を解釈し，それをわずかばかりステップし，一般化するだけでは，理論法則には到達し得ないのだと，理解することが重要である」と指摘する[20]。もちろん，ここで彼が特徴づける「観察可能ということ」や「観察不可能ということ」には説明が必要である．ここでカルナップが想定する観察可能とは，感覚によって直接観

察できるものと限定される。したがって，観察不可能とは，この感覚によって直接観察できないものをさしている。しかし，彼は，間接的な観察による観察可能性を否定するわけではない。すなわち，間接的にあるメディアを通して可視化され，観察されるという事態を排除するものではないのである。もちろん，我々は何らかのメディアを介して何らかの認識を得ている。このようなことから，彼自身，直接的観察から間接的観察には連続性があり，明確な区分はできないと認める。それにもかかわらず，彼がこの区別を用いるのは，経験法則だけでは導き得ない事実が存在することを強調するためなのである。我々は，原子や分子，陽子や電子の存在を知っている。しかし，それは，直接的な観察から経験的に発見されたものではないのである。彼は，経験法則に基づく，帰納的一般化から必ずしも理論法則には到達し得ないと主張するのである。そこで，彼は，仮説に基づく理論構築のプロセスを強調する。すなわち，理論は，まず仮説として提示され，それが経験的に検証されることによって定式化されることになると。そして，この経験法則と理論法則に対して「経験法則は，観察された事実を説明することに，そして，まだ，観察されていない事実を予測すること役立つ。同様に理論法則は，すでに定式化された経験法則を説明することに，そして，新たな経験法則の派生を可能にすることに役立つ」という特徴を指摘する[21]。特に彼は，新たな経験法則の派生可能性に理論法則の意義を強調するのである。

　経験的な科学において，データを収集，整理し，それを記述，分析することによって何らかの再帰的現象や規則を見いだすという一連のプロセスは，科学の方法として一般的な営為であろう。しかし，そこに導き出された結果は，特殊限定的なものにすぎないのである。すなわち，それは，1つの説明ではあるかもしれないが決して理論ではないのである。もちろん，理論が，ある現実に向けられたものである以上，経験的な現象を無視して存在することはない。

　構造構成主義が，1つの理論，しかもメタ理論を目指した学的営為である時，経験法則と理論法則との差異を明確に自覚する必要がある。経験法則が無意味であるというのではない。しかし，理論法則とは明らかにその水準を異にするのである。経験法則が現象の記述であるならば，理論法則は現象の背後にある論理の記述であるといえよう。そして，メタ・レベルを求めた構造構成主義が目指すものは，この現象の背後の考察であり，記述なのである。いずれにせよ，この2つの法則の差異の認識は，構造構成主義にとっては自己認識の端緒であり，自己の存在構成に他ならない。

　理論によって，ある認識が可能になる。先に言及したように認識とは連続の切断であり，他の何事かとの差異化であった。それは換言すれば，区分の決定という事態である。この時，決定とは他の可能性の厳格な排除であるといえる。それは決定

が決定された後で初めて他の可能性の排除が可能となるということを意味している。そのような機能をもつ決定ではあるが，決定は決定以前に存在する不確実性を隠蔽してしまう性質がある。つまり，決定が下された瞬間に不確実性は，決定が1つの基準となるがゆえに無視されることになる。サイモン（Simon, H. A.）[22] はこのことを不確実性の吸収とよんだ。つまり，決定が決定されたとき，この不確実性の吸収が起こるのである。そして，決定は次への基準として決定化されるのである。したがって，ひとたび決定が下された時，人はその決定を根拠に次の決定を下すことが可能になる。そして，科学的な認識においてもそれは同様なのである。決定は未来を拘束し，過去を評価する。1つの基準足るべきものとして決定が存在するのであれば，その安定性はその存在そのものであろう。しかし，それは機能的循環をもって決定自身の維持を確認しているということであり，決定の不変性を求めているものではない。むしろ決定は可変の可能性を内在したものであるといえよう。すなわち，この決定の力動性こそが「決定というもの」の存続を可能にしているのである。決定は違背の処理にともない再生産と変動の間での反省と進化をせまられる。しかし，この反省と進化こそが認識を深化させていることは明らかであろう。そして，科学の進歩とはこの違背の存在に依存しているのである。認識の対象が複雑になればなるほど，違背の出現は増加することになる。この時，認識システムも進化を迫られることになる。この事態に対して，システムは対応する環境世界の複雑性と同程度の複雑性をもって初めて，対応が可能となるという，サイバネティスト，アシュビー（Ashby, W. R.）の指摘する「最小多様度の法則（the law of requisite variety）」は，一見，自明な指摘であるにもかかわらず，我々に多くの示唆を与えてくれる[23]。すなわち，構造構成主義が，複雑な対象に対峙するとき，構造構成主義は，それに対応するだけの複雑性をその内部に構築しなければならないのである。人間というシステムは，極めて複雑なシステムの複合体である。構造構成主義が，人間科学の基礎理論として，その存在を主張する時，構造構成主義は，その人間のもつ複雑性に対応しなければならない。そこでは何より，理論としての反省性が重要となる。それは自己進化の機能であり，動的な自己構築運動を内包することを意味する。構造構成主義の可能性，それは自身の可変可能性にかかっているのである。いかなる理論といえどもそこには少なからず限界をもつことになる。しかし，理論自らの進化により，その可能性を拡大することは可能なのである。すなわち，新たな認識を拡大することは可能なのである。すべてについて可能性が開かれているといえば嘘になろう。しかし，進化させるべく努力は必要であろう。なぜならば，我々は，すべてを知り得てはいないからである。ところで，我々が今見ているものは，何なのだろうか[24]？

【註および文献】

[1] 以下のp. 9を参照。
　　Luhmann, N. 1990 *Essays on self-reference.* New York : Colombia UP.
　　土方 透・大澤善信（訳）　1996　自己言及性について　国文社
[2] ルーマンの議論が大きな影響を及ぼしたことは事実であるが，オートポイエーシスのヨーロッパへの紹介は，ルーマンが最初ではない。1977年にドイツのブレーメン大学で開催されたシンポジウム「認知とコミュニケーション：自己言及的システム理論の学際的諸相」において，すでにオートポイエーシスが議論されている。そして，この記録がこのシンポジウムのコーディネータであったP. ヘイル，W. K.ケェック，G. ロートの編で翌年，シンポジウムと同名のタイトル『認知とコミュニケーション』として公刊されている。
　　Hejl, P. M., Köck, W. K., & Roth, G. (Hg.) 1978 *Wahrnehmung und Kommunikation*, Frankfurt am Main: Campus.
　　ルーマンの社会システム理論の概要については以下を参照。
　　Luhmann, N. 1984 *Soziale Systeme : Grundriβ einer allgemeinen Theorie.* Frankfurt am Main : Suhrkamp Verlag.
　　Luhmann, N. 1997 *Die Gesellschaft der Gesellschaft.* Frankfurt am Main: Suhrkamp Verlag.
　　オートポイエーシスの基本文献として以下を参照。
　　Maturana, H. R., & Varela, F. J. 1980 *Autopoiesis and cognition.* Dordrecht/ Boston/ London : D. Reidel Publishing Company. 河本英夫（訳）1990　オートポイエーシス―生命システムとはなにか　国文社
　　Varela, F. J. 1979 *Principles of biological autonomy.* New York/ Oxford: North Holland.
　　Varela, F. J. 1981 Autonomy and autopoiesis. In R. Gerhard, & S. Helmut (Eds.), *Self-organizing systems*, Frankfurt am Main : Campus.
　　オートポイエーシスに関する議論は，河本英夫の一連の業績が詳しい。
　　河本英夫　1995　オートポイエーシス―第三世代システム　青土社
　　河本英夫　2000a　オートポイエーシス2001　新曜社
　　河本英夫　2000b　オートポイエーシスの拡張　青土社
[3]「ラディカル構成主義」とは，認知心理学者であり，サイバネティストでもある，フォン・グラザースフェルト（von Glasersfeld, E.）によって命名されたものである。そして，自己組織性，サイバネティクスのサイバネティクス，オ

ートポイエーシスなどの考え方が，これに共鳴したのである。詳しくは，河本, 2000a[2]や以下など参照。
　von Glasersfeld, E. 1995 *Radical constructivism*. London : The Falmer Press.
　Schmidt, S. J. (Hg.) 1987 *Der Diskurs des Radikalen Konstruktivisums*. Frankfurt am Main : Suhrkamp Verlag.
　また，このラディカル構成主義についての最新情報は，ベルギーの認知科学者 Alexander Riegler 作成のホームページ Radical Constructivism (http://www.univie.ac.at/constructivism/) が詳しい。
[4] この端緒という点が強調されなければならない。すなわち，依拠する学問の特異性を固定するのは妥当でない。もしそうであるならば，学問の進歩などあり得ないであろう。つまり，常に可変可能であるということが重要なのである。
[5] Husserl, E. 1928 Vorlesungen zur Phänomenologie des inneren Zeitbewu/tseins, in *Jahrbuch für Philosophie und phänomenologische Forschung*. Bd. 4, Tubingen : Max Niemeyer.
[6] [5]のpp. 372-373.
[7] [5]のp.372
[8] 時間概念の理論的考察は，三宅正樹による分析が極めて示唆的である。ヨーロッパという限定的なものではあるが，極めて精密な分析が与えられている。
　三宅正樹　2005　文明と時間　東海大学出版会　pp.73-179.
[9] このことについては，拙稿『存在と構成―人間科学基礎論』において，集中的に議論した。
　圓岡偉男　1996　存在と構成―人間科学基礎論　早稲田大学人間科学研究科博士論文（未公刊）
[10] 詳しくは，Luhmann, 1984[2]や以下を参照。
　von Uexkull, J., & Kriszat, G. 1970 *Streifzuge durch die Umwelten von Tieren und Menschen : Bedeutungslehre*. Frankfurt am Main : S. Fischer Verlag. 日高敏隆・野田保之（訳）　1973　生物からみた世界　思索社
　Husser, E. 1954 *Die krisis der europaischen Wissenschaften und die tranzendentale Phänomenologie*, in *Husserliana Bd. 6*, Haag: Martinus Nijhoff.
[11] 以下のp.30を参照
　Strohner, H. 1995 *Kognitive Systeme*. Opladen : Westdeutscher Verlag.
[12] 差異化の問題については，ドゥルーズの議論を無視することはできない。詳しくはDeleuzeを参照。差異と意味の関係については，圓岡を参照。
　Deleuze, G. 1968 *Difference et Repetition*, Paris : Presses Universitaires de

France. 財津　理（訳）　1992　差異と反復　河出書房新社

　　圓岡偉男　2002　社会の中から見えるもの　木戸　功・圓岡偉男（編）社会学的まなざし　新泉社　pp.209-220.

[13] その典型が，科学と科学技術の混同に見ることができる。これらは明らかに機能次元の相違によって特徴づけられる。この点について，詳しくは以下を参照。

　　圓岡偉男　2005　科学の閉鎖性と開放性　濱口晴彦（監修）・海野和之（編）社会学が拓く人間科学の地平　五絃舎　pp.133-147.

[14] 以下のp.7を参照。

　　Rombach, H.（Hg.）1974b *Wissenschaftstheorie 2*. Freiburg : Herder.
　　また，科学史の鳥瞰については，以下を参照。
　　Rombach, H.（Hg.）1974a *Wissenschaftstheorie 1*. Freiburg : Herder.

[15] この〈知〉の構成についての詳細は，[9] や以下を参照。

　　圓岡偉男　1993　知と社会の複雑性　ヒューマンサイエンスリサーチ，2, 57-71.

　　また，〈経験〉との関係については以下を参照。

　　小川　侃　1989　経験の基礎―根本の輪郭　新田義弘・常俊宗三郎・水野和久（編）　現象学の現在　世界思想社　pp.70-86.

[16] 古代ギリシャからカントへ至る西洋の古典哲学という視座からの科学の基礎理解に関して，三宅剛一による考察は，一瞥に値する。三宅の議論は，確かに科学全般にわたるような網羅的なものではないが，現代の科学理解に十分示唆的なものであるといえる。

　　三宅剛一　1973　学の形成と自然的世界　みすず書房（初版　1940　弘文堂書房）

[17] この視点からの科学の閉鎖性と開放性については [13] を参照。

[18] ここで言及はできなかったが，フッサールの生活世界と科学の関係については，村田純一の分析が詳しい。

　　村田純一　1978　科学世界と生活世界―「危機」論稿に見られる現象学的科学論　思想, **652**, pp.55-71.

[19] 論理実証主義の立場に立つウィーン学団と批判的合理主義の立場に立つK.ポパーの論争は，現代の科学哲学を振り返る時，無視することのできないものであろう。この論争の簡潔な紹介としてRombach（Hg.）, 1974a [14] のpp.66-71を参照。

[20] Carnap, R. 1995 *An introduction to the philosophy of science*. New York : Dover Publications Inc. p.228.（初版　1966　New York : Basic Books Inc.）

[21] [20] のp.229.
[22] Simon, H. A., 1981 *The sciences of the artificial.* Massachusetts : MIT press pp.51-52.
[23] Ashby, W. R. 1963 *An introduction to cybernetics.* 2nd ed. New York : John Willy & Sons. pp.202-218. (初版 1956 London: Chapman & Hall.)
　　また，ルーマンも自らの社会システム理論において，システム／環境世界の問題を捉えるうえでこの概念に言及している。社会システム一般の議論としては，Luhmann, 1984 [2] のp.246，科学システムとの関係においては，Luhmann, 1990 [2] のp.369を参照。
[24] 本論全体を通した基本的な参考文献として以下を参照。
　　河本英夫　1986　諸科学の解体　三嶺書房
　　Krohn, W., & Kuppers, G. 1989 *Die Selbstorganisation der Wissenschaft,* Frankfurt am Main : Suhrkamp Verlag.
　　Mainusch, H., & Toellner, R. (Hg.) 1993 *Einheit der Wissenschaft.* Opladen : Westdeutscher Verlag.
　　新田義弘　1995　現象学と近代哲学　岩波書店
　　新田義弘　1997　現代哲学―現象学と解釈学　白菁社
　　小川　侃　1990　現象学と構造主義　世界書院
　　Rombach, H. 1988 *Strukturontologie : Eine Phänomenologie der Freiheit.* 2auf., Freiburg/ Munchen : Karl Alber Verlag.
　　ハインリッヒ・ロンバッハ／土方　昭　1979　連続と非連続―科学理論と現象学をめぐる往復書簡　現代思想 Vol7-15, pp.230-237.
　　Rusch, G., & Schmidt, S. J. (Hg.) 1992 *Konstruktivismus : Geschichte und Anwendedung.* Frankfurt am Main : Suhrkamp Verlag.
　　西條剛央　2005　構成構造主義とは何か―次世代人間科学の原理　北大路書房
　　圓岡偉男　1998　人間科学の行方　札幌学院大学人文学会紀要　**63**, 52-65.
　　圓岡偉男　1999　他者と社会システム　川野健治・圓岡偉男・余語琢磨（編）間主観性の人間科学　言叢社　pp.205-227.
　　圓岡偉男　2005　他者を理解するということ　圓岡偉男（編）　社会学的問いかけ　新泉社　pp.179-194.
　　von Foerster, H. 1982 *Obserbing systems.* 2nd ed. New York : Intersystems Pubkications.

II-8 科学的方法について
——構造主義科学論の考え方

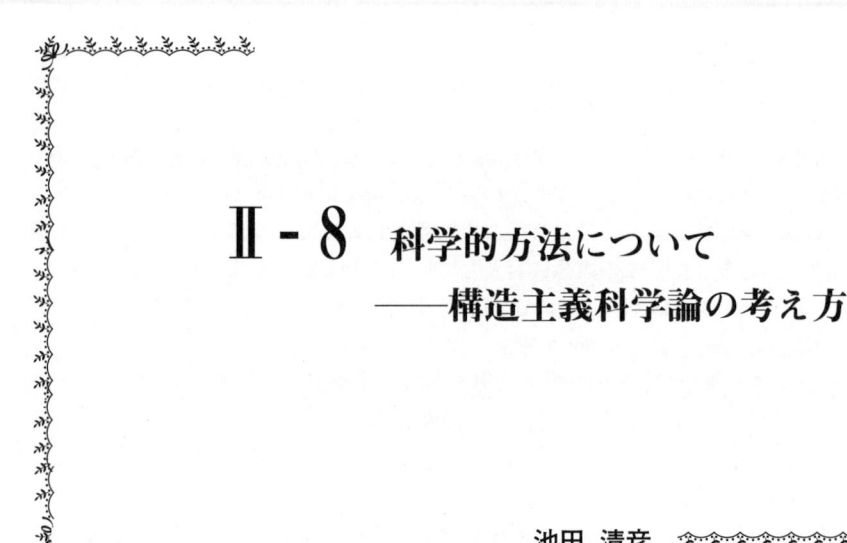

池田 清彦

　私はもともと虫が大好きで、虫だけ採って暮らしていければそれで満足だったんですが、大学に就職した後、私は虫の生態学をやっていたのですけれども、その頃日本にいわゆる「ネオダーウィニズム」、「社会生物学」とか「行動生態学」とか「進化心理学」というようにいろいろな名前でよばれていますが、そういうものが入ってきまして、その時に日本生態学会の連中はみんなそれになだれていった。1つには、お金がたくさん出たからですね。

　私も偉い先生から「何かおまえもやれ」と言われましたので、1年間ちょっとその社会生物学を勉強して、しかし、これはどうもインチキではないかとすぐ思いまして、「俺はやらんぞ」と決めまして、そうすると、どうも日本生態学会へ行きづらくなって、そのあと学会はほとんど行かなくなって、何をやっていたかというと、毎日虫ばかり採っていたのです。

　山梨に行った時、僕は最初の2年間ぐらいは1年のうち200日ぐらい虫を採っていました。かみさんが「雨の日以外は毎日虫を採ってた」と言うぐらい虫を採っていたのですが、ある時社会生物学がどうも気にくわないという論文を書いて、たまには論文も書いたのですけれども、それが柴谷篤弘先生という当時オーストラリアにいらっしゃった先生の目に留まって、「あなたのやろうとしていることは、私がこれからやろうとしている構造主義生物学に非常に近いから一緒にやりませんか」ということで、ではということで、柴谷先生と会っていろいろと始めたのです。

　僕はそのように言ってもボチボチやればよいと思っていたので、毎日虫を採って

いたのです。そうしたら，そのうち車ごと崖から落ちたのです。10メートルぐらい落ちて，もう血だらけになりまして，とにかくしょうがないから崖をはい上がって近くの民家まで行って，電話をかけて救急車に来てもらって，1番近くの病院に連れて行ってもらったのです。とにかくレントゲンだけ撮ってもらって，頭の骨が折れていないかと医者に聞いたら，「折れてない。中身は保証しないけど骨は大丈夫だ」と言うので，入院しろとすすめられたのですが，自宅から遠い所に入院するのも面倒くさいので駅まで送ってもらって帰ってきたのです。

韮崎というところから，僕は高尾に住んでいたのですが，今も住んでいるのですけれども，中央線で帰ってきて，もう血だらけで，顔は紫色にはれて，服も血だらけなのです。4人がけのボックス席に1人で座って，途中から混んできたので「どうぞ，どうぞ」と声をかけてみるのですが，誰も座らない。それで高尾まで来てしまって，後でかみさんにそのことを言ったら，「そんな，殺人者が返り血浴びてるみたいな人の横に誰も座れませんよ」と言われました。

それでうちに帰ってきても，女房は医者に行けと言ったのですが，僕は面倒くさかったので医者に行かなかったのです。全治するのにだいたい1か月ぐらいかかりました。毎日，最初のうち39度ぐらい熱が出ていましたね。それからだんだん熱が下がってきたのですが，全身真っ青で，だんだん黄色くなってきて，1週間ぐらいたってやっと起き上がって，1か月後に完治しました。それでついに医者には行きませんでした。治った後，人間いつ死ぬかわからないからと思い立って本格的に原稿を書き始めたのです。その年の夏は虫採りには行かないで，最初の構造主義生物学の本を書いたのです。

僕は医者が大嫌いで，今でもめったに行きませんが，死んでもいいやと思っていて，もう50年以上生きたから，まあ明日死んでもしょうがないかなといつも思っているので，医者には行かない。去年も何かずっとのどがおかしくて，のどにがんができたかもしれないなと思っていたのですが，どうしよう，がんの治療をするのも面倒だなと思っているうちに治りました。だいたい毎日酒を飲んでいると勝手に治りますね。

僕は酒は本当に毎日飲んでいて，飲まない時というのはない。僕のおふくろは88年に亡くなったのですが，たしか1987年だったと思いますが，肝臓の具合が悪くて入院していたのです。僕が病院に行ったら，急に肝性の昏睡か何かになってしまって，医者が今日明日の命かもしれないからとにかくいてくださいというので，しょうがないからずっとそばにいたのです。夕方からずっといて次の朝になって，もち直して帰ってきたのですが，その時酒を買いに行く暇がなくて酒を飲まなかった覚えがある。それがたしか1987年，それから酒を飲まなかったという覚えがないから，多分ずっと飲んでいると思うのですが，そうなると連続出場記録を更新中のプ

ロ野球の選手のようになってきて,酒を飲まないとお天道様に申し訳ないような気分になってきて,具合が悪くても毎日酒を飲んでいるのです。崖から落ちた時は,そのちょっと前だったのですが,さすがにその時は酒を飲まなかったのですけれども,車が崖から落ちた後寝ていた時ですね。

それで,うちの連中はみんな僕のことをアル中だとか言うのです。うちの娘なんか僕のことを「アル中ハイマー」とか言いやがってとんでもないのですが,僕はどこかで書いたのですけれども,僕はちっともアル中ではないのです。アル中というのは,ある先生の定義によれば,お酒を飲むのに罪悪感を感じながら,どうしても飲まずにいられない人のことをアル中というのです。僕はお酒を飲むのに罪悪感を感じたことは1度もないから,僕はアル中ではない。「僕がアル中だったら,毎日水を飲むやつは水中毒で,毎日朝飯を食べるやつは朝飯中毒だ」などと言って,相変わらず毎日飲んでいるわけです。

くだらない話はほどほどにして,なぜその寺澤先生のお話に感激したかというと,西洋医学と東洋医学は和解できるとおっしゃるからです。なぜ今までそういうことができなかったかというと,おそらく「真理はわれにこそある」というふうにどっちかの偉い人が思っていたからではないでしょうか。

僕は,車ごと谷に落ちて実はこういうことをいうと過激に思われるかもしれないけれども,真理などというものはないということを悟ったわけです。真理というのはどういうものかというと,たとえばこの世界に,最終的にこの世界をつかさどっている何か根本法則があるとか,あるいは最終的な実体があるとか,そういう話です。それをつかみさえすれば原理的にはすべてわかるという話になりますね。それは西洋の自然科学の基本的な考え方なのです。

ですから,ずっと西洋の科学が何をしたかというと,最終的な法則を探したのです。それは,ニュートンの時代だったら力学法則ですね。それから,最終実体を追求しました。今だったらそれはクオークとか,ちょっと前だったらアトムとかそういうふうにいわれていたものなのですが,それはとりあえず不変なのです。不変という意味はインバリアント,それに対して不変(インバリアント)で普遍(ユニバーサル)の法則がはたらいて,未来は原理的には予測できるというのが西洋科学の考え方なのです。

それに対して僕の考えは,頭を打って頭がおかしくなったせいだと言う人もいますが,世界に何があるのかというと,おそらく現象だけがあるのです。現象というのは絶対実在し,しかも不変ではありません。この世界で絶対に正しいことはただ1つしかない。それは,世界は無常であるということだ。無常というのは常ならざること。学生に言うと,たいていはげらげら笑いますが,これは正しいのです。

ところが,無常だけでしたらこれは科学になりません。科学は「万物は流転する」

の一言でおしまいになってしまう。「世界は無常である。だから予測はできない」。そうすると科学になりません。科学者はその無常の中から何とか予測可能な形で，ある同一性を引っ張り出しているのです。それがどうも科学なのではないか。ちょっと前までの科学者たちは，科学は真理を追究するものだとずっと言っていたのですが，私たちは，私はと言ったらいいかな，科学は真理を追究するものではなく，無常の現象の中から何らかの同一性をつかむことだと考えたのです。同一性をつかまえて，それを基にして，予測可能だったり，再現可能だったりできればそれでよいと考えたわけです。

いわゆる西洋の科学と違うのは，これが真理だという法則があったり，最終実体があったりというようなことを考える必要はないのではないかということです。僕は，物理法則というのがどこにあるのかと考えたことがあるのです。物理学者は世界の中にあると思っているのですけれども，私は，物理法則は物理学者の頭の中にあると思います。これは間違いないのです。だから，物理学者の頭の中に物理法則があって，物理学者の頭の中にクオークがあるわけです。理論や最終実体といったすべての同一性というのはどこにあるかというと，人間の頭の中にあるわけですね。

だからこれらの真理性というのは，本質的には保証はできないのだけれども，ある理論が立つと，その理論で予測できますね。そうすると検証可能になる。検証可能になれば，「こういう現象も，こういう現象もこの理論で説明できますよ」ということで，かなりの現象が説明できれば，その理論というのはとてもいい理論だということになります。その時に，たとえば，亡くなってしまいましたが，ポパー(Popper, K. R.)という科学哲学者が考えた理屈のように，「1度でも反証されたらそれは間違っているから，棄却されなければならない」というふうに考えてしまうと少々おかしなことになるのです。

そんなことは，実は僕にいわせればうそですね。ニュートン力学というのは，実はアインシュタインの特殊相対性理論が出たことによって反証されたわけです。けれども，今もニュートン力学が間違っているなどと思っている人はいないわけで，マクロの現象に関しては，アインシュタインの特殊相対性理論でもいいのですが，あんな面倒くさいことはやらないでニュートン力学で十分説明できる。真理性ということではなくて，道具として便利なら，それはそれでいいのだというのが我々の考え方です。

西洋科学は，しばらくは先ほどいった普遍で不変の法則と最終実体でうまくいきましたが，それは扱っている現象が非常に単純なものだからですね。物理学や化学ではこの方法はかなりの成功を収めました。しかし，生物学あるいは医学で扱っている現象というのは，実はもっともっと複雑なものですね。

たとえば，「水というのはH_2Oだよ」とケミストリーをやっている連中は言うの

ですが，水というのは，どこにある水も同じだと想定されているわけです。H_2Oということで，すべてH_2Oはみんな同じだというのです。要するに物質というのはとても変な存在で，ユニバーサルで，なおかつインバリアントなのです。そういうものだと想定されているのです。

ところが，我々が見るすべてのものはどこか少しずつ違いますよね。たとえばライプニッツはとても有名な言葉を言っているのですが，「すべての個物（個物というのは，人間だったら個人ですね）は全部違う」と言っているのです。だから，ライプニッツの確信は，物質に関しては破れているように見えます。なぜならば，H_2Oという分子は，実は全部同じだと科学は主張しているから。しかし，この主張が本当に正しいのかどうかを私は疑っています。H_2Oが全部同じというのは真理ではなく理論的要請ではないかと私は思っています。

それでは，同じとはどういうことかというと，時間がない，時間が抜けていることだと思うわけです。昨日の私と今日の私と明日の私（明日生きていればの話ですが）はちょっとずつ違う。でも，私は私ですよね。そうすると，「池田清彦」という生身の人間は，ユニバーサルでもインバリアントでもないわけですが，しかし，「池田清彦」という同一性が保たれているのであれば，この同一性がどこかになきゃならんことになるわけだ。

実は我々が見ているマクロな現象というのはだいたいみなそうなのです。たとえばネコとか何かといった時に，ネコを物質と法則で説明することは今の生物学はできないし，おそらくこれからもできないだろうと思うのですが，ネコのDNAを採ってきて，これはネコかといわれても，それはネコではない。それはネコのDNAなのです。DNAはただの物質ですから，普遍で不変なものとしてのDNAを同定することはできる。けれども，ネコは，このネコとあのネコとこっちのネコはみんなちょっとずつ違いますから。それでもなおかつネコはネコ。そのネコの同一性をどうやって記述するかというのが,多分これからの生物学の1番重要な課題なのです。それは単純にDNAに還元するわけにはいかない。

僕の理論はもともと現在の主流の進化論つまりネオダーウィニズムに反対するところから始まったのですが，そのように考えると，すべてを還元していって，不変で普遍の物質と法則で説明するというやり方だと，どうもうまくいかないのではないかと思ったわけです。

私が最近考えているのは人間の進化なのです。ネオダーウィニズムの基本的な考え方によると，進化というのは，遺伝子の突然変異と自然選択で起こると。だから，人間だって遺伝子が変わって，形がちょっと変わって，その形が環境に適応しているものならば，徐々に徐々にその形を作った遺伝子が増えていって，またその中で

ちょっとまた遺伝子が突然変異を起こすと，その変異遺伝子によって起こされる表現型が，すなわち形がちょっと環境に適していれば，それが徐々に徐々に増えていって，それの繰り返しで人間は進化した。人間も人間以外の生物も全部そうやって進化したというわけです。

グラジュアリズム，要するに，徐々に徐々に進化したというのが現在の主流の進化論なのです。けれども，化石の記録などで見ると，人間も他の生物も突然ポーンと変わっていて中間型がない例の方が多い。亡くなってしまいましたけれども，グールド（Gould, S. J.）が"Punctuated Equilibrium（断続平衡）"ということをエルドリッジ（Eldredge, N.）とともに言い出したのですが，化石の記録を見る限り，生物の形は安定を保っていて，また突然進化して，また安定を保っているというのです。人間もどうもそのように進化したらしい。

最近私が考えているのは人間の無毛の起源です。なぜ人間は無毛か，これは誰に聞いてもわからない。なぜわからないかというと，無毛はとても非適応的な形質なのです。だから，適応的な形質が徐々に進化したというのだったらわかるけれども，無毛はどう考えても非適応的な形質で，たとえば今から1万2000年ぐらい前までは氷河期が繰り返しやってきましたから，そういう時に無毛であるととても非適応的ですよね。いいわけない。

最近の説だと，無毛という形質と，たとえば頭が大変よくなった形質が偶然，独立に突然変異により生じて，たとえば無毛と火を起こすというようなことが一緒になったので，無毛の形質がかえって適応的になったのだろうなどということを，何人かの進化学者は言っていますが，僕はそういうのはうそなのではないかと思うのです。

たとえばネオダーウィニズムが主張するように，遺伝子が変異して，毛がなくなったと想定しましょう。毛がなくなってしまった人は冬寒くて，生き延びるために発火技術を発見することができたとしましょう。その時にもともと毛のいっぱいある人もいますから，その人も発火技術を見て覚えるわけですね。そうしたら，やはりその段階で毛のある人のほうが有利ですから，無毛の人はやはり具合が悪い。

それから，一般的にいうと，人間のような高等な動物は，自分たちとまったく違った形質のものがポンと現れると，だいたい差別されますね。だから，おそらく毛がいっぱい生えているある部族の中に無毛の人が突然変異でポンと生まれたら，その人はまず子供を作ることができない。極端なことをいうと，殺されてしまったり，あるいは集団から排除されてしまったりするに違いないと僕は思っています。いずれにせよ，集団の中の一部の人が無毛になって，それが徐々に集団中に広がったという説は無理だと思う。

私の考えでは，おそらく生物が大きく進化する時というのは，遺伝子がポーンと

変わるとかそういうことではなく，システム全体が突然別のシステムにスライドすることによって起こるのではないかと思っているわけです。

そうすると，裸というのは，人間というシステムが変わったことによって，イネビタブル（inevitable）にできてしまったものではないかと思う。サルのように全身に毛がある人というのは，作ろうと思っても，このシステムだと作るのが難しいのではないかと思う。だから，無毛が適応的か非適応的かというふうに，1つの形質が適応的か非適応的かを考えることによって進化を説明するのでなく，全体のシステムの進化を考える必要があるわけです。

今の進化論の1番悪い所は，1つの形質に対してある遺伝子が対応しているという還元主義的な考えをとっている所です。形質と遺伝子が1対1対応をしていて，形質が適応的ならば遺伝子が徐々に徐々に広がっていって，形質が適応的ではないならば徐々に徐々に遺伝子が集団から排除されていくと考えられているのです。そうではなく，全体が1つのシステムだから，ある場合にはとても環境に非適応的な形質が出るのだけれども，それはそのシステムにとってどうしても出現してしまう形質だと，それは消えないのです。

アメリカ辺りでは，今ゲイの割合がむしろ増えているようなのですが，ゲイの遺伝子というものを見つけたなどという話がしょっちゅう出て，だいたい1年ぐらいたつとその話はうそだったということになるのですけれども，マスコミはゲイの遺伝子が見つかったという時には騒ぐのです。それがうそだった時には騒がないですから，普通の人はゲイというのはやはり遺伝的に決まっているものかなと思っている人もけっこういて，ゲイの人たちもそういう話を歓迎しているのです。

なぜ歓迎しているかというと，差別された時に，「俺たちがゲイなのは自分の意思じゃなくて遺伝子のせいだ」と言えるから，「だから差別するな」という話にできるからです。いろいろな調査から，ゲイはもしかしたら遺伝的かもしれないという話もあるのですけれども，ゲイそのものが特定の遺伝子によって発現するのであるならば，その遺伝子は集団の中で広がるわけがない。なぜならば，ゲイの人は子供を作らないからです。自然選択によってゲイ遺伝子は集団中から消えていくのが当然です。しかし，実際にはゲイはなくならない。

そうなると，もしゲイという性質が遺伝的なものであるとしても，それはあるシステムの中で組み合わさって出てくるものだと考えざるを得ない。たとえばある遺伝子とある遺伝子とある遺伝子とある遺伝子のかなり複雑な組み合わせからゲイになりやすい人というものが出てきた場合，それらの遺伝子の組み合わせは有性生殖の結果ですから，前の世代では同じ遺伝子が，実はゲイではない別のことをしていたのかもしれません。ゲイの人というのは，よく考えてみれば，ゲイではない人から生まれているわけですから，完全ゲイの人は子供を作りませんから，そうすると

ゲイではない男女の遺伝子が組み合わさってゲイになったと考えるしかありません。組み合わせの結果，ある確率で必ずゲイが出るとすると，そのゲイは適応的であろうと，非適応的であろうと，あまり関係なく，ある確率で出現してしまうのです。そのように考えると，個々の遺伝子ではなくシステムを考えなければしょうがないということになります。

　非常に単純にいうと，2つの対立遺伝子AとBがあるとします。今までの考え方というのは，Aが適応的な遺伝子だとすると，AAは非常に適応的，あるいはABもかなり適応的，BBはだめと。そうすると，自然選択の結果，Aという遺伝子はどんどん広まっていって，最終的にBという遺伝子はなくなる，こういう考え方ですね。

　けれども，たとえばシステムの中の組み合わせということを考えると，個々の遺伝子が形質なり行動なりを発現させているわけではなく，全体の組み合わせの中でもって，ある行動パターンなり，ある形質が出現するとすると，たとえばAAとBBは同じくらい適応的だけれども，ABは非適応的だということがあってもいいわけ。この場合，ABはいつも滅んでなくなるのだけれども，AAとBBは同じようにありますから，次の世代には必ずABが出現するのです。

　だから，非適応的な形質は確かにリジェクトされるのですが，リジェクトされても形質はなくならないということが起きるわけです。どうしてネオダーウィニストがこういうことを考えないかというと，遺伝子と形質が1対1に対応する，あるいは少なくともリニアーに対応すると簡単に考えてしまっているからですね。ところが，我々の体というのは複雑系で，そんな単純なものではないですから，個々の遺伝子に還元できない，遺伝子だけ調べたのでは，実は何もわからない。もっとも，ゲイの場合はそもそも遺伝的な話ではまったくなく，文化的に決まるという可能性も高いですけどね。

　一生懸命ヒトのゲノムを解析して，32億塩基対のDNAがだいたい全部わかったけれども，それで何がわかったかというと，実は人間の形質がなぜできたかということは何もわからない。非適応的な形質もいっぱいあるのに，それがなぜあるのかもわからない。おそらくその非適応的な形質というのは，システムの中で不可避（inevitable）にできてしまうものなのです。そういう形質はどうしたってリジェクトされない。

　そういうことを考えると，我々の体というのは，基本的にシステムとして捉えなければどうしようもない。おそらくこの考えは，漢方や東洋医学の考え方と通じるところがあるのです。

　先ほどの話に戻ると，ある物質的な基盤とある形質を1対1対応させたり，ある物質的な基盤とある現象を対応させるというやり方は非常に単純な物理とか化学の

場合はうまくいくけれども，人間や生態系などではうまくいかないのです。
　特に，人間の体や生態系は複雑系なので還元主義的な手法で解明することはできない。僕は最近外来種を駆除する・駆除しないという問題で随分いろいろと文句を言っていまして，外来種駆除原理主義者の人たちがわかっていないと思うのは，たとえばあるシステムにある生物が入りますね。入ると，そのシステムは変わるわけです。
　たとえば外来種，ブラックバスが入ってきてだいたい80年ぐらいたっています。ブラックバスが入った日本の湖沼の生態系は少し変わっているはずです。元に戻すといってブラックバスを駆除すれば元に戻るかというと，実はこれは元に戻るという保証はまったくない。元に戻ると考える人たちは，要素還元主義的な考えでやっているわけです。1度ある要素が入ってシステムが変わると，それはシステムが変わってしまったのですから，そこから同じ要素を取っても，そのシステムは元に戻らないで，別のところにまた行くのです。
　僕はブラックバスを完全に駆除することによって生態系にどんな影響がでるかわからないので駆除するのは問題だと考えています。生態系はブラックバスが入ったことによって何とか適当に安定してうまくいっていたのが，全部捕ってしまったらおかしくなるかもしれない。税金をかけてまでそんなくだらないことをやるのは愚かだと言っていて，「池田清彦は最近頭がおかしい」などと言われていますけれども，僕は「俺は頭おかしくない」と，「俺だけは頭おかしくなくて，おまえたちがみんな頭がおかしい」と，反論してますが。よく考えてみたら，俺だけが正しくて，あとのやつがみんな頭が悪いというやつは，それが気が狂っているという定義ですから，やはり俺は気が狂っているのかもしれないなと最近思ったのですけれども。
　そういうことで，いつも少数派でいるということはあまり得なことではないのです。本当はいつも大きいところにくっついていたほうが得なのです。僕は最近環境省に楯突いていて，昔は環境省からいろいろな仕事が回ってきたのですが，最近はとんと話が来なくなりましたね。本当は大きいところにくっついていたほうが得に決まっている。文部省（現：文部科学省）の悪口も環境省の悪口もあちこちに言いふらしていますが，実は僕の研究にはお金はまったくいらないのです。だから何でも言える。ところが，やはり学会を背負ったり，お弟子さんがいっぱいいたりすると，お金を干されてしまうと大変ですから，だからやはり偉い先生は気の毒だなとちょっと思いますね。私はそういう意味ではとてもよかったなと。弟子がいないので，好きなことを言って，むちゃくちゃ言っても絶対大丈夫ということで。
　最近は，発達心理学をやっている若い連中で私の構造主義科学論の考え方を援用して新しいことをやろうとしている人々がいて，それは私の弟子でも何でもないのです。そういう人たちが私の考え方を，本当にまだ20代の後半から30代の頭ぐらい

の人たちなのですが，使ってくれるというのは，そういうことはやはり学者としてはうれしいですね。

　自分の弟子は，先生にこびるに決まっているわけで，その先生にくっついて職をもらおうとかいい目を見ようとしているのですから，だから自分の直接の弟子に褒められてもあまりうれしくないのですが，関係ない人に褒められると，やはり，もしかしたら俺の言ってることも本当かもしれないなと思ったり，うれしいですよね。

　それで，話を元に戻しますと，先ほど要素還元主義というのは具合が悪いと言ったのですが，本当は，生物というのは物質でできていますから，基本的にはやはり物質どうしの関係でうまく記述できるのかもしれないのです。ただし，あまりにも複雑だから，我々の頭では絶対整理しきれないことがあって，そうすると，しょうがないから現象を言葉で捉えて，ある現象を言葉にしますね。実はそれが1番重要な科学の要諦なのです。

　たとえば漢方だったら，ある症状を見ていて，どういう症状の組み合わせを同じカテゴリーに分けるかということによって，おそらく治療体系なりがかなり決まってしまうのではないかと思います。今までとは違う分け方をしたら治療体系が全然違ってきて，まったく別の薬が効いてしまったということになれば，新しい分類体系が役に立ったということになります。どっちが真理ということではなく，これは真理という話ではなく経験的な話ですから，これも1つの科学のあり方かなと思っています。

　昔，僕は「厳密科学」と「非厳密科学」と科学を2つに分けたことがあります。物質どうしの関係性によって現象を全部コードできるものを厳密科学，そうでないものは非厳密科学といっていますが，医学や生物学などはみんな非厳密科学ですから，いかにして言葉と言葉の関係性をうまくつけるかということが大事です。

　今までたとえば1つの言葉でしかいえなかったものを，2つあるいは3つの言葉の関係性で言い換えることができれば，言葉の関係の形式というのはいわば客観ですから，その言葉は，今までよりもより客観的になったというわけですね。

　これが，我々が考えている科学の定義なのですが，もっと非常に単純な話でいうと，たとえば「水」というものがありますね。水というのはそのままでは単なる言葉です。これをどうやって変えるかというと，「水というのは酸素と水素を足したものですよ，これは水ですよ」。このようになると，この酸素と水素をプラスするという関係形式自体は客観なのです。形式は誰にとっても同じものです。

　水とか酸素とか水素というのは，実はわけがわからないものなのです。ネコとか人とかいうのも，時間が入ってどんどん変わりますから，同じくわけがわからないものです。ネコとは何か，完璧に定義しろと言ったら誰もわからない。水とは何か完璧に定義しろと言っても誰もわからない。「水は酸素と水素でできています」と

いうふうにすれば，関係形式が付与された分，少し客観的になります。ただし，非客観が残っていて，これは酸素と水素という言葉です。この酸素と水素というのは言葉ですから，これはまだ非客観なのです。

　ただし，次に酸素と水素をさらにまた別の言葉でコードして関係をがんじがらめにしていけば，だんだんある言葉というのは，ある関係形式につかまって，拘束されて，客観性が増すのです。厳密科学の場合は最後にはクオークの関係性にまで還元でき，時間を抜くことができます。

　我々がやっている科学というのは実はそういうことなのです。現象を言葉でコードする。コードして，その後それを別の言葉でもってどんどん置き換えていく。置き換えていくのは，ただの言い換えではありません。「水は真理である」などというのはだめです。真理は現象じゃありませんから。水は酸素と水素でできている。酸素と水素は現象ですから，こういうことを次々にやっていく。

　多くの場合，言葉から時間を完璧には抜けないけれども，徐々に徐々に時間を抜いていくことはできる。それがどうも科学ではないかと私は最近思っているわけです。

　次にクマムシのお話をします。クマムシという虫がいるのです。本当は昆虫ではなくて，クマムシ門のグループの動物です。だいたい目でやっと見えるかどうかというぐらいの小さな多細胞生物で，おそらく細胞が1000とか2000とかあると思うのですが，乾燥するとカチカチになってしまって，もう水がどんどん抜けていって，最終的には水分含有率が1パーセント以下になります。どうやら代謝もしていないらしい。そのようになったら，普通は死んでしまいますよね。干しシイタケとか干しイカとか。しかし，クマムシはそれに水を1滴たらしてやると生き返るのです。多細胞生物ですよ。冷凍した精子とは違いますから，そんな多細胞生物がなぜ生き返るのだろう，とても不思議な現象だったのです。

　いろいろな人が調べて，ある生物学者は，それはうそだろう，休眠しているのだろうというので，酸素を入れて，その中にクマムシを何匹も入れて，別の容器にはまったく酸素を入れないで，完全に真空にして，その中にクマムシを何匹も入れて何と10年ぐらい置いておいたのです。そんな悠長なこと，今日びの科学者はそんなことをしている間に首になってしまいますね。でも，それをやった人がいるのです。

　そうしたら，確かに酸素はなくなるのです。それでは酸素を使っているのだろう，代謝しているのだろうと思ったのですが，ところが，酸素が入った容器のクマムシは，ほとんど蘇生しないのです。一方，真空の中に入れたクマムシはかなり蘇生するのです。ということは，その酸素が何に使われていたかというと，実は呼吸に使われたわけではなく，酸化に使われていたのです。

　酸素というのは，みなさんご存じだと思うのですが，毒ですから。酸化してしま

うとマクロモレキュールが壊れてしまって別のものになってしまいますから，当然蘇生率は悪くなるのです。では，このクマムシは乾燥状態でどのくらい生きるのか。たまたま博物館にこけの標本があったのです。これが120年前に作られた。それを調べていたら，その中にクマムシがいたのです。そのクマムシはカチカチに乾いていて，それに水をたらしたら生き返った。120年乾燥に耐えていたというわけです。

それではということでいろいろ実験した。130度ぐらいの温度に入れておいて，もちろんこれは水の中に入れておくとだめですから，乾燥した状態で，そうやってクマムシを3分ぐらい置いておいて，いきなり今度は液体窒素の中にボンとほうり込んで，また常温に戻して水をたらしたら生き返った，こいつは不死身ではないかというわけです。

なぜ生き返るのかというと，乾いていくにしたがって，トレハロースという糖を分泌して，マクロモレキュールをその中にくっつけていくのです。水の代わりにトレハロースという固体の糖（シュガー）を出して，その中に高分子をくっつけていく。そうすると，そのクマムシの中で保たれているのは何かというと，高分子の形とそれから相互関係の位置ですね。

構造主義生物学ではお互いの位置関係をコンフィギュレーション（布置）というのですが，そのコンフィギュレーションが保たれている。それに水を1滴たらすと生き返るということは，もっと別の言い方で言うと，我々はトレハロースを作って，その中にクマムシで調べたマクロモレキュールの位置を全部正確に固定して，次々と止めていって水をたらせばクマムシができるということです。

過激に思われるでしょうが，原理的には，生物は人工的に作れる。なぜ作れないかというと，マクロモレキュールの数が多すぎる。多分1000や2000の細胞で，1個の細胞にたとえば何千万とかそれ以上のマクロモレキュールがあるから，おそらく全部足したら，とてもじゃないけれども，マッピングするのに300年ぐらいかかって，1つひとつ正確な位置に留めていくのにたとえば1000年ぐらいかかると，人類は終わってしまうかもしれませんから，実際はできない。

水の中でやることはもっとできない。なぜならば，水の中でやると，たとえばたくさんのマクロモレキュールを同時に正確な位置に置くという神の手のような人がいれば別ですが，分子たちは次々にインタラクションして止まっていてくれないのです。

みなさんは大人ですからこうやってずっと席に座っていますが，僕は昔小学校に学生の教育実習を見に行ったことがあります。そうしたら，1年生というのは，先生がうしろを向いて黒板に書いている間にバラバラになってしまうのです。勝手に運動をして，勝手に席を離れる。それと同じことが起きて，水の中で分子の動きを止めることはできない。だから生物は作れないと思っていたのですが，媒質が固体

だったら作れるかもしれない。クマムシは無理でも，もしかしたら非常に単純な生物は作れるかもしれない。

それで僕が思ったのは，生物というのは，究極的には物質の配置である。ただし，なぜ我々が生物を作れないかというと，あまりにも物質が多すぎてうまくいかない。

生物は動いている。メタボリズムをもっているのが生物だとみんな思っていて，僕もそう思っていたのですが，ではなぜメタボリズムとか動きが出現するかというと，ある物質の配置が，あるルールを生み出しているわけです。だから，適切な配置があって，エネルギーさえ使うことができれば，動いて回りますから，グルグル回っていって次の配置をもたらして，その配置が次にまたルールを生んで，ルールが次の配置を作って，その配置が次のルールを生んでというようにグルグル回っていくわけです。そのグルグル回りがある円環の中でとどまっているうちは，生物は生きているというわけです。それが，物理化学的なルールだけに変わってしまうと，グルグル回れなくなりますから，それは死んでしまうということなのです。だから，1番最初の生物はおそらくある高分子，多分たんぱく質や糖類が，単純な円環を作った時に出現したということです。

ルールは物理化学的に厳密に決まるわけではない。生物というのが，なぜ先ほどいったように完璧に要素還元的に説明できないかというと，物理化学法則に矛盾しないけれども，それからは一意に導き出せないようなルールを自分で勝手に作るからなのです。それを僕らが「構造主義」といったのは，もともとはソシュールの構造主義言語論を援用しているからです。言葉というのは物理化学法則に矛盾はしていないけれども，言葉そのもののルールというのは物理化学法則から一意に引き出せないですよね。

我々が普通イヌとよんでいる生物を「イヌ」と言おうが，「ブタ」と言おうが，何と言おうが，別によかったのですが，たまたま「イヌ」と言った。「イヌ」という言葉とこの現物のイヌの結びつきというのは，別に物理化学的な必然性があるわけではない。我々の体の中でやっているルールというのも，物理化学法則に背反しているわけではないけれども，必然的なものではないと考えるわけです。そうすると，これは単純にいうと勝手にできたわけです。それを「アービトラリー（恣意的）」と僕らの言葉で言うのですが，「恣意的」というと，「わがまま」とか「でたらめ」とか，悪い言葉に思われがちですが，我々は「恣意的」というのはとてもいい意味に使うのです。

だから，初期の生物の「A，B，C，D，E，F，G，A」というグルグル回りが，途中で「A，B，P，D，E，F，G，A」というふうに変わってしまったとしますね。そうすると，別の生物になりますから，単純にいうとこれが生物の進化ということなのです。ルールの変わり方というのは適当ですから，どのように変わ

るかは実はわからない。わからないから，後から見て，「ああ，この生物はこうで，この生物はこうだ」と言うしかない。それが，要素還元論がうまくいかないという根本の理由だと思うのです。

　最初の生物がどのようにしてできたかというと，大昔はおそらく単純なたんぱく質が海の中にいっぱいあったのです。たんぱく質は今生物が作っていますが，昔は生物以外の原因で作ることができたのでしょう。その理屈はちょっと時間が足りないので説明しませんが，それで，それらの単純なたんぱく質から生命が発生したのだと思います。今でも生物が全部死んでしまって，まったくすべての生物が途絶えてしまえば，しばらくしたらまた生物ができてくるかもしれませんが，今はすべての原料は生きている生物に収奪されて使われているので，おそらく新しい生物ができる暇がない。たんぱく質や糖類などがたくさんあれば，たまたまこれらがある布置をとった時にグルグル回りのサイクルができるかもしれない。最初の生物はおそらくこのようにしてできたのでしょう。

　このサイクルには，外部からいろいろなバイアスがかかりますから，何か囲いがないと簡単に変化してつぶれてしまう可能性が高い。この囲いが，単純にいうと細胞なのです。こういうものができたことによって，生物が安定した。

　もう1つ安定した要因があって，それは，途中で遺伝子が入ってきたのです。これは，今の普通の生物学者が考えていることと違うことで，普通の生物学者は遺伝子が先にあって，それが生物を作ったと考えているわけです。我々は，最初に生物は遺伝子（DNA）がないようなところでたんぱく質などの高分子たちの関係性としてできて，そこに遺伝系が途中からドッキングして，いわばお互いにカップリングして現在の生物を作ったと考えるわけです。

　そうすると，どういうことが起こるかというと，DNAは安定な物質ですから，情報がコンスタントに出るわけですね。そうすると，その情報がコンスタントに出たことによって，高分子たちのグルグル回りを制御することができる。だから，遺伝子というのは何かというと，遺伝子は生物を作っているわけではなく，実は生物を変わらないように変わらないように制御しているものなのです。だからこそ，逆に遺伝子が壊れたり，遺伝子が別のものになったりすると生物が変わってしまうのです。だから，遺伝子が生物を進化させたというのではなく，生物というのは，本質的にどんどん変わろう変わろうとしているものなのです。それを遺伝子が引き留めて，「あっちへ行きなさんな」とか言って足かせをはめているみたいなものですね。

　僕にいわせれば，遺伝子は女房のようなもので，亭主がどこかへ行ってしまう，飛んでいってしまうのを引き留めて，だから女房がいなくなれば亭主は何をするかわからないと，そういう話なのです。そういうわけで，遺伝子が変われば生物が変

わるというのは当たり前だという話をしているわけです。

けれども，遺伝子が変わってもシステムが変わるわけではないから，遺伝子が変わっただけでは生物は本質的には変わらない。今までたくさんの遺伝子工学的な研究がなされて，たとえばショウジョウバエなどでむちゃくちゃたくさん実験がなされて，遺伝子の組み換えをやった。けれども，ショウジョウバエはいつまでたってもショウジョウバエなのです。新しい種ができたとか，ショウジョウバエがチンパンジーバエになったとか，そんなことはないのです。

いくらやっても出てくるのは奇形のショウジョウバエばかりです。おそらくショウジョウバエが別のハエに変わるには，もっと何か根本的な，遺伝子ではないところのシステム自体の変化が必要なのです。それがつかめれば，我々はおそらく生物を進化させることができる。

大腸菌の中にヒトのDNAなどを入れて，いろんな薬などを作らせていますが，大腸菌はヒトのDNAをいくら入れても大腸菌のままでヒトにはなりませんから。あるいは，チンパンジーとヒトはDNAが98.77パーセント同じなのです。1.23パーセントしか違わない。それにもかかわらずこんなに違う。おそらくシステムが違うのです。遺伝子もほとんど同じだと思います。それをどう使うか，遺伝子を使い回すシステムが違うのです。

それで1番有名なのは，人間の目はどうやってできたかという話です。Pax—6というたんぱく質を作る遺伝子が，目を作る1番最初の大もとの遺伝子なのです。ショウジョウバエではアイレス遺伝子という遺伝子があって，これが目を作る親玉遺伝子なのですが，このPax—6遺伝子とアイレス遺伝子というのは，6パーセントか4パーセントか忘れてしまいましたが，ちょっとしか塩基配列が変わらない。同じような遺伝子なのです。

それで，ショウジョウバエの中に哺乳類のPax—6遺伝子を入れて，ショウジョウバエの体に目を作らせると何ができるかというと，ショウジョウバエの複眼ができるのです。というのは，Pax—6遺伝子というのは人間や他の哺乳類のレンズ眼に1対1対応しているわけではなくて，ただ単に目を作るシステムにスイッチを入れる情報なのです。目を作っているのは遺伝子たちを部品の一部とするシステムなのです。

遺伝子がだめになると遺伝的な病気になり，治らないようにいわれてますが，システムという観点からいうと実はそれはうそなのです。たとえば，遺伝的ヘモクロマトーシスという鉄を過度に取り込んでしまう病気があるのですが，この病気などは遺伝子によって起こるといわれていて，遺伝子の場所も特定されている劣性の遺伝病ということになっていますが，遺伝子が2つだめでも，病気になる人とほとんど正常に近い人がいるのです。だから，遺伝子だけからでは病気になったりならな

かったりということは，厳密にわかるわけではない。

　ただし，わかる病気もありますよね。たとえばハンチントン舞踏病などは，病原遺伝子があればまず間違いなく発症するといわれています。それはおそらくほとんど全部の人のシステムが，通常の環境下で病原遺伝子があることによってハンチントン舞踏病を発症するようなシステムだからです。だから，もしかしたら，うんと小さいときというか，胎児の時に特別な環境下で育てて，病原遺伝子の活動を無効にしてやればおそらくハンチントン舞踏病の遺伝子を持っていても病気にならない人を作ることができる。遺伝子はシステムを作る原因ではなくシステムに対する情報ですから，原理的にはこれは可能でしょう。これからの医学というのはそういう方向で進歩していくと思います。

　1番簡単なのはフェニールケトン尿症。フェニールケトン尿症は遺伝子で起こりますが，あれはフェニールアラニンの摂取を制限するという環境で育ててやれば発病しないのですから，遺伝子だけで発病するわけではないのです。

　だから，遺伝子還元論者たちは，遺伝子が病気の原因とか，遺伝子が形の原因とかいっているけれども，実は，我々の形なり形質なり行動なりというのは，遺伝子という情報と，それから環境という情報がシステムの中でコーポレーションして初めて出てくるのです。

　なぜ遺伝子が重要かというと，遺伝子は細胞にくくりつけの情報だからです。環境というのは偶有的な情報で，細胞にくくりつけの情報ではないですから，どんどん変わります。遺伝子は遺伝するから重要だというのですが，実はどっちも重要なのです。もっと言えば，いつもいつも同じような環境で育てれば，その環境というのは外部にくくりつけの情報になりますから，これは遺伝子と同じなのです。

　そういうことを，やはりこれからの医学はちょっと考えたほうがいいかもしれないですね。遺伝子が重要だから，何でも遺伝子を調べて，最終的には遺伝子を改造して病気を治すというような風潮がありますが，みなさんに僕が期待するのはそうではなく，もうちょっと環境，特に胎児の時とか乳児の時の環境と形質発現や病気の発症との関係を調べてもらいたいことです。遺伝子と環境の関わりについてもみなさんのような全体的なことを考えられる人たちが考えれば，きっともっと医学は進むと思う。

　西洋医学はどうも還元主義的で，今はもう本当に遺伝子，遺伝子で，何でも遺伝子で片がつくと思っているけれども，そうではない。遺伝子というのはシステムのごく一部の部品にすぎなくて，実は重要なのはシステムそのものだということです。システムの本質というものを理解しなければ，結局我々は，人間も生物も，進化も理解できないのです。それは，多分これから21世紀の生物学の最大の課題であると同時に，逆に，そのシステムそのものをわかってしまうと，我々は生物そのものを

進化させたり，新しい生物を作るような恐ろしいことをやりださないとも限らないということで，これはちょっと僕が生きている間は大丈夫だと思うけれども，そういうアンビバレントな恐ろしさをもっているのではないかと思っております。

付記：本論は以下の論文を学会ならびに著者の許可を得，修正して採録したものである。
　池田清彦　2006　科学的方法について―構造主義科学論の考え方　日本東洋医学雑誌，**57**（2），173-184.

第Ⅲ部

書評

III-1 『科学の剣　哲学の魔法』自著紹介

池田　清彦

　2005年の3月（27日～29日：於神戸国際会議場）に発達心理学会が開催され、西條さん主催のシンポジウムで喋ることになった。学会にはいくつも入っているのだけれども、大会には滅多に行かないし、発表することもないので、こういう形で話をするのは久しぶりである。といっても時々頼まれる講演や大学での講義と話す形式にさして変わりはない。パワーポイントなんていう便利な道具は使う能力がないので、要するにただ喋るだけである。それで、この学会で何を喋ったかは忘れてしまった。

　3日続きの学会の中日が空いていたので、西條さんと対談して本を作ることになった。対談の中身をすっかり忘れた頃、テープを起こした原稿が届いた。読んでみると、その時の雰囲気が割とよく出ていて、我ながらなかなかおもしろい。与太話の中に原理的な話がはさまっていて、その落差が結構笑える。

　1980年代の半ばから、私は、柴谷篤弘とともに構造主義生物学という、生物学の枠組みを変えようとの運動を始めた。日本の分子生物学の草分けの柴谷先生はともかくとして、私は当時まだ駆け出しの青二才でエラソウなことを言うものだから、生物学プロパーの連中からは胡散臭い奴だと思われたことは間違いない。私が真面目な学者だったら、学会に出ていって自説を主張し同志を増やそうとしたかもしれないが、あいにく私は不真面目でおまけにものぐさで、さらには傲慢で不遜だったので、学会にはまったく行かずに、ただひたすら理論書を書いた。それは生物学の固有領域を逸脱し、科学論にまで拡がっていった。

　1988年から92年にかけて『構造主義生物学とは何か』『構造主義と進化論』（ともに海鳴社）、『構造主義科学論の冒険』（毎日新聞社）、『分類という思想』（新潮社）の4冊の理論書と、ネオダーウィニズムをボロクソに貶したエッセイ集『昆虫のパンセ』（青土社）を出版し、気分は爽快であった。日本の関係学界の主流は当然、私の理論を無視したが、私は別に気にしなかった。私は学会を牛耳るつもりもなければ、エラくなるつもりもなかった。何よりもステキだったのは私の研究（理論構築）にはお金がまったくかからなかったことだ。科研費などビタ一文もらえなくと

もまったく困らなかった。これを世間では無敵という。

　しかし，無敵であろうとなかろうと，誰も理解してくれなければ，アッチの人と同じだから，何を書いても社会的には無力である。本はまったく売れなかったわけではなかったので，もしかしたら理解してくれる人がいるのかもしれない，と思ってはみたものの，西條さんが現れるまで，私の理論をほぼ完全に理解していると思える人は，柴谷先生を除いては私の知る限りいなかった。

　西條さんは私を発見してびっくりしたかもしれないが，だから，私もまた西條さんの存在を知ってびっくりしたのである。著書がベストセラーになるのももちろんうれしいし，賞を頂くのも名誉なことではある（この２つのいずれにも今のところ私は無縁である）。負け惜しみを言っているわけではないが，しかし，理論家として１番うれしいのは自分の理論を継承し発展させてくれる後継者をもつことである。そうでなければ，理論は歴史に残らない。

　そういうわけで，この対談は私にとっても楽しいものであった。中身は読んでいただくしかないが，構造主義科学論や構造構成主義の原理的な話ばかりではなく，理論を作るコツや本の読み方といった，普通は他人には言わないような具体的な話もたくさん出てきて，これから研究者になろうとする若い人の参考に少しはなるかもしれない。もっとも，こんなヘンな対談を読んだばかりに，まともな研究者になりそこなう人も出てくるかもしれないが，その場合は，運が悪かったと思ってあきらめてもらう他はない。

『科学の剣　哲学の魔法』書評

門松　宏明

　2005年3月28日，新進気鋭の心理学者・西條剛央と，天才生物学者・池田清彦という2人の領域横断的理論創造者による対談が行われた。本書はその模様を，さまざまな工夫（強調部分の太字化，脚註の充実，写真の内容と挿入の妙，ページ番号の見やすさなど，目立ちはしないが効果が高い）をもって構成し，語りの魅力を最大限に引き出しつつ収録したものである。

　中でも本書を特徴づけるのは，語感に対する意識の配られ方，言い換えれば，「音楽性」の高さである。音楽家・菊地成孔に師事し，音楽理論を学んでいる私の観点からいえば，文章とは聴覚分野の芸術であり，文字による記述は声となり歌となり，読み手の耳の奥で「音」として，響いている。そして，本書『科学の剣　哲学の魔法』は，そうした文章メディアにおける音楽的特性を十全に発揮した作品なのである。立ち読みであれ何であれ，1度でもページを開いた読者ならおわかりだろう，紙とインクのみによって構成されたモノであるはずの本書からは，池田氏と西條氏の笑い声が絶え間なく具体的に鳴っている。それは単に「(笑)」や太字の多用による効果だけではまったくなく（それもあるが），語られている内容が，読み手の経験に深く共振しているからこそ生じているのである。

　西條・池田両氏の関係とその履歴については改めて述べないが，こと構造構成主義の体系化に及ぶ道程を参照する限りにおいても，本書を「師匠と弟子の問答集」として捉えることはごく自然な構えであるだろう。しかし，いざここで交わされた対話を聴くに至り，読み手はそれがいわゆる師弟の対話というのとは，少々趣きが異なることを感じるのではないだろうか。西條氏は臆することなく累々と，シンプルで建設的な質問を繰り出しては多岐に渡る目覚ましくも刺激的な自説を述べているし，一方の池田氏においては何というか，キャリアも年齢も相手より先行している人間であれば誰しも持ち得る威圧感が，まるでない。

　思うに，そうした両者の距離感，また池田氏のありようこそが，原理的思考なるものを推進した先にある，1つの境地の顕れとしてあるのかもしれない。なぜなら原理的思考とは，「論理的に考える限り，そのようにしか言いようがない」という

普遍性へ向かう点において，突き詰めるほどにいわば「無私」の状態へ近づくと思われるからである。料理家の辰巳芳子氏によれば，料理とは，心を込めて作るほどに「だんだん我（が）が落ちる」のだと言う。私はこの人生の傾向を，池田氏を初めとする原理的思考の体現者から感じ取られるように思うのである。

テキストの手触り，読みやすさという点から見ても，折々に遍在する生物学や遺伝子などの専門的な話題が醸す難渋なフックに読み手は翻弄されながら，伏流する平易で優しいグルーヴと，ミニマルに鳴り響くパーカッシヴな言語フレーズによる伴奏に導かれ，スイスイ読み進んでしまうのではないだろうか。またそこで語られている内容は，原理的思考のススメ，科学と哲学，人間の本質，といった一見抽象的な話題から，学会（学界）を初めとする硬直化した組織との関わり方，構造構成主義，構造主義科学論，多元主義等の考え方とそれらに至る経緯や展望，といった，射程を絞った議論まで，かくも豊穣なテーマが扱われており，さらにはそのいずれに関しても，綿密かつ淡々とした調子をもって，非常に風通しよく触れられている。風通しよく，と私は今書いたが，これは本書における大きな特徴の１つであって，またこれこそが本書と世にあふれるハウツー本，自己啓発本との違いを見定めるポイントでもある。すなわち，ここで語られていることはいずれにおいても，すでに決定された唯一の真理として上位から教え込むように告げられているのではない。それは，自らを常に批判や意見に晒され得る状況に置き，周囲と共有できる妥当な解を考え合うことを旨とした，原理的思考の一例として示されているのである。

とはいえ，本書にも問題がないわけではない。それは，展開される論があまりにもテンポよく痛快感に湧き立ちながら進むがゆえに，いつしか読み手の心の中に，「ここには，世界の全貌を解明できる，唯一の答えが記されているに違いない！」といった妄信を芽生えさせてしまう可能性があるという点である。もちろん，両氏はこれに関しても十分自覚しており，対談の中でもいく度となく警告を発しているのだが，限られた１つの理論や考え方が，数多ある現象を説明し尽くせるように思われる瞬間とは，無自覚のうちにそうした心持ちへ流れてしまうという，いわば意識化しづらい傾向をもつため，本書に限らずあらゆる言葉は，あくまでその場においてのみ有効な解決策を示すための一時的なはたらきを果たしているにすぎないということに関して，注意を重ねて重ねすぎることはないだろう。

また，本書を「編集」という側面から見て印象深く感じることは，時折顔を出すある種の話題の重複と，そのことが潜在的に関与しているようにも思われる，全編を貫くとりとめのなさである。私は現在編集業も修行中であるのだが，その定点から観測するに，およそ対談本の構成に不可欠なものは，過不足のないスマートな現場進行と，構成力の高い編集術であると思われ，もしそれらが不足していれば，内容が拡散してしまうことは想像に難くなく，本書は若干それに近い。全体を約60の

トピックに分け，重要と思わしきフレーズには 2 段階の太字をあてるなどの細やかな作業が見られるものの，グイと視点を天上へ突き放し，俯瞰した際に現れる像は何とも茫漠たるものだ。

ただ，私はこのとりとめのなさを，第 1 に現場での進行や編集者の技量にのみかかる問題だとは思わないし，第 2 にむしろ，好感をもって捉えている。というのも，このつかみどころのなさは，両氏が「人間」について語っているがゆえに生じるものだと思うからである。人が人について語る時，示し得るのは唯一の真理ではない，その都度の妥当な原理だけであるはずだから，そこに立ち表れる言葉はいつでもあてどなく，矛盾と迂回と彷徨を孕まざるを得ないある種の小説のように，味わえばどこか心地良い。

さて，西條氏は本書の中で，構造構成主義のモチーフである哲学と科学の関わり方について次のように話している。

「哲学と科学のコラボレート」によって，むだなことを考えなくてすんだり，不毛な対立図式に陥らずに，一歩ずつ知見を積み重ねていって，先に進めるというよさがあると思うんですけどね。(p.140)

この発言から想像するに，氏の根本的な問題意識は，常に，そうした異分野間における各特性を生かした交感を通して，人生における苦痛を軽減し，愉しみを享受することへ向かっているように思われる。「剣」と「魔法」とはその際，矛盾なく機能する道具であるとともに心強い道標ともなり，未開の獣道へ踏み入る池田・西條両氏のありようは，新たな小説における主人公たちの後ろ姿でもあるように，私の目には映るのである。

III-2 『なぜ心理学をするのか』自著紹介

北村 英哉

　心理学は激動の時代に入ったのではないだろうか。私自身が学部学生であった頃は，分野間の根本的違いや立場の相違というのをそれほど差し迫って感じることがあまりなかった。もっとも自分がいたところが，教育心理学科という限られた範囲の学習が主である場所だったから，あるいは，学習が浅かったという理由によるのかもしれない。ただ，現代の心理学は，心理学が心理学たるために，科学主義の道をたどってきていて，ところが，その「科学主義」自体が疑われる時代になった。深刻なことにそれは，学問の世界だけではなく，ちまたの雰囲気としても素朴な科学信奉感が消失して，疑問の目が向けられている，そういう時代に今，我々が生きているということが問題だ。

　つまり，それによって，素朴な科学信奉感を前提とするような教育は成立しないし，説得力が危うくなってくるわけだ。我々専門家は，テレビのバラエティ番組で，ちょっとした「科学的検証」を行っている風のいわゆる「実験」シーンに苦笑してしまうことがあるだろうが，実は現代の学生は心理学そのものに対して，同じように苦笑しているところがあるのではないだろうか。我々が思い込むほどには，素人心理学や怪しい心理テストと，実際大学で語られている心理学には，十分な決定的違いはなく，そのあたりの怪しさを敏感な学生はかぎつけて不信感をもっているかもしれない。

　まず，なぜそうであるかというと，教員が示す心理学実験において，「どうです。科学的でしょう」というほどには，科学的に感じられないし，むしろ教員の側があまりに素朴であるように目に映るということである。それは，教員自身が自分の拠って立っている立場に無自覚であったり，前提を疑う思考が不十分であったりするからだ。

　この『なぜ心理学をするのか』という著書の中では，実証的研究の中にひそむ主観性について何度も取り上げている。研究や学習をするうえで，もっと自分の依拠する基盤に目を向けて，きちんと自覚化する。そのような作業の必要性を唱っている。現在，それはいっそう切実な課題だと思うからだ。

この冒頭に述べた激動とは，科学性の限界を感じた研究者たちがとる道が大きく二手に分かれているという現状をさしている。より信頼性の高い科学性を求めて，fMRIなどの脳画像測定の方に大きく向かっている勢力と，見てくれの科学性を解体して，まったく新しい方法論を模索する質的研究アプローチの怒濤の広がりという2つである。これは，心理学研究の二極化ともいえる。このような時代に学習する者たちは，自ずと自分の立ち位置を考えていかざるを得ず，どのようなやり方で，「科学性」の限界を乗り越えていくか，その真剣な問いなしには，どんな研究もリアルさが感じられないのではないだろうか。

　そこで，著書の中では，心理学の初学者が最初から意識的，自覚的に，双方の立場がわかるように記していこうというコンセプトをもとに，心理学概説を行った。分野は偏っているが，それよりも今，心理学が向かう新しい方向に何があるかが見えるように，神経心理学や進化心理学などの新しい動向をあえてクローズアップして取り入れた。そのうえで，どの学習者も，研究者も，なぜ研究をするのかの基盤に，自分の関心というものと，あるいは，その立場への「信仰」があるかもしれない。そして，その「信仰」を見直し，相対化したうえで，改めて，今これから自分の行う研究へのスタンスを形成し，研究に向かっていく，そのような作業が可能となるように，メッセージを送ったつもりである。

　研究の2つの流れの対立を真剣に受け止め，なぜそのような対立が生じるかの理路，そしてそれを相対化して抜け出す理路を「構造構成主義」という理論を形成する中で，西條剛央氏は切り拓いてきた。「構造構成主義」を最終章においた私の著書では，構造構成主義を最も基礎とする理論の構築体として，そこから見えてくる心理学への取り組みの問題点を具体的にあぶり出し，なるべく初学者にわかりやすいように平易に提示するようにし，自分の具体的な体験や例などを多く絡めて叙述した。ただ，読み流していくと，通り過ぎてしまって，気づかないかもしれないところに，実は，心理学研究上の深い問題が横たわっていたりする。読む人の心理学研究に対する深さしだいで，受け取る意味合いも変わってくる本だと思う。

　今，心理学をどう考えたらよいのか，そのことが描かれているのが，「なぜ心理学をするのか」であり，これを通して一層「心理学」に深い興味をもってもらえたら，それが願いとなっている。

『なぜ心理学をするのか』書評

松嶋 秀明

　本書は心理学の入門書なのだが，一読して，通常の入門書とはひと味違うと感じた。何がそう感じさせるのかと考えてみて，それは本書が，心理学を「する」ことに注目した入門書だからではないかと思うに至った。

　これまで心理学を「勉強する」ための入門書はたくさんあった。読者は，そこに並べられた知見を消費する立場に立ち，いったい心理学では何がわかっているのか知りたいという関心のもと，本を読み進めることになる。これに対して本書では，読者をこのような受動的な立場にとどめることをよしとしない。筆者は，心理学を学ぶということは，過去に得られた知見を知ることだけでなく，自らもまた，将来，知識の生産者となるのだということを，読者に伝えようとしているのではないか。評者にはそのように思われた。

　たとえば，第2章には「研究者はなんのために研究しているのか」という節がある。そこでは，結局のところ研究者は，研究活動に楽しみや充実感を見いだし，それを求めて研究しているとある。現場志向的な研究であれ，真実探求的な研究であれ，あるいは数量的研究手法を使うのであれ，質的研究手法を使うのであれ，その点では同じだという。また，心理学は，短期的に役立つことを志向しているものばかりではないが，教養としての価値が社会で認められており，だからこそ大学で研究ができるといった筆者の主張も織り込まれている。

　こうした主張の数々は，いわゆる科学的研究もまた人間が行っている実践のひとつだということを示すものだが，従来の心理学の入門書にはあまり書かれなかったのではないだろうか。おそらく，心理学を学ぶうえでは，結果として得られた知見が大事であって，生活者としての心理学者が何を考え，どのような社会構造のなかで研究活動しているのかといったことは，いわばどうでもよいことだと思われていたからではないだろうか。

　しかし，これらの記述は，我々が，知識の消費者から生産者へと変わっていくうえで，実は大事になる。そう評者には思われる。なぜなら，このような情報を知ることで，我々は心理学の研究成果を相対化して見られるようになるからだ。たとえ

ば，第4・5章をみてみよう。ここでは人々が普段，いろいろなことを，実際のところどうなっているのかと理解するのではなく，単に信じてしまいやすい性質をもつことが，社会心理学の研究知見をもとに解説されている。このことは，いわゆる「科学」への態度についてもあてはまる（第9章）。確かに，いわゆる科学的研究にも，主観的な判断や，いくつもの常識的な前提が無自覚に持ち込まれている。だから「客観的な事実」と思われたものは，あくまでも主観的経験をすり合わせ，意見が共通する部分をもつことで得られた合意である。ところが，権威づけられた，いわゆる「科学的」手続きを経ている研究知見は，そうした点が看過されやすいと筆者は指摘する。これらを読むことで，我々は，科学というものを，もはや妄信するわけにはいかなくなる。

では，どうすればよいのか。心理学なんて曖昧で頼りにならないものだと割り切ればいいのか。そうではない。結局のところ，「心理学」という「科学」を，「信じる」のではなく「理解」し，自らの立場を相対化して，問い直し続けなければならないということだろう。実践的にいえば，本書の最終目標でもあるように，「質的研究」も「量的研究」も，研究者の関心・目的を具現化するために，並行して使いこなせるようになることだ。まさに，終章で触れられる「構造構成主義」が標榜する研究者の態度である。

もっとも，このような態度をとることはいうほど簡単ではない，とも思う。たとえば，評者は現在，心理学を教える立場にあるが，学生にとって難しいのは，「目的・関心」を明確化していく作業のようだ。そこで，何もないところから考えるのもまた困難だと思い，とりあえずこうやるのだよと「型」を教える。それを信じてしまう学生もいるかもしれないが，そういう基礎的な技術の習得のうえに，筆者の主張が成り立っていることは心に留める必要があるだろう。

それでも，本書に提示された「なぜ，心理学をするのか」と問い，自分自身の目的・関心を明確化することの重要性は変わらない。実は，評者も上記の学生たちと本質的には同じ苦労をしてきた。評者は現在，質的研究をする人として認識されることが多いが，もともとは実験研究の訓練を受け，その後，独学で質的研究を学んだ。実験研究の訓練から得たものは筆者が研究者を目指すにあたって大きな拠り所にはなったが，と同時に，質的研究を習得する過程では，少なからず邪魔にもなった。ドツボにはまったという感じでなかなか抜け出せない。そこで役立ったのは，自分自身の目的・関心を明確化すること，すなわち，本書が問いかける「なぜ，心理学をするのか」という問いに答えることだったと今になってみれば思える。これは，評者だけの体験ではないだろう。

「なぜ，心理学をするのか」という筆者の問いかけにいつでも立ち戻りながら，自分の問題意識を明確にし，自らの立場に省察を加えつつ，深めていってくれる読

者が多く生まれることを期待したい。学校で習う心理学に意義を見いだせないという学生にも，学生にもっとおもしろく心理学を教えたいと思う教員にも，おもしろい研究をしたいと志す研究者にもおすすめの本である。

III-3 『古武術介護入門』著書推薦

甲野 善紀

　私にとっては，武の世界では先輩に当たり，30年以上のお付き合いをさせていただいている伊藤峯夫氏が，かつて「甲野さんは，まわりをおかしくする変な才能があるから，気をつけないとダメですよ」と，笑いながら忠告をして下さったことがある。
　その時は，それほど気にもならなかったが，今回岡田慎一郎氏が本書を刊行されるにあたって，改めて考えてみると，岡田氏の人生を激変させたのは，確かに私だということは認めざるを得なかった。といって，別に私が何をしたという訳でもないのだが…。
　私が初めて岡田氏と出会ったのは，今から2年半程前の，2004年の確か3月。私が田町の駅近くで講習会を開いていた時だったと思う。小柄で人当たりがソフトで，話の通りがいい，一見穏やかで誰とでも話を合わせられる素直な性格に見える一方，「これ」と思ったら譲らない，頑固で集中力のある人だな，というのが最初の印象だった。
　「この人はおもしろい」と，すぐ話し込むようになり，まだ何度も会っていない4月の中旬，テレビ東京の社会派バラエティ番組『世の中ガブッと！』への出演依頼があった時，介護を取り上げたいということだったので，岡田氏をアシスタント（というかアドバイザー）として同行をお願いしたのである。
　出番を待っていると，ある介護指導者の方が，車椅子から被介護者を抱え上げていた。そのやり方を見ているうち，ふと私のなかに閃くものがあり，横に座っていた岡田氏を，座った形のまま椅子から楽々と抱え上げたのである。これが以後，私が行う介護技の中で最も理論的解明が難しい「浮き取り」が生まれた瞬間であった。
　そして，1年後の2005年，『武術との共振』というDVDを作った時，岡田氏にも出演していただき，介護法の紹介をしたのだが，こと介護法に関しては，もうこの頃は岡田氏が主役で，この撮影時も，岡田氏は「浮き取り」が，もっと広く一般的に使えるように，両腿の上に被介護者を乗せる方法などを，その場で開発するほどの才能を発揮し始められたのである。その後，「添え立ち」の改良，椅子からの立たせ方，座らせ方等に，すぐれた技法を案出され，私の方が逆にいろいろと教えられる立場となった。

教えた者に教えられるというのは、いささかバツの悪いものだが、すでに前年の夏、茨城県にある岡田氏の御自宅に伺った時、はっきりと「この岡田氏が日本の介護界を変えた人物として後世、語り継がれるような存在になるだろう」という、どうしようもない予感がしていた私にとっては、その予感的中の快感の方が大きく、岡田氏に学ぶことにいささかの抵抗もなかった。

　本書を読むと、私が岡田氏を育てたというイメージがあるが、実際には今述べたように、岡田氏は私からは最初にちょっとしたヒントを得ただけで、その才能が開花したのである。したがって、本書の中でも何か所か、私が伝えたものと、岡田氏が自ら創り出したものとが混じって解説されているところがあるが、これはもはや岡田氏の感覚の中で分離不可能なほど一体化しているからだと思う。

　それだけに、岡田氏と私の間では、その技や技の解説法のたとえなどで、お互いにどちらが創ったり思いついたりしたかを一々確認し合ったりせず自由に使っている。ただ、お互い自由に展開しているから、ちょっとした混乱もある。たとえば腕の力を使わないために、広げて張った五本の指のうち、中指と薬指を内側に折り曲げた手の形を思いついた当初、私は別に名称をつけないまま使っていたのだが、話術に巧みな岡田氏は、講習会などで、早速に「キツネさんの手」という名前をつけて実演するようになっていた。

　私は別に名前をつけず、そのまま使っていたのだが、DVDを作る時に、説明に必要なので名前をつけて欲しいという要望があり、いざそうなると、やはり自分で納得のいく名前をつけたくなるため、かなりの日数を使って「折れ紅葉」という名称を考え出した。しかし、その時は先行していた岡田氏の「キツネさんの手」の方が、広く（といっても、ごく限られた範囲だが）普及しており、この手は名称が2つあるということになったのである。

　とにかく、ズバリ、岡田慎一郎という人物はユニークでおもしろい。実技は上手、話は巧み、そして親切。ただ1つ忠告させて頂けるなら、そのボケとツッコミを1人2役でこなしながら、自虐ネタを絡ませる話し上手は、女性から「ワァー、おもしろい人」で終わってしまう恐れがあるのではないか、ということである。もっとも、岡田氏のそういう包装紙にとらわれず、他の何人も真似のできない才能を深く理解する女性の出現を密かに待っているのだとすれば、もはや私から何も申し上げることはない。今後の縦横無尽の御活躍を心から祈る次第である。

付記：本論は、著者ならびに出版社の許可を得て、以下の著書に掲載された推薦の序を再録したものである。

　岡田慎一郎　2006　古武術介護入門［DVD付］―古の身体技法をヒントに新しい身体介助法を提案する　医学書院

『古武術介護入門』書評

西條 剛央

　介護に関する革命的な本が生まれた。本書は，甲野善紀氏の古武術（身体技法）の原理を介護に応用した技術を岡田慎一郎氏がわかりやすく紹介したものである。

　私は甲野氏の身体運用の原理が最も普及するのは，介護の領域だろうと「予測」している。「予測」というリスクをともなう表現をするのは，それなりの必然的「理由」（構造）があるからに他ならない。以下その理由を述べていこう。

　理由その１：従来の介護法が，介護者が身体を壊して仕事が続けられなくなるという致命的な問題を抱えていること。
　世の中，より機能的な枠組みがあっても広まらないことがある。それは「一部充足」している場合である。それなりにやれているとき，といってもよい。そういう場合，明らかに優れた枠組みがあっても「いや，自分たちはこれでずっとやってきたし，それによって一定の成果も上げてきた」と現状肯定して，新たな試みを無視することができる。しかるに介護の現状は，極端にいえば，献身的な介護者であればあるほど要介護者になりかねないような危機的状況にある。こういった致命的な欠陥がある場合，より優れた方法は広まりやすいのである。
　とはいえ，「従来の介護法を教えて食ってきた指導者」の多くにとって，新たな方法の台頭は歓迎されるべきことではない。自分が教えてきたことより，明らかに優れたやり方が出てくることは具合が悪い。したがって，新たな枠組みに対して防衛的で，批判的な態度を反射的にとることになる。しかし，そうした人を頭ごなしに責めることはできないだろう。「自分が食えなくなるのは困る」と考えることは生物として自然なことだからだ。守るべき家族がいたらなおさらであろう。
　しかしながら，そうした人が従来型の介護法を「保守」しようとし続けることは，賢い選択とはいえないように思う。なぜなら現場の介護者も長く仕事を続けたい（これで食って行きたい）と考えるのは自然なことだからである。他に選択肢がないならともかく，古武術介護というオルタナティブな方法が編み出された以上，そ

れを続けていたら仕事が続けられなくなるという致命的な欠陥を有する従来の介護法を選択するユーザーは減っていくだろう。
　したがって，賢明な指導者ならば，さっさと従来の方法の限界を認め，古武術介護という新たな方法を取り入れた方が，食っていくのに困らないと悟るに違いない。

　理由その2：古武術介護は誰もが習得可能であること。
　とはいえ，古武術介護がどんなに優れていても，それは運動神経に優れた一部の天才にしかマスターできないような「達人技」であれば広まらないだろう。あるいは，それをマスターするために長い年月と膨大な労力を要するようであってもまたしかりである。
　しかし，本書を読んでもらえばわかるように，古武術介護の原理は非常にシンプルである。本書は，「身体レベルの発想転換の本」というべき代物であるため，その転換さえできれば，スムーズに習得することができる。むしろ，従来の介護法の方は，体格ががっしりして，力が強い人にしかできない「介護者を選ぶ代物」だったのに対して，古武術介護は，体格に劣り，力のない人でもマスター可能な「介護者に優しい介護法」といってもよいだろう。

　理由その3：古武術介護は極めて科学的な方法であること。
　医療臨床は，医療理論という学術的体系に支えられているため，臨床現場において「科学的根拠」のない治療法を行うことは，問題とされることになる。したがって，いくら機能的で，誰もが容易に習得できる方法であっても，医療臨床の現場において「いかがわしいトンデモ法」というレッテルを張られると，普及しにくいだろう。

　「古武術介護？　いかがわしい名前だな。それは科学的根拠のある方法なのかね？」
　「それはわかりませんが，実際に実効性はあるんです」
　「科学性も保証されていないようなテキトウな方法を使うなんて，君は医療者として失格だ！」
　「…すみません。ではやめておきます（こっちの方が絶対よいのに…でもクビにされたらいやだからやめておこう）」

　こんな風になりかねない。「科学性があるかどうか」といった科学論の話は，「抽象的な話」ではあるのだが，医療臨床が医療理論という「抽象」に支えられている以上，それを無視することはできないのである。そして，先にあげたような「言葉」

のやり取りは，まさに「抽象」のやり取りに他ならず，学術的なバックグランドがないことは，普及に際して現実的障壁となる。

しかし，古武術介護はこうはならない。なぜなら，現代思想の最先端をゆく構造構成主義（構造主義科学論）によって，古武術的介護は科学性が担保されているためである。池田清彦氏の構造主義科学論によれば，科学とは「現象を構造化すること（言葉によって言い当てること）であり，現象をより上手に説明する構造を追求すること」といえる。そして，本書に示してあるように，古武術介護は，その「原理」や「技術」を極めて論理的な形で「構造化」した科学的体系なのである。

科学性を担保するための重要な条件はいくつかある。その1つが「再現性」である。平たくいえば，"いつどこで誰がやっても同じ結果になる"ということである。その点，古武術介護は明らかに「再現性」がある。DVDにて甲野氏や岡田氏の技術をみればわかるように，いつでもどこでもそれを「再現」することができる。また，それは構造化（言語化）されていることから，学習することによって誰もが再現することができるようになる。講習会に参加した人ができるようになることが，古武術介護の再現性を傍証している。

科学において「反証可能性」も重要とされるが，古武術介護は当然この点もクリアしている。ここで提唱されている技術（構造）は反証可能な命題からなっている。より優れた方法（構造）を思いついたならば，それを実際にやってみせることによって，従来の方法（構造）を反証することができる。実際，岡田氏が甲野氏の発想を継承しつつ，より優れた構造（技術）を開発していることが，これを端的に示しているといえよう。

以上のように，古武術介護は科学性を満たしていると言わざるを得ないのである。

したがって，先のやり取りは次のようになる。

「古武術介護？　いかがわしい名前だな。それは科学的根拠のある方法なのかね？」

「はい，……といったように（上述したように），構造構成主義や構造主義科学論といった最先端の科学論によって科学性は保証されていますし，実際に有効性も広く確認されています」

「そうか。じゃあそれを今度の勉強会で発表して，他のスタッフにも教えてあげなさい」

「はい，喜んでやらせていただきます！」

これがいささか都合よすぎる展開であることを認めることはやぶさかではないが，科学性が基礎づけられている（論証されている）ことが，医療臨床での普及に

際してとても有利であるということに反論する人はいないだろう。

　以上をまとめれば，古武術介護とは「誰もが簡単に習得でき，介護者が身体を壊さなくてすむ，介護者に優しい科学的な介護法」ということになる。したがって，私は数十年後には，古武術介護は――「古武術」という冠すら必要ないほどに――介護の一般的方法となり，さらには日本の介護技術が世界の介護界をリードするようになると大胆な予測を立ててみた。私の言っていることが，大言壮語であるかどうか，この先駆的試みを手に取って確かめてほしい。

『構造構成主義研究』の投稿規定2007年3月版

1. 本誌は投稿のための資格は特に必要なく，すべての学的探求者に開かれた査読付き学術雑誌である．
2. 投稿論文は研究倫理に抵触してはならない．
3. 本誌に掲載された論文の責任は著者にあるものとする．
4. 本誌は，構造構成主義とその周辺領域における理論研究，量的研究，質的研究のみならず，本誌の方針〈"『構造構成主義研究』刊行にあたって"を参照〉に沿う以下のような多様なタイプの論文を歓迎する．
   ①原著論文：学術的オリジナリティが確認できるもの．
      a) 研究論文：特定の問題を解決するなど学知の発展を目指した論文．
      b) コメント論文：特定の論文に対する意見をコメントする論文．それへのリプライ論文も含む．
      c) 啓蒙論文：難解な理論，最先端の知見などを専門外の人でも理解しやすいように書かれた論文．
   ②再録論文：過去に著書や学術誌などに掲載された論考を再録するもの．ただし投稿の際は発行元の許諾を得ていること．
5. 論文原稿は，標題，本文，註および引用文献，謝辞，図表は本文中に挿入すること．本文以下通しのページ番号をつけて投稿する．
6. 論文はワープロデータで作成すること（Wordが望ましいが，txt可）．論文のフォーマットは，A4・37字×35行とする．論文本文の枚数は上記フォーマットで約20枚までとするが，頁数が足りない場合には適時相談に乗る．引用文献の書き方については，付記1に示す．
7. 投稿論文は『構造構成主義研究』編集委員会において審査を行う．
8. 投稿者は，論文原稿を編集委員会にe-mailで送付する．なお，e-mailの件名には「構造構成主義研究論文投稿」と明記し，本文には以下の情報を明記する．
   ・著者名（所属）
   ・連絡先（住所・電話・電子メール）
   ・表題（日本文）
9. 図表や写真等で引用のために転載等を必要とする際には，投稿者の責任と負担で論文掲載までに許可をとり，その旨を論文に記載する．
10. 投稿規定は随時改定するため，投稿する際にはその最新版を下記ホームページにて参照すること．
11. 『構造構成主義研究』編集委員会事務局は，下記に置く．
    連絡先　structuralconstructivism@gmail.com
    公式ホームページ　http://structuralconstructivism.googlepages.com/

『構造構成主義研究』編集委員会

（付記1）

記述にあたっての全体的な留意事項（原稿執筆要領）

[本書の基本統一事項]
- 本文基本字詰めは，1ページ＝37字×35行＝1295字となります。
- 見出しは，1章 → 1節 → 1. →（1）の順にレベル分けをお願いします。
- 引用文献・参考文献は，本文原稿分量に含めてください。

[表記上の基本的取り決め]
- わかりやすさ・読みやすさを心がけ，簡潔にお書きください。
- 用字・用語については，常用漢字・新かなづかいで，お願いします（最終的には，出版社で調整統一させていただきますので，細部までの統一は必要ありません）。
- 外国文字を使用する場合は，日本語のあとにかっこ書きしてください。
  〔例〕 規範（norm）とは，…
- 本文中の数字は，原則として，算用数字を用いてください。漠然とした数字は，5000～6000のように表記してください。
- 単位は，ＣＧＳ単位［cm, kg…］を用い，時間は，［時，分，秒］としてください。
- 年号は西暦を用い，特に必要なときに限り，元号をかっこ書きしてください。
  〔例〕 2005（平成17）年には……
- 外国人名は，カタカナ表記を原則としますが，初出箇所では「アルファベット表記」を入れてください。
  〔例〕 ソシュール（Saussure, F.）は……
- 日本人名は，姓を記し，原則として敬称は略してください。

[図・表の表記法]
- 図・表は，それぞれ通し番号を付してください。
- 図・表も原稿の総量の中に含めてお考えください。なお，図・表はデータファイル（xlsかcsv形式など）でも，画像ファイル（pptまたはjpgかpdf形式など）でもけっこうです。
- 図の表題は，図の下に，表の標題は，表の上にご記入ください。
- 写真・図の著作権・肖像権につきましては特にご留意いただき，投稿者自身でご確認くださいますようお願いいたします。

[註および文献の執筆規定]
　本文中で，注釈の必要な事項があった場合，その事項の右下あるいは該当文末の右下に番号を打ち，原稿末の「註および文献一覧」（番号順）と照合できるようにしておいてください（番号は，「註」と「文献」を交えて通してください）。

■註
　註の文章についてとくに書き方の制約はありません。必要に応じて自由に書いていただければけっこうです。

■文献
①引用文献は本文中および図・表の標題に，次のように，人名あるいは該当文末の右下に番号を打ち，原稿末の「註および文献一覧」(番号順)と照合できるようしてください。
　a) 単著の場合
　　　[例]◇池田 [1] は，……。
　　　　　◇フッサール (Husserl, E.) [2] は，……。
　　　　　◇……であると報告している [3]。
　　　　　◇図1　構造構成主義モデル2007 [4]
　b) 共著の場合
　　2名の場合は「と，＆」でつなぎ，併記してください。3名以上の場合は，代表1名のみにして「……ら，et al.」と付けてください。
　　　[例]◇京極と西條 [5] は，……。
　　　　　◇Mahoneyら (Mahoney et al.) [6] は，……。
　　　　　◇……であると報告している [7]。
　　　　　◇表1　客観主義と構成主義と構造構成主義の対比 [8]
　c) 編書中の特定の章であっても，執筆者がはっきりしている場合は，担当執筆者を著者として扱ってください。
②引用文献は，本文中での出現順に，[1]，[2]……………，[n] というように，本文と対応するよう，一覧表にしてください。文献そのものの表記は，以下の点にご留意ください。
　a) 著者の氏名 (フルネーム) を記載する。
　b) 共著等の場合は，代表者だけでなく，著者，編者，監修者全員を記載する。
　c) 雑誌論文，編書中の特定の章の場合は，ページの範囲を必ず記載する。
　d) 外国の著書の場合は，出版社の所在都市名も記述する。
③英文の雑誌名，著者名はイタリック書体としてください。また，巻号は太字としてください。

●著書
　西條剛央　2005　構造構成主義とは何か──次世代人間科学の原理　北大路書房
　Kuhn, T. S.　1996　*The structure of scientific revolutions* (3rd ed.). Chicago : University of Chicago Press.
●編集書
　編書の場合，編者名のあとに (編) を，英語の文献の場合は (Ed.)，編者が複数の場合は (Eds.) をつけてください。
　西條剛央・京極　真・池田清彦 (編)　2007　構造構成主義の展開──21世紀の思想のあり方　現代のエスプリ475　至文堂
　Neimeyer, R. A., & Mahoney, M. J. (Eds.)　1995　*Constructivism in psychotherapy.* Washington, D C : American Psychological Association.
●翻訳書
　Burr, V. 1995　*An introduction to social constructionism.* London : Routledge. 田中一彦

（訳）　1997　社会的構築主義への招待——言説分析とは何か　川島書店
●雑誌論文
　京極　真　2006　EBR（evidence-based rehabilitation）におけるエビデンスの科学論——構造構成主義アプローチ　総合リハビリテーション, **34** (5), 473-478.
　Shimizu, T & Norimatsu, H.　2005　Detection of invariants by haptic touch across age groups : rod-length perception. *Perceptual and motor skills.* **100** (2), 543-553.
●編書中の特定の章
　無藤　隆　2005　縦断研究法のタイプ分類とその選択基準　西條剛央（編）　構造構成的発達研究法の理論と実践　縦断研究法の体系化に向けて　北大路書房　pp.36-73.
　Mahoney, M. J. & Mahoney, S. M. 2001 Living within essential tensions: Dialectics and future development. In K. J. Schneider, J. F. T. Bugental, & J. F. Pierson, (Eds.) *The handbook of humanistic psychology.* Thousand Oaks, CA : Sage. pp.659-665.

（付記2）
本書を引用するにあたっての留意事項

　本書は副題に雑誌名およびその巻数を明示しており，主題は適時各巻の特長を反映させたものにしています。そのため引用する際には，学術誌として引用したい場合は学術誌の形式で，書籍として引用したい場合は書籍の形式で引用してください。以下に本誌に引用する場合の具体例を示しますが，他誌に投稿する場合は，各媒体の規定に従ってください。

●書籍として引用する場合
　西條剛央・京極　真・池田清彦（編著）　2007　現代思想のレボリューション——構造構成主義研究1　北大路書房
●書籍として特定の頁を引用する場合
　池田清彦　2007　科学的方法について——構造主義科学論の考え方　西條剛央・京極真・池田清彦（編）　現代思想のレボリューション——構造構成主義研究1　北大路書房　pp.208-224.
●学術論文として引用する場合
　西條剛央　2007　メタ理論を継承するとはどういうことか？—メタ理論の作り方　構造構成主義研究, **1**, 11-27.

編集後記

　今回は第1巻ということで第Ⅰ部は「メタ理論の継承」を特集テーマとした。一般読者のみならず，研究者にとってもメタ理論とは馴染みのあるものではない。したがって，メタ理論とは何か，そしてそれを継承するとはどういうことなのかを議論しておくことは，今後の本シリーズにとっても重要なことと考えた。できるだけわかりやすくするために，シンポジウム形式を採用した。3論文ともに2005年の日本発達心理学会第16大会のシンポジウム「構造構成的発達研究法の理論と実践」（2005年3月27日，於神戸国際会議場）をベースとしているが，西條論文，京極論文については適宜本特集に相応しい内容に変更した。
　第Ⅱ部に掲載された各原著論文の位置づけを確認しておく。研究論文には，京極，田中氏，西條，黒須氏の諸論文があげられる。京極は，医療分野に構造構成主義を導入することによって新たな医療論の理論構築を試みている。田中氏は，英語教育学における質的研究の基礎づけに構造構成主義を活用している。西條は，心理学統一理論の体系化を試みている（これは構造構成主義の構想契機となった論文である）。黒須氏は，構造構成主義と関連させつつ学際的アプローチの実践としてユーザ工学について論じている。また，研究論文のうち，主に批評に主眼を置いた批評型論文とでも呼ぶべき論文として，圓岡氏の論考，山本氏・吉川氏の共著論文があげられる。構造構成主義の発展を考えれば，こうした論文も極めて重要であり，その先鞭をつけたこれらの論文の意義は大きいといえよう。
　本誌は，学知の普及を目的とした啓蒙論文も原著論文に位置づけているが，その第一号として家島氏の論文があげられる。この論文では，構造構成主義を導入しつつ，議論のための方法論について論じている。学問の普及ということを考えれば，こうした啓蒙論文の意義は極めて大きいといえよう。
　また再録論文としては，2006年に日本東洋医学雑誌第57巻第2号に掲載された池田論文がある。この論文は本誌の方針と照らし合わせて，構造構成主義の科学論的基盤である構造主義科学論の啓蒙に寄与すると考えられたため掲載した。
　第Ⅲ部では，『科学の剣　哲学の魔法』（北大路書房），『なぜ心理学をするのか』（北大路書房），『古武術介護入門』（医学書院）の3冊を取り上げた。『科学の剣　哲学の魔法』は池田清彦と西條剛央の対談であり，構造主義科学論や構造構成主義が作られるまでの経緯や問題意識といったことについて解説されている。『なぜ心理学をするのか』は，最終章が「構造構成主義」となっているように，いわば構造

構成主義を通低音とした心理学の新しい教科書といってよいだろう。『古武術介護入門』は，西條が構造構成主義によって基礎づけた甲野善紀氏の古武術を介護に導入・発展させたものであることから，今回取り上げさせていただいた。

　前例の無い学術媒体を作るということで，手探りで進めてきたため，思った以上に時間がかかってしまったが，その甲斐あって新たな学術システムのひな形は提示できたように思う。2号からは，コメント論文も掲載し，さらにコンテンツを充実させていく予定である。なお，次号の投稿締め切りは2007年7月末であり，発売は2008年3月を予定している。本誌の志に共感された方は奮って投稿していただければと思う。

　本シリーズが構造構成主義の発展の基盤となり，さらには学問全体の建設的発展に寄与することを祈りつつ，世に送り出したい。

　　　　　　　　　　　　　　2006年12月　西條剛央・京極　真・池田清彦

【編著者紹介】

西條剛央（さいじょう・たけお）　　　［編集，Ⅰ-2，Ⅱ-6，Ⅲ-3書評］
saijo@akane.waseda.jp
1974年，宮城県仙台市に生まれる。早稲田大学人間科学部卒業後，早稲田大学大学院人間科学研究科にて博士号（人間科学）取得。日本学術振興会特別研究員（DC）を経て，現在，同研究員（PD）。著書に『母子間の抱きの人間科学的研究』『構造構成主義とは何か』『構造構成的発達研究法の理論と実践』『科学の剣哲学の魔法』『エマージェンス人間科学』（いずれも北大路書房），『構造構成主義の展開（現代のエスプリ）』（至文堂）などがあり，その他にも分担執筆や学術論文多数。

京極　真（きょうごく・まこと）　　　［編集，Ⅰ-3，Ⅱ-4］
kyogokumakoto@gmail.com
1976年，大阪府大阪市に生まれる。作業療法士。日本作業行動研究会理事・評議員。東京都立保健科学大学大学院保健科学研究科にて修士号（作業療法学）を取得。現在，首都大学東京大学院人間健康科学研究科博士後期課程に在学しつつ，江戸川医療専門学校で専任講師を務める（2007年4月より社会医学技術学院の専任講師に就任予定）。著書に『構造構成主義の展開（現代のエスプリ）』（至文堂），『エマージェンス人間科学』（北大路書房）があり，その他にも学術論文や講演多数。

池田清彦（いけだ・きよひこ）　　　［編集，Ⅰ-1，Ⅱ-8，Ⅲ-1］
1947年，東京都に生まれる。東京教育大学理学部卒業後，東京都立大学大学院博士課程修了。山梨大学教育人間科学部教授を経て，2004年4月から早稲田大学国際教養学部教授。構造主義生物学の地平から，多分野にわたって評論活動を行なっている。著書に『構造主義生物学とは何か』『構造主義と進化論』（いずれも海鳴社），『構造主義科学論の冒険』（毎日新聞社），『分類という思想』『他人と深く関わらずに生きるには』『正しく生きるとはどういうことか』（いずれも新潮社），『やぶにらみ科学論』『環境問題のウソ』（いずれも筑摩書房），『構造構成主義の展開（現代のエスプリ）』（至文堂）など他多数。

【執筆者紹介】

家島明彦（いえしま・あきひこ）　［Ⅱ-1］
京都大学大学院教育学研究科　　E-mail：ieshima@edu.mbox.media.kyoto-u.ac.jp
[研究関心]　青年期における理想自己の形成過程。現在はマンガの影響に焦点を絞って研究中。専攻は心理学だが，教育にも関心があり，教育界（教育行政・教育研究・教育現場）の不毛な信念対立を憂いて本稿を執筆。
[主要論文]　理想・生き方に影響を与えた人物モデル，京都大学大学院教育学研究科紀要,52,280-293.など

山本貴光（やまもと・たかみつ）　［Ⅱ-2］
　　E-mail：yakumo@logico-philosophicus.net
[研究関心]　哲学，ゲーム，芸術
[主要著書]　『心脳問題──「脳の世紀」を生き抜く』（共著）朝日出版社，ジョン・サール『MiND──心の哲学』（共訳）朝日出版社

吉川浩満（よしかわ・ひろみつ）　［Ⅱ-2］
ウェブサイト「哲学の劇場」主宰　　E-mail：hiro@logico-philosophicus.net
[研究関心]　哲学，ロック，卓球，ハーレーダビッドソン，映画，犬など
[主要著書]　『心脳問題──「脳の世紀」を生き抜く』（共著）朝日出版社，ジョン・サール『MiND──心の哲学』（共訳）朝日出版社

田中博晃（たなか・ひろあき）　　　［Ⅱ－3］
広島国際大学（国際交流センター）　E-mail：hrtanaka@ic.hirokoku-u.ac.jp
［研究関心］　専門は英語教育学研究。特に英語学習に対する動機づけなどの心理要因や研究手法に関心がある。近年は構造構成主義を英語教育学研究に継承する試みを行っている。
［主要著書］　構造構成的英語教育学研究法　現代のエスプリ475　至文堂　160-170.

黒須正明（くろす・まさあき）　　　［Ⅱ－5］
メディア教育開発センター，総合研究大学院大学　　E-mail：masaakikurosu@spa.nifty.com
［研究関心］　ユーザ工学。すなわち，可視的人工物だけでなく非可視的人工物をも含め，あらゆる人工物と人間との関係の最適化を目指す方法論の開発や実践的運用を推進する。多様な人間（ユーザ）の特性や多様な状況を考慮し，可能な限り人間が満足できるような状態を実現することを目標とする。
［主要著書］　『ユーザビリティテスティング──ユーザ中心のものづくりに向けて』共立出版，C．スナイダー『ペーパープロトタイピング』（訳）オーム社

圓岡偉男（つぶらおか　ひでお）　　　［Ⅱ－7］
獨協大学（非常勤講師）　E-mail：ht64@js3.so-net.ne.jp
［研究関心］　社会認識論（システム理論に基づいた認識理論の基礎研究），社会システム理論（N.ルーマンの理論を中心とした社会システム理論の研究）
［主要著書］　『社会学的問いかけ』（編者）新泉社，『社会学的まなざし』（共編著）新泉社，『間主観性の人間科学』（共編著）言叢社，G．トイプナー編『ルーマン　法と正義のパラドクス』（共訳）ミネルヴァ書房

門松宏明（かどまつ・ひろあき）　　　［Ⅲ－1書評］
　　E-mail：note103@gmail.com
［研究関心］　音楽家・菊地成孔の元で音楽理論を，編集者・後藤繁雄の元で編集術を師事。編集，執筆等の活動を行う一方，特定非営利活動法人・映画美学校において，菊地氏の生徒を中心としたゼミを毎月主宰している。
［主要著書］　『大谷能生のフランス革命』（共著）2007年刊行予定

北村英哉（きたむら・ひでや）　　　［Ⅲ－2］
東洋大学社会学部　E-mail：kitamura@toyonet.toyo.ac.jp
［研究関心］　感情が認知的処理にどう関わっているか，認知と感情のインタラクションに関心がある。最近は「楽しさ」感情が人間文化を展開させてきた働きに着目し，課題の継続・停止のサイクル中の感情の役割について調べている。
［主要著書］　『よくわかる社会心理学』（共編）ミネルヴァ書房，『感情研究の新展開』（共編）ナカニシヤ出版，『なぜ心理学をするのか』北大路書房

松嶋秀明（まつしま・ひであき）　　　［Ⅲ－2書評］
滋賀県立大学人間文化学部　E-mail：hmatsu@xd6.so-net.ne.jp
［研究関心］　いわゆる「子ども」の諸問題を，周囲の人々とのあいだで織りなされる関係性の総体として記述し，問題をめぐって人々がいかに協働できるのかについて明らかにしたり，理論化したりすることに興味があります。
［主要著書］　『関係性のなかの非行少年』新曜社

甲野善紀（こうの・よしのり）　　　［Ⅲ－3］
松聲館　http://www.shouseikan.com/
［研究関心］　同時にいくつもの情報処理を行っていると思われる精妙な身体技法は，論文形式でこれを論述することは不可能である。とすれば，どのような方法があるのか。工学にも目を向け，新たな地平を拓いていきたい。
［主要著書］　『剣の精神誌』新曜社，『身体から革命を起こす』（共著）新潮社，『自分の頭と身体で考える』（共著）ＰＨＰ研究所，『武学探究』（共著）冬弓舎

構造構成主義研究1
現代思想のレボリューション

| 2007年3月1日　初版第1刷印刷 | 定価はカバーに表示 |
| 2007年3月5日　初版第1刷発行 | してあります。 |

編著者　　西條　剛央
　　　　　京極　　真
　　　　　池田　清彦

発行所　　(株)北大路書房
〒603-8303　京都市北区紫野十二坊町12-8
　　　　　電　話　(075) 431-0361(代)
　　　　　Ｆ Ａ Ｘ　(075) 431-9393
　　　　　振　替　0150-4-2083

ⓒ2007　印刷・製本　モリモト印刷(株)
検印省略　落丁・乱丁はお取り替えいたします。

ISBN978-4-7628-2544-6　Printed in Japan